Ödön von Horváth
Geschichten aus dem Wiener Wald
und andere Volksstücke
Büchergilde Gutenberg

13.8.87

ÖDÖN VON HORVATH

Einige Lebensdaten Horváths

Geboren 1901 in Susak bei Fiume (= Rijeka), als Sohn eines Diplomaten. Aufgewachsen in Budapest und München. 1919 Abitur sowie einige Semester Philosophie und Germanistik in Wien. Seit 1920 schriftstellerische Tätigkeit, ab 1923 in Murnau bei den Eltern. 1924 nach Berlin; Uraufführung des Bühnenerstlings, eines Tanzspiels *Buch der Tänze* in Osnabrück. 1926 erste Aufführung eines Schauspiels, *Revolte auf Côte 3018*, in Hamburg. 1929 auf Berliner Bühnen mit politisch akzentierten Stücken: *Die Bergbahn* (Zweitfassung der *Revolte*) und *Sladek, der schwarze Reichswehrmann.* 1930 erster Roman, *Der ewige Spießer*, bei Propyläen. 1931/32 weitreichende Erfolge mit den drei Volksstücken *Italienische Nacht, Geschichten aus dem Wiener Wald, Kasimir und Karoline.* 1933 verbieten die Nazis die Uraufführung von *Glaube Liebe Hoffnung*; Hausdurchsuchung in Murnau durch die SA. Horváth verläßt Deutschland; kehrt, um den Nationalsozialismus am Ort zu studieren, nochmals 1934 nach Berlin zurück, wird aber alsbald endgültig vertrieben. Unruhige Jahre in mehreren europäischen Exilländern. Nach wie vor reiche Produktion, die, abgeschnitten von Deutschland, fortschreitend die bisherige konkrete Gesellschaftskritik auflöst in metaphysischen und allgemeinmoralischen Sichtweisen: unter anderm in den Stücken *Der jüngste Tag, Don Juan kommt aus dem Krieg, Figaro läßt sich scheiden* (alle drei 1936) und *Pompeji* (1937) sowie in den Romanen *Jugend ohne Gott* und *Ein Kind unserer Zeit* (beide 1937). Als Bühnen stehen nur noch vereinzelt Theater in Wien, Prag, Zürich zur Verfügung, für die Bücher der Emigrantenverlag Allert de Lange in Amsterdam. 1938 wird Horváth in Paris von einem stürzenden Baum erschlagen.

Uraufführung der abgedruckten Stücke

Italienische Nacht: 20. März 1931 im Theater am Schiffbauerdamm, Berlin (Regie Francesco von Mendelssohn)

Geschichten aus dem Wiener Wald: 2. November 1931 im Deutschen Theater, Berlin (Regie Heinz Hilpert)

Kasimir und Karoline: 18. November 1932 im Leipziger Schauspielhaus (Regie Francesco von Mendelssohn)

Glaube Liebe Hoffnung: 13. November 1936 im Theater der 49 am Schottenring, Wien (Regie Ernst Jubal)

BEOBACHTER
Wir bringen neue Fahnen,
noch viel schöner.
Bulgaria Krone 5 Pfg.
Edel-Bulgaren 6 Pfg.
Ödön von Horváth – Beobachter des Volkes – den "Völkischen Beobachter" lesend

VÖLKISCHER BEOBACHTER
Kulturbolschewistische Attacken
Bekenntnisse eines deutschen Baukünstlers
Wir bringen neue Fahnen, noch viel schöner.
Bulgaria Krone 5 Pfg. Edel-Bulgaren 6 Pfg.
"Ödön von Horváth –
Beobachter des
Volkes –
den "Völkischen
Beobachter"
lesend

ÖDÖN VON HORVATH

Geschichten aus dem Wiener Wald und andere Volksstücke

Zeichnungen 31 ZEICHNUNGEN VON ERHARD GÖTTLICHER
Nachwort MIT EINEM NACHWORT VON VOLKER KLOTZ

BÜCHERGILDE GUTENBERG
FRANKFURT AM MAIN OLTEN WIEN

Ausstattung Juergen Seuss, Niddatal bei Frankfurt am Main

Reproduktion RGD – ReproGruppeDreieich, Dreieich-Sprendlingen
Satz und Druck Color- und Werkoffsetdruckerei Richard Wenzel, Goldbach bei Aschaffenburg
Schrift Korpus Sorbonne in der Mischung mit Concorde auf System berthold acs 3200
Bindearbeit G. Lachenmaier, Reutlingen
Printed in Germany 1984
ISBN 3 7632 2588 1

Inhaltsverzeichnis

Italienische Nacht

Volksstück in sieben Bildern

Personen **Stadtrat Kranz Engelbert Betz Wirt Karl Martin Martins Kameraden Ein Kamerad aus Magdeburg Ein Faschist Der Leutnant Der Major Czernowitz Adele Anna Leni Die Dvorakische Zwei Frauenzimmer Frau Hinterberger Geschwister Leimsieder Republikaner und Faschisten**

Ort **Süddeutsche Kleinstadt**

Zeit **1930–?**

Erstes Bild

Im Wirtshaus des Josef Lehninger. Kranz, Engelbert und der Stadtrat Ammetsberger spielen Tarock. Karl kiebitzt. Betz trinkt zufrieden sein Bier. Martin liest die Zeitung. Der Wirt bohrt in der Nase. Es ist Sonntagvormittag, und die Sonne scheint. Stille.

Betz **Martin. Was gibts denn Neues in der großen Welt?**

Martin **Nichts. Daß das Proletariat die Steuern zahlt, und daß die Herren Unternehmer die Republik prellen, hint und vorn, das ist doch nichts Neues. Oder?**

Betz leert sein Glas.

Und daß die Herren republikanischen Pensionsempfänger kaiserlich reaktionäre Parademärsch veranstalten mit Feldgottesdienst und Kleinkaliberschießen, und daß wir Republikaner uns das alles gefallen lassen, das ist doch auch nichts Neues. Oder?

Betz **Wir leben in einer demokratischen Republik, lieber Martin.**

Jetzt zieht draußen eine Abteilung Faschisten mit Musik vorbei. Alle, außer Stadtrat und Wirt, treten an die Fenster und sehen sich stumm den Zug an – erst als er vorbei ist, rühren sie sich wieder.

Stadtrat *mit den Karten in der Hand:* **Von einer akuten Bedrohung der demokratischen Republik kann natürlich keineswegs gesprochen werden. Schon weil es der Reaktion an einem ideologischen Unterbau mangelt.**

Engelbert **Bravo!**

Stadtrat **Kameraden! Solange es einen republikanischen Schutzverband gibt, und solange ich hier die Ehre habe, Vorsitzender der hiesigen Ortsgruppe zu sein, solange kann die Republik ruhig schlafen!**

Martin **Gute Nacht!**

Kranz **Ich möchte das Wort ergreifen! Ich möchte jetzt etwas vorschlagen! Ich möchte jetzt dafür plädieren, daß wir jetzt wieder weitertarocken und uns nicht wieder stören lassen von diesen germanischen Hoftrotteln samt ihrem sogenannten deutschen Tag!**

Engelbert **Samt ihrem Dritten Reich!**

Stadtrat **Einstimmig angenommen!** *Er mischt und teilt aus.*

Karl **Wie ist das eigentlich heut nacht?**

Stadtrat **Was denn?**

Karl Na in bezug auf unsere italienische Nacht heut nacht –

Stadtrat *unterbricht ihn:* Natürlich steigt unsere italienische Nacht heut nacht! Oder glaubt denn da wer, daß es sich der republikanische Schutzverband von irgendeiner reaktionären Seite her verbieten lassen könnt, hier bei unserem Josef Lehninger eine italienische Nacht zu arrangieren, und zwar wann er will? Unsere republikanische italienische Nacht steigt heute nacht trotz Mussolini und Konsorten! Karo As!

Er spielt aus.

Engelbert Daß du das nicht weißt!

Karl Woher soll ich denn das wissen?

Betz Ich habs doch bereits offiziell verkündet.

Engelbert Aber der Kamerad Karl war halt wieder mal nicht da. Eichel!

Karl Ich kann doch nicht immer da sein!

Engelbert Sogar beim letzten Generalappell war er nicht da, vor lauter Weibergeschichten!

Kranz Solo!

Stadtrat Bettel!

Engelbert Aus der Hand?

Stadtrat Aus der hohlen Hand!

Karl *zu Betz:* Soll ich mir das jetzt gefallen lassen? Das mit den Weibergeschichten?

Betz Du kannst es doch nicht leugnen, daß dich die Weiber von deinen Pflichten gegenüber der Republik abhalten –

Karl Also das sind doch meine intimsten privaten Interessen, muß ich schon bitten. Und zwar energisch!

Jetzt zieht draußen abermals eine Abteilung Faschisten mit Musik vorbei. – Alle lauschen, aber keiner tritt an das Fenster. Stille.

Betz Es ist halt alles relativ.

Martin Aber was! Eine Affenschand ist das! Während sich die Reaktion bewaffnet, veranstalten wir braven Republikaner italienische Nächt!

Betz Eigentlich ist es ja unglaublich, daß die Reaktion derart erstarkt.

Martin Einen Dreck ist das unglaublich! Das konnt man sich ja direkt ausrechnen – wer die wirtschaftliche Macht hat, hat immer recht, bekanntlich. Aber ihr vom Vorstand scheint das nicht zu wissen. Noch bild ich mir ein, daß ihr wissen wollt, aber ab und zu fällt es mir schon recht schwer –

Engelbert Hoho!

Betz	Du bist halt ein Pessimist.
Martin	Ein Dreck bin ich.
Stadtrat	Und außerdem ist er ein Krakeeler! Ein ganz ein gewöhnlicher Krakeeler.
	Stille.
Martin	*erhebt sich langsam:* Herr Stadtrat. Sag einmal, Herr Stadtrat, kennst du noch einen gewissen Karl Marx?
Stadtrat	*schlägt auf den Tisch:* Natürlich kenn ich meinen Marx! Und ob ich meinen Marx kenn! Und außerdem verbitt ich mir das!
Engelbert	Sehr richtig!
Kranz	Solo!
Stadtrat	Oder glaubst denn du, du oberflächlicher Phantast, daß kurz und gut mit der Verwirklichung des Marxismus kurz und gut das Paradies auf Erden entsteht?
Martin	Was du unter kurz und gut verstehst, das weiß ich nicht. Ich weiß auch nicht, was du unter Paradies verstanden haben willst, aber ich kanns mir lebhaft ausmalen, was du unter Marxismus verstehst. Verstanden? Was ich darunter versteh, daran glaube ich.
Kranz	Solo, Herrgottsakrament! *Er spielt aus.*
	Stille.
Betz	Weißt du, was ich nicht kann?
Martin	Nein.
Betz	Ich kann nicht glauben.
	Stille.
Martin	Das glaub ich gern, daß du nicht glauben kannst. Du kannst nicht glauben, weil du nicht mußt. Du bist ja auch kein Prolet, du pensionierter Kanzleisekretär –
Betz	Ich bin zwar Kanzleiobersekretär, aber das spielt natürlich keine Rolle.
Martin	Natürlich.
Betz	Das ist gar nicht so natürlich!
Martin	*sieht ihn verdutzt an:* Geh, so leck mich doch am Arsch! *Rasch ab mit seiner Zeitung.*
Stadtrat	Ein feiner Mann –
	Stille.
Wirt	Obs wieder regnen wird? Jedesmal, wenn ich eine Sau abstich, versaut mir das Wetter die ganze italienische Nacht.
Betz	Das glaub ich nicht.
Wirt	Warum? Weil es ihr seid?

Betz Nein. Sondern weil das Tief über Irland einem Hoch über dem Golf von Biskaya gewichen ist.

Stadtrat Sehr richtig!

Wirt Wer behauptet das?

Betz Die amtliche Landeswetterwarte.

Wirt Geh, laßts mich aus mit den Behörden!

Martin *erscheint wieder, tritt zu Betz und legt ein Flugblatt vor ihn hin:* Da!

Betz Was soll ich damit?

Martin Lesen!

Betz Warum soll ich das dumme faschistische Zeug da lesen?

Martin Weil es dich interessieren dürft.

Betz Aber keine Idee!

Martin *mit erhobener Stimme:* Das da dürfte sogar alle anwesenden Herrschaften hier interessieren!

Die Herrschaften horchen auf.

Stadtrat Was hat er denn schon wieder, dieser ewige Querulant?

Betz *überflog mechanisch das Flugblatt, stockt und schlägt nun mit der Faust auf den Tisch:* Was?! Na das ist empörend! Ist das aber empörend, Josef! *Wirt wird unsicher und will sich drücken. Fixiert ihn empört.* Halt! – Halt, lieber Josef – das da dürft nämlich vor allem dich interessieren – weißt du, was da drinnen geschrieben steht?

Wirt *verlegen:* Nein –

Betz Du kannst also nicht lesen?

Wirt *lächelt verzweifelt:* Nein –

Betz Analphabet?

Stadtrat Was soll denn das schon wieder darstellen dort?

Wirt Nichts, Leutl! Nichts –

Betz Nichts? Aber was du da nicht sagst, lieber Josef?! Ich glaub gar, du bist ein grandioser Schuft!

Wirt Das darfst du nicht sagen, Heinrich!

Betz Ich sags noch einmal, lieber Josef.

Stadtrat Wieso?

Kranz Ja Sakrament –

Martin *unterbricht ihn:* Moment!

Betz Moment! Das ist hier nämlich ein sogenannter Tagesbefehl – der Tagesbefehl der Herren Faschisten für ihren heutigen deutschen Tag – Josef, wir Republikaner sind deine Stammgäst, und du verkaufst deine Seele! Und alles um des Mammons willen!

Karl Also das ist ja direkt impertinent! Bitte mir zuzuhören,

	Kameraden! *Er liest.* »Ab sechzehn Uhr bis achtzehn Uhr treffen sich die Spielleute im Gartenlokal des Josef Lehninger« –
Kranz	Was für Spielleut?
Karl	Die faschistischen Spielleut! Pfui Teufel!
Betz	Eine Schmach ist das! Der liebe Kamerad Josef reserviert unsere Stammtisch für die Reaktion!
Karl	Und wir Republikaner, denkt er, kommen dann hernach dran mit unserer italienischen Nacht und kaufen ihm brav sein Zeug ab!
Martin	Die Brosamen, die wo die Herren Reaktionäre nicht mehr zammfressen konnten!
Engelbert	Hört, hört!
Wirt	Ich glaub, wir reden aneinander vorbei –
Martin	Aber was denn nicht noch!
Karl	Ah, das ist aber korrupt!
Wirt	Ich bin nicht korrupt! Das bin ich nicht, Leutl, das ist meine Frau.
Betz	Papperlapapp!
Wirt	Da gibts kein Papperlapapp! Ihr kennt meine Frau nicht, liebe Leutl! Die scheißt sich was um die politische Konstellationen. Der ist es sauwurscht, wer ihre Würscht zammfrißt! Und ich Rindvieh hab mal von einem heiteren Lebensabend geträumt! Und wenn ich jetzt den schwarzweißroten Fetzen nicht raussteck, verderben mir sechzig Portionen Schweinsbraten, das war doch ein furchtbarer Blödsinn, die Reichsfarben zu ändern! Meiner Seel, ich bin schon ganz durcheinand!
Kranz	Wenn du jetzt nicht mein Freund wärst, tät ich dir jetzt ins Gesicht spucken, lieber Josef!
Engelbert	Bravo!
	Stille.
Wirt	*verzweifelt:* Meiner Seel, jetzt sauf ich mir einen an, und dann erschieß ich meine Alte. Und dann spring ich zum Fenster naus, aber vorher zünd ich noch alles an. *Ab.*
Stadtrat	Ja Himmelherrgottsakrament! Ein jedes Mal, wann ich ein gutes Blatt hab, geht die Kracherei los! *Mit erhobener Stimme:* Aber sehen möcht ich doch, welche Macht unsere italienische Nacht heut nacht zu vereiteln vermag! Kameraden, wir weichen nicht, und wärs die vereinigte Weltreaktion! Unsere republikanische italienische Nacht steigt heute nacht, wie gesagt! Auch ein Herr Josef Lehninger wird uns

keinen Strich durch die Rechnung machen! Ein jeder merkt sich, was er für ein Blatt gehabt hat, wir spielen auf meiner Veranda weiter. Kommt, Kameraden!

Martin Hurra!

Kranz Du Mephisto –

Alle verlassen das Lokal.

Zweites Bild

Straße. Alle Häuser sind schwarzweißrot beflaggt, weil die hiesige Ortsgruppe der Faschisten, wie dies auch ein Transparent verkündet, einen deutschen Tag veranstaltet. Eben zieht eine Abteilung mit Fahnen, Musik und Kleinkalibern vorbei, gefolgt von Teilen der vaterländisch gesinnten Bevölkerung – auch die Dvorakische und das Fräulein Leni ziehen mit.

Leni Jetzt kann ich aber nicht mehr mit.

Die Dvorakische Da tuns mir aber leid, Fräulein!

Leni Die Musik ist ja fein, aber für die Herren in Uniform könnt ich mich nicht begeistern. Die sehn sich alle so fad gleich. Und dann werdens auch gern so eingebildet selbstsicher. Da sträubt sich etwas in mir dagegen.

Die Dvorakische Das glaub ich gern, weil Sie halt keine Erinnerung mehr haben an unsere Vorkriegszeit.

Leni Ich muß jetzt da nach links.

Die Dvorakische Fräulein, Sie könnten mir eigentlich einen großen Gefallen tun –

Leni Gern!

Die Dvorakische Ihr Herr Major muß doch ganz pompöse Uniformen haben –

Leni Ja, das stimmt, weil er früher auch in den Kolonien gewesen ist, die wo uns Deutschen geraubt worden sind.

Die Dvorakische Geh, fragens doch mal den Herrn Major, ob er mir nicht so eine alte Uniform verkaufen möcht, es passiert Ihnen nichts.

Leni Wie meinens denn das?

Die Dvorakische Das sagt man halt so.

Stille.

Leni Was möchtens denn mit der Uniform anfangen?

Die Dvorakische *lächelt:* Anschaun.

Leni Ist das alles?

Die Dvorakische Wie mans nimmt –

Stille.

Leni Nein, das wär mir, glaub ich, unheimlich –

Die Dvorakische *plötzlich wütend:* Dumme Gans, dumme! Ihr jungen Leut habt halt keine Illusionen mehr! *Rasch ab. Trommelwirbel.*

Karl *kommt und erkennt Leni:* Ist das aber ein Zufall!

Leni Jetzt so was! Der Herr Karl!

Karl Ist das aber zweifellos.

Leni Wieso?

Karl Daß wir uns da nämlich treffen, so rein durch Zufall.

Leni Geh, das kommt doch öfters vor.

Karl Zweifellos.

Stille.

Leni Ich hab jetzt nicht viel Zeit, Herr Karl!

Karl Ich auch nicht. Aber ich möcht Ihnen doch nur was vorschlagen, Fräulein!

Leni Was möchtens mir denn vorschlagen?

Karl Daß wir zwei Hübschen uns womöglich heut abend noch treffen, möcht ich vorschlagen – ich hätts Ihnen schon gestern vorgeschlagen, aber es hat sich halt keine Gelegenheit ergeben –

Leni Lügens mich doch nicht so an, Herr Karl.

Stille.

Karl *verbeugt sich barsch:* Gnädiges Fräulein. Das hab ich doch noch niemals nicht notwendig gehabt, ein Weib anzulügen, weil ich doch immerhin ein gerader Charakter bin, merken Sie sich das!

Leni Ich wollt Sie doch nicht beleidigen –

Karl Das können Sie auch nicht.

Leni *starrt ihn an:* Was verstehen Sie darunter, Herr Karl?

Karl Ich versteh darunter, daß Sie mich nicht beleidigen können, weil Sie mir sympathisch sind – Sie können mich höchstens kränken, Fräulein. Das versteh ich darunter. Pardon!

Stille.

Leni Ich glaub gar, Sie sind ein schlechter Mensch.

Karl Es gibt keine schlechten Menschen, Fräulein. Es gibt nur sehr arme Menschen. Pardon!

Stille.

Leni Ich wart aber höchstens zehn Minuten –

Karl Und ich nur fünf.

Leni *lächelt:* Also dann bin ich halt so frei, Sie schlechter Mensch – *Ab.*

Martin und Betz kommen.
Martin sieht Leni, die rasch an ihm vorbeigegangen ist, nach; dann betrachtet er Karl spöttisch.

Karl Sag mal, Martin: ich nehm natürlich an, daß bei unserer italienischen Nacht heut nacht nicht nur eingeschriebene ordentliche und außerordentliche Mitglieder, sondern daß auch Sympathisierende gern gesehen sind –

Martin Von mir aus.

Karl Ich hab nämlich grad jemand eingeladen. Eine mir bekannte Sympathisierende von mir.

Martin War das die da?

Karl Kennst du die da?

Martin Leider.

Karl Wieso?

Martin Weil das ein ganz stures Frauenzimmer ist.

Karl Ich find aber, daß sie etwas Bestimmtes hat –

Martin Natürlich hat sie was Bestimmtes – aber der ihr Bestimmtes steht hier nicht zur Diskussion! Ich meinte doch, daß dieses Frauenzimmer ganz stur ist, nämlich in politischer Hinsicht, das ist doch eine geborene Rückschrittlerin, Herrgottsakrament! Wie kann man nur mit so etwas herumpoussieren!

Karl Mein lieber Martin, das verstehst du nicht. Wir zwei beide sind aufrechte Republikaner, aber wir haben dabei einen Unterschied. Du bist nämlich Arbeiter und ich Musiker. Du stehst gewissermaßen am laufenden Band, und ich spiel in einem Konzertcafé meinen Mozart und meinen Kalman – daher bin ich der größere Individualist, schon weil ich halt eine Künstlernatur bin. Ich hab die stärkeren privaten Interessen, aber nur scheinbar, weil sich bei mir alles gleich ins Künstlerische umsetzt.

Martin *grinst:* Das sind aber feine Ausreden –

Karl Das bin ich mir einfach schuldig, daß ich in erotischer Hinsicht ein politisch ungebundenes Leben führ – Pardon!
Ab.

Martin Nur zu!
Stille.

Betz Martin, du weißt, daß ich dich schätz, trotzdem daß du manchmal schon direkt unangenehm boshaft bist –
Ich glaub, du übersiehst etwas sehr Wichtiges bei deiner Beurteilung der politischen Weltlage, nämlich das Liebesleben in der Natur. Ich hab mich in der letzten Zeit mit den Werken von Professor Freud befaßt, kann ich dir sagen.

Du darfst doch nicht vergessen, daß um unser Ich herum Aggressionstriebe gruppiert sind, die mit unserem Eros in einem ewigen Kampfe liegen, und die sich zum Beispiel als Selbstmordtriebe äußern, oder auch Sadismus, Masochismus, Lustmord –

Martin Was gehen mich deine Perversitäten an, du Sau?

Betz Das sind doch auch die deinen!

Martin Was du da nicht sagst!

Betz Oder hast du denn deine Anna noch nie gekniffen oder sonst irgend so etwas, wenn du – ich meine: im entscheidenden Moment –

Martin Also, das geht dich einen großen Dreck an.

Betz Und dann sind das doch gar keine Perversitäten, sondern nur Urtriebe! Ich kann dir sagen, daß unsere Aggressionstriebe eine direkt überragende Rolle bei der Verwirklichung des Sozialismus spielen, nämlich als Hemmung. Ich fürcht, daß du in diesem Punkte eine Vogel-Strauß-Politik treibst.

Martin Weißt du, was du mich jetzt abermals kannst?

Er läßt ihn stehen.

Drittes Bild

In den städtischen Anlagen. Mit vielen Fahnen. Die Luft ist voll von Militärmusik. An der Ecke stehen zwei Frauenzimmer. Es ist bereits spät am Nachmittag. Der Stadtrat Ammetsberger geht vorbei. Die Frauenzimmer zwinkern.

Erste *alt und dürr:* Kennst du den?

Zweite *jung und fett:* Er ist nicht unrecht.

Erste Ich glaub, er ist was bei der Stadt. Irgendein Tier.

Zweite Wahrscheinlich.

Jetzt wehen die Fahnen im Winde.

Zweite *sieht empor:* Wenns nur keine Fahnen gäb –

Erste Fahnen sind doch direkt erhebend.

Zweite Nein – wenn ich so Fahnen seh, ists mir immer, als hätten wir noch Krieg.

Erste *mit dem Lippenstift:* Ich kann nichts gegen den Weltkrieg sagen. Das wär undankbar.

Stille.

Zweite *sieht noch immer empor:* Wie das weht – was nützt uns das?

Erste Für mich sind am besten landwirtschaftliche Ausstellungen oder überhaupt künstlerische Veranstaltungen. Auch so vaterländische Feierlichkeiten sind nicht schlecht.

Ein Faschist geht vorbei.

Erste nähert sich ihm.

Faschist Wegtreten!

Pause.

Zweite Eigentlich ist der Krieg dran schuld.

Erste An was denn?

Zweite An mir.

Erste Lächerlich! Alle reden sie sich naus auf den armen Krieg!

Anna kommt und setzt sich mit dem Rücken zu den beiden Frauenzimmern auf eine Bank; sie wartet.

Wer ist denn das?

Zweite Ich kenn sie nicht.

Erste Die sieht so neu aus. Und dann sieht sie doch wem ähnlich –

Zweite *grinst:* Dir –

Erste *starrt sie an:* Also das war jetzt gemein von dir, Agnes.

Drei Faschisten kommen an Anna vorbei.

Anna weicht ihren Blicken aus.

Die Faschisten halten vor ihr und grinsen sie an.

Anna erhebt sich und will ab.

Martin tritt in den Weg, grüßt kurz und spricht mit ihr.

Die Faschisten und die Frauenzimmer horchen, hören aber nichts.

Anna Und?

Martin Da gibts kein Und. Er hat sich halt wieder herausgelogen, der Herr Stadtrat. Das wäre unter seiner republikanischen Würde, hat er gesagt, daß er wegen denen ihrer deutschen Tage und wegen dem ehrlosen Lehninger auf seine italienische Nacht verzicht. Der typische Parlamentarier in schlechter Aufmachung. Es kommt alles, wie es kommen muß.

Anna Ein korrupter Mensch.

Martin Herrschen tut der Profit. Also regieren die asozialen Elemente. Und die schaffen sich eine Welt nach ihrem Bilde. Aber garantiert! Heut gibts noch einen Tanz auf denen ihrer italienischen Nacht! Zur freundlichen Erinnerung.

Die Faschisten beschäftigen sich nun mit den Frauenzimmern.

Anna Weißt du, was die Genossen sagen?

Martin Was?

Anna Daß du eine Zukunft hast.

Martin *zuckt die Schultern:* Sie kennen mich halt. Ich müßt aber fort. In irgendeine Metropole.

Anna Ich hab auch das Gefühl, daß man auf dich wartet.

Martin Hier hab ich ein viel zu kleines Betätigungsfeld. Das könnt auch ein anderer machen, was ich hier mach.

Anna Nein, das könnt keiner so machen!

Martin Du weißt, daß ich das gar nicht gern hör!

Anna Aber es ist doch so! Wenn alle so wären wie du, stünd es besser um uns Menschen.

Martin Aber ich kann doch nichts dafür, daß ich so bin! Daß ich der Intelligentere bin, und daß ich mehr Durchschlagskraft hab, das verpflichtet mich doch nur, mich noch intensiver für das Richtige einzusetzen! Ich mag das nicht mehr hören, daß ich eine Ausnahme bin. Herrgottsakrament! *Er brüllt sie an.* Ich bin keine, merk dir das!

Anna Das kannst du einem doch auch anders sagen, daß du keine Ausnahme bist –

Stille.

Martin Anna, die Zeit braust dahin, und es gibt brennendere Probleme auf der Welt als wie Formfragen. Vergiß deine Pflichten nicht!

Anna Ich?

Martin Pflichten verpflichten.

Anna Martin. Du tust ja direkt, als wär ich ein pflichtvergessenes Wesen –

Martin Wieso denn hernach? Das wäre ja vermessen. Komplizier doch nicht den einfachsten Fall! Ich wollt dich doch nur erinnern an das, was wir vorgestern besprochen haben – also sei so gut, ja? *Ab.*

Zwei Faschisten sind inzwischen mit den Frauenzimmern verschwunden. Der Dritte fixiert nun Anna.

Anna *plötzlich:* Nun?

Der Dritte grinst.

Lächelt. Nun?

Karl erscheint hinter dem Faschisten.

Anna fährt zurück.

Karl Pardon!

Der Dritte grinst; er grüßt Anna spöttisch-elegant und ab.

Stille.

Unterdrückt seine Erregung. Pardon, Gnädigste!

Anna Du Trottel!

Karl Um Gottes willen. Eine Anna und dieser Faschist, da stürzt ja in mir eine Welt zusammen – Wer ist jetzt verrückt? Ich oder du?!

Anna Du! Ich streng mich an, fädel was ein, und du zertrampelst mir wieder alles, du unüberlegter Mensch!

Karl Unüberlegt!

Anna Und unverantwortlich!

Karl Unverantwortlich! Grad schimpft mich der Martin zusammen, weil ich mich für ein unpolitisches Weib interessier, und derweil bandelt die Seine mit einem Faschisten an – Meiner Seel, jetzt glaub ichs aber gleich, daß ich verrückt bin! Korrekt verrückt! So wie sichs gehört!

Anna So beruhig dich doch!

Karl Oh du mein armer Martin!

Anna Aber ich tu doch gar nichts ohne Martin!

Karl *starrt sie an:* Wie, bitte?

Anna Ich tu doch gar nichts Unrechtes!

Karl So?

Anna Das ist doch alles in Ordnung – der Martin möcht doch nur etwas genauere Informationen über denen ihre Kleinkaliber haben – und dazu soll ich mich halt einem Faschisten nähern, um ihn auszuhorchen –

Stille. – Karl zündet sich eine Zigarette an.

Was hast du denn jetzt gedacht?

Karl Ich? Pardon!

Anna Das war doch eine grobe Beleidigung –

Karl Pardon!

Anna Schäm dich!

Stille.

Karl Anna. Ich habe schon viel erlebt auf erotischem Gebiete, und dann wird man halt mit der Zeit leicht zynisch. Besonders, wenn man so eine scharfe Beobachtungsgabe hat. Du bist natürlich eine moralische Größe. Du hast dich überhaupt sehr verändert.

Anna *lächelt:* Danke.

Karl Bitte. Du warst nämlich mal anders. Früher.

Anna *nickt:* Ja, früher.

Karl Da warst du nicht so puritanisch.

Stille.

Anna *plötzlich ernst:* Und?

Karl Wenn ich dich so seh, krieg ich direkt einen Moralischen. Der Martin hat schon sehr recht, man soll sich nicht so gehen lassen – jetzt hab ich halt schon wieder ein Rendezvous, sie ist zwar politisch indifferent –

Er sieht auf seine Armbanduhr.

Anna Dann würd ich an deiner Stelle einen heilsamen Einfluß auf sie ausüben.

Karl Meiner Seel, das werd ich auch! Ehrenwort!

Anna Wie oft hast du das jetzt schon gesagt?

Karl Anna. Es ist wichtiger, seine Fehler einzusehen, als wie Fehler zu unterlassen. Wenn ich dir jetzt mein Ehrenwort gib, daß ich auf unserer italienischen Nacht heut nacht gewissermaßen eine passive Resistenz üben werd –

Anna Wie soll ich das verstehen?

Karl Also zum Beispiel: ich werd kein einziges Mal tanzen. Ehrenwort! Keinen Schritt! Auch mit ihr nicht! Es hat doch keinen Sinn, als Vieh durch das Leben zu laufen und immer nur an die Befriedigung seiner niederen Instinkte zu denken –

Er legt seinen Arm unwillkürlich um ihre Taille, ohne zu wissen, was er tut.

Anna nimmt seine Hand langsam fort von dort und sieht ihn lang an.

Karl wird sich bewußt, was er getan hat.

Stille.

Tückisch. Aber komisch find ich das doch von Martin.

Anna Was?

Karl Ich könnt es ja nie –

Anna Was denn?

Karl Ich kann mir nicht vorstellen, wie er dich liebt. Ich meine: ob normal, so wie sichs gehört –

Anna Was willst du?

Karl Es tät mich nur interessieren. Wenn er nämlich sowas von dir verlangt, er schickt dich doch gewissermaßen auf den politischen Strich – ob er dabei innere Kämpfe hat?

Anna Innere Kämpfe?

Karl Ja!

Stille.

Anna Aber nein! Du kannst mich nicht durcheinander bringen! Ich kenn den Martin besser! Der steht über uns allen. Ich war blöd, dumm, verlogen, klein, häßlich – er hat mich emporgerissen. Ich war nie mit mir zufrieden. Jetzt bin ichs.

Karl verbeugt sich leicht.

Jetzt hab ich einen Inhalt, weißt du? *Langsam ab.*

Karl Pardon! *Sieht auf seine Armbanduhr, geht wartend auf und ab.*

Leni *kommt:* Guten Abend, Herr Karl! Ich freu mich nur, daß Sie noch da sind! Ich konnt leider nicht früher!

Karl Wir haben ja noch Zeit. Und dann sieht es ja auch nicht schlechter aus, wenn man später kommt.

Leni Warum denn so traurig?

Karl Traurig?

Leni Nein, diese Stimme – wie aus dem Grab. *Sie lächelt.*

Karl Ich hab grad ein Erlebnis hinter mir. Nämlich ein politisches Erlebnis. Man müßt den Forderungen des Tages mehr Rechnung tragen, Fräulein. Ich glaub, ich bin verflucht.

Leni Aber Herr Karl! Wenn jemand einen so schönen Gang hat! *Sie lacht.*

Karl Wie?!

Er fixiert sie.

Leni verstummt.

Stille.

Ja, Fräulein, Sie verstehen mich anscheinend nicht, ich müßt Ihnen das nämlich stundenlang auseinandersetzen – ich seh schwarz in die Zukunft, Fräulein.

Leni Geh, Sie sind doch ein Mann –

Karl Gerade als Mann darf man eher verzweifeln, besonders ich, weil ich den politischen Tagesereignissen näher steh. – Sie kümmern sich nicht um Politik?

Leni Nein.

Karl Das sollten Sie aber.

Leni Warum redens denn jetzt darüber?

Karl In Ihrem Interesse.

Leni Wollens mich ärgern?

Karl Es wär Ihre Pflicht als Staatsbürger –

Leni Warum wollens mir denn jetzt die ganze Stimmung verderben, ich hab mich ja schon so gefreut auf Ihre italienische Nacht!

Stille.

Karl Ich bin nämlich nicht so veranlagt, daß ich eine Blume einfach nur so abbrech, am Wegrand. Ich muß auch menschlich einen Kontakt haben – und das geht bei mir über die Politik.

Leni Geh, das glaubens doch selber nicht!

Karl Doch! Ich könnt zum Beispiel nie mit einer Frau auf die Dauer harmonieren, die da eine andere Weltanschauung hätt.

Leni Ihr Männer habt alle eine ähnliche Weltanschauung.

Stille.

Karl Sie sind doch eine Deutsche?

Leni Ja.

Karl Sehns, Fräulein, das ist der Fluch speziell von uns Deutschen, daß wir uns nicht um Politik kümmern, wir sind kein politisches Volk – bei uns gibts noch massenweis Leut, die keine Ahnung haben, wer sie regiert.

Leni Ist mir auch gleich. Besser wirds nicht. Ich schau, daß ich durchkomm.

Karl Mir scheint, Sie haben keine Solidarität.

Leni Redens doch nicht so protzig daher!

Karl Mir scheint, daß Sie gar nicht wissen, wer der Reichspräsident ist?

Leni Ich weiß nicht, wie die Leut heißen!

Karl Wetten, daß Sie nicht wissen, wer der Reichskanzler ist?

Leni Weiß ich auch nicht!

Karl Also das ist ungeheuerlich! Und wieder einmal typisch deutsch! Können Sie sich eine Französin vorstellen, die das nicht weiß?

Leni So gehens halt nach Frankreich!

Stille.

Karl Wer ist der Reichsinnenminister? Oder wieviel Reichsminister haben wir denn? Ungefähr?

Leni Wenn Sie jetzt nicht aufhören, laß ich Sie da stehen!

Karl Unfaßbar!

Stille.

Leni Das hab ich mir auch anders gedacht, diesen Abend.

Karl Ich auch.

Leni Einmal geht man aus – und dann wird man so überfallen.

Karl *sieht auf seine Armbanduhr:* Jetzt wirds allmählich Zeit.

Leni Am liebsten möcht ich gar nicht mehr hin.

Karl umarmt sie plötzlich und gibt ihr einen Kuß.

Leni wehrt sich nicht.

Karl *sieht ihr tief in die Augen und lächelt geschmerzt:* Ja, der Reichsinnenminister – *Er zieht sie wieder an sich.*

Viertes Bild

In den städtischen Anlagen, vor dem Denkmal des ehemaligen Landesvaters. Zwei Burschen bemalen das Antlitz des Landesvaters mit roter Farbe. Ein Dritter steht Schmiere.
Es dämmert bereits stark. In weiter Ferne spielen die Faschisten den bayrischen Präsentiermarsch.

Erster **Die werden morgen schauen, wie sehr sich Seine Majestät verändert haben – Seine Majestät haben einen direkt roten Kopf bekommen – einen blutroten Kopf –**

Zweiter **Wie stolz daß er dreinschaut!**

Erster *klatscht mit dem Pinsel in seiner Majestät Antlitz:* **Schad, daß er nur einen Kopf hat!**

Dritter **Halt!**

Zweiter **Ha?**

Dritter **Meiner Seel, da kommen gleich zwei!**

Zweiter **Heim!**

Erster **Fertig!** *rasch ab mit den beiden anderen.*

Jetzt wird es bald ganz Nacht. Anna kommt mit einem Faschisten.

Der Faschist **Es ist eine wirklich schöne Stadt hier, Ihre Stadt, Fräulein! Sie als Kind dieser Stadt muß das doch mit einem ganz besonderen Stolz erfüllen.**

Anna **Ich bin auch stolz, daß ich von hier bin.**

Der Faschist **Ehre deine Heimat! Und was Sie hier für zweckmäßige Anlagen haben –**

Anna **Wollen wir uns nicht setzen?**

Der Faschist **Gestatten!** *Sie setzen sich.*

Anna **Ich bin nämlich etwas müd, weil ich den ganzen Tag mitmarschiert bin.**

Der Faschist **Haben Sie auch Militärmusik im Blut?**

Anna **Ich glaub schon, daß ich das im Blut hab –** *Sie lügt:* **nämlich mein Vater war ja aktiver Feldwebel!**

Der Faschist **Stillgestanden!**

Stille.

Das dort drüben, das ist doch das überlebensgroße Denkmal seiner Majestät?

Anna **Ja.**

Der Faschist **Ich habe bereits die Ehre gehabt, es kennenzulernen. Wir hatten heut früh hier eine interne Gruppenaussprache – ein wirklich schönes Denkmal ist das, voller Stil. Schad, daß es schon so dunkel ist, man kanns ja gar nicht mehr bewundern!**

Anna War die interne Gruppenaussprache sehr feierlich?

Der Faschist Überaus!

Anna Über was hat man denn gesprochen?

Der Faschist Über unsere Mission. – Es ist nicht wahr, wenn feige Söldner des Geldes sagen, wir seien in die Welt gesetzt, um zu leiden, zu genießen und zu sterben! Wir haben hier eine Mission zu erfüllen! Der eine fühlt den Trieb stärker in sich, der andere schwächer. In uns brennt er wie Opferfeuer! Wir gehen bis zum letzten durch!

Stille.

Anna Ich möcht jetzt gern was wissen.

Der Faschist Jederzeit!

Anna Ich bin nämlich politisch unbedeutend und kenn mich noch nicht so recht aus mit Ihrer Bewegung –

Der Faschist *unterbricht sie:* Das Weib gehört an den heimischen Herd, es hat dem kämpfenden Manne lediglich Hilfestellung zu gewähren!

Anna Ich wollt ja nur etwas wissen über die Zukunft, ungefähr –

Der Faschist Fräulein, dringen Sie nicht in mich, bitte. Ich darf darüber nichts sagen, weil das ein heiliges Geheimnis ist.

Stille.

Und was sind das doch schon für ungereimte Torheiten, wenn man behauptet, wir seien keine proletarische Partei! Ich weiß, was ich rede! Ich gehör zu den gebildeteren Ständen und bin doch auch nicht der Dümmste! Ich bin Drogist.

Anna Jetzt wirds aber finster.

Der Faschist *dumpf:* Ja, finster.

Stille.

Finster wie in mir. Fräulein, ich kann Sie ja kaum mehr sehen – Ihr Blondhaar –

Anna Ich bin doch gar nicht blond, sondern brünett.

Der Faschist Dunkelblond, dunkelblond – Hüte dich, Blondmädel, hüte dich! Du weißt, vor wem – Überhaupt hat uns der Jude in den Krieg hineinschlittern lassen! 1914 war es für ihn die höchste Zeit! Denn es hätte der Zeitpunkt kommen können, wo die Völker vielleicht hellhörig geworden wären. Nehmen wir einmal an, über die Welt wäre eine Epidemie gekommen, da hätten die Leute schon gesehen, daß die Juden dran schuld sind! – Blondmädel, in mir ist Freude, daß Sie sich von mir haben ansprechen lassen –

Anna Ich laß mich ja sonst nicht ansprechen, aber –

Der Faschist Aber?

Anna Aber von Ihresgleichen – Nein, nicht! – Nein, bitte – lassens mich, bitte!

Der Faschist Bitte! Zu Befehl!

Stille.

Anna Ich kann doch nicht gleich so.

Der Faschist Aber das war doch nicht gleich so! Wir haben doch schon eine ganze Zeit gesprochen, zuerst über Kunst und dann über Ihre schöne Stadt und jetzt über unsere Erneuerung –

Stille.

Fährt sie plötzlich an. Und wissen Sie auch, wer uns zugrunde gerichtet hat?! Der Materialismus! Ich will Ihnen sagen, wie der über uns gekommen ist, das kenne ich nämlich! Mein Vater ist nämlich seit dreiundzwanzig Jahren selbständig. Das war nämlich so. Wo man hinkam, hatte der Jude schon alles weggekauft. Der ist nämlich einfach hergegangen und hat überall das billigste Angebot herausgeschunden. Alles wurde so in den Strudel mit hineingerissen und so hat sich, nicht wahr, der materialistische Geist immer breiter gemacht. Aber wir sind eben zu weibisch geworden! Es wird Zeit, daß wir uns wieder mal die Hosen anziehen und merken, daß wir Zimbern und Teutonen sind!

Er wirft sich auf sie.

Anna Nicht! Nein! *Sie wehrt sich.*

Jetzt fällt Licht auf das Denkmal, und man sieht nun Seine Majestät mit dem roten Kopf.

Der Faschist *läßt ab von Anna, heiser:* Was? – Nein, diese Schändung – diese Schändung – Der Gott, der Eisen wachsen ließ! – Rache! – Gott steh uns bei! Deutschland erwache!

In der Ferne das Hakenkreuzlied.

Fünftes Bild

Im Gartenlokal des Josef Lehninger. Mit Musik.

Die Faschisten *trinken Bier und singen:*

Ich weiß nicht, was soll es bedeuten,
Daß ich so traurig bin,
Ein Märchen aus uralten Zeiten,
Das kommt mir nicht aus dem Sinn.
Die Luft ist kühl, und es dunkelt,
Und ruhig fließet der Rhein –

Ein Faschist Zum Rhein, zum Rhein, zum deutschen Rhein –

Alle Faschisten Wir alle wollen Hüter sein!
Lieb Vaterland magst ruhig sein,
Lieb Vaterland magst ruhig sein,
Fest steht und treu die Wacht, die Wacht am Rhein,
Fest steht und treu die Wacht, die Wacht am Rhein!

Die Faschisten *mit dem Bierkrug in der Hand:* Heil! Heil! Heil!

Saufen.

Musik spielt nun: ›Stolz weht die Flagge Schwarz-Weiß-Rot‹.

Der Leutnant *mit der Landkarte; er winkt einen Faschisten an sich heran:* Also unsere Nachtübung. Hinter diesem Morast liegt zum Beispiel Frankreich, gleich neben der angelsächsischen Artillerie. Oben und unten Bolschewiken. Verstanden?

Der Faschist Zu Befehl!

Der Leutnant Und wir? Wir sind hier im Wald. Im deutschen Wald. Eigentlich sogar symbolisch. Wir werden überfallen, selbstverständlich. Es läßt sich doch durch die ganze Weltgeschichte verfolgen, daß wir Deutschen noch niemals einem anderen Volke irgend etwas Böses getan haben. Nehmen wir nun mal an, die ganze Welt wäre gegen uns –

Wirt Entschuldigens bitte!

Der Leutnant Herr Lehninger!

Wirt Herr Leutnant, ich brauch jetzt nämlich mein Lokal –

Der Leutnant Was soll das?

Wirt Es wird allmählich Zeit – Sie müssen jetzt mein Lokal verlassen –

Der Leutnant Mensch, was erlaubt er sich?!

Wirt Aber das ist doch meine vaterländische Pflicht, daß ich Sie daran erinner – sonst versäumen Sie ja noch Ihre diversen Nachtübungen –

Stille.

Der Leutnant *läßt den Faschisten wegtreten; ruft:* Czernowitz!

Czernowitz *ein Gymnasiast:* Zu Befehl, Herr Leutnant!

Der Leutnant Herr Major erwarten uns im Wald. Herr Major werden sein Referat in unserem deutschen Walde halten. Haben Sie das Referat fertig?

Czernowitz Jawohl, Herr Leutnant! *Er reicht ihm einige Blätter aus einem Schulheft.*

Der Leutnant Titel?

Czernowitz Was verdanken uns Deutschen die Japaner?

Der Leutnant Richtig! – Kerl, warum haben Sie das nicht ins reine geschrieben?

Czernowitz Sie kennen meinen Vater nicht, Herr Leutnant! Der kümmert sich nur um meine Schulaufgaben! Meine Familie versteht mich nicht, Herr Leutnant. Als ich mich neulich freute, daß wir so viele Feinde haben, weil das doch eine Ehre ist – da hat mir mein Vater eine heruntergehauen. Wenn meine Mutter nicht wär, Herr Leutnant – meine Mutter ist noch die einzige, die mich versteht – Mein Vater ist liberal.

Stille.

Der Leutnant Weggetreten!

Czernowitz kehrt.

Angetreten!

Die Faschisten treten an.

Stillgestanden! Rechts um! Abteilung – marsch!

Die Faschisten ziehen ab. Und die Musik spielt den bayrischen Präsentiermarsch. Wirt holt die schwarzweißrote Fahne herunter und hißt die schwarzrotgoldne.

Nun ist es finster geworden, und nun steigt die republikanische italienische Nacht. Mit Girlanden und Lampions, Blechmusik und Tanz. – Mitglieder und Sympathisierende ziehen mit Musik in das Gartenlokal ein, und zwar auf die Klänge des Gladiatorenmarsches; allen voran der Stadtrat Ammetsberger, Kranz, Betz, Engelbert mit ihren Damen. Auch Karl und Leni sind dabei. Und auch Martin kommt mit seinen Kameraden, finster und entschlossen – und setzt sich abseits mit ihnen.

Stadtrat Meine Damen und Herren! Kameraden! Noch vor wenigen Stunden hatte es den Anschein, als wollte das uns Menschen, und nicht zu guter Letzt uns Republikanern, so feindlich gesinnte höhere Schicksal, daß unser aller heißer Wunsch, unser ersehnter Traum, unsere italienische Nacht nicht Wirklichkeit wird. Kameraden! Im Namen des Vorstandes kann ich euch die erfreuliche Mitteilung machen, daß wir unser Schicksal überwunden haben! Wenn ich hier diese stimmungsvolle Pracht sehe, diesen Jubel in all den erwartungsvollen Antlitzen, bei jung und auch bei alt, so weiß ich, was wir überwunden haben! Und so wünsche ich, daß diese unsere Gartenunterhaltung, diese unsere republikanische italienische Nacht allen Anwesenden unvergeßlich bleiben soll! Ein Hoch auf das in der Republik geeinte deutsche Volk. Hoch! Hoch! Hoch!

Alle *außer Martins Kameraden erheben sich:* **Hoch! Hoch! Hoch!**
Musiktusch.

Stadtrat **Setzen!**

Engelbert **Meine Damen und Herren! Kameraden! Liebe Sympathisierende! Ich freue mich, daß wir hier sind! Antreten zur Française!**
Der Stadtrat, Betz, Kranz, Engelbert usw. mit ihren Damen tanzen nun eine Française – Martin und seine Kameraden sehen finster zu. Jetzt spielt die Musik einen Walzer.
Damenwahl! Damenwahl!

Martin *zu seinen Kameraden:* **Daß mir keiner tanzt! Disziplin, muß ich schon bitten – Disziplin und Opposition!**
Einige Fräuleins wollen mit Martins Kameraden tanzen, werden aber abgewiesen.

Leni *zu Karl:* **Also darf ich jetzt bitten?**
Karl schweigt.
Also darf ich jetzt bitten zum letztenmal?
Karl schweigt.
Wie kann man ein Fräulein nur so bitten lassen –

Karl **Glaubst du, daß ich das so leicht überwind?**

Leni **Zu was sind wir denn da, wenn wir nicht tanzen?**

Karl **Das hat einen tieferen Sinn.**

Leni **Und du willst ein Mann sein? Und traust dich nicht einmal zu tanzen?**

Karl **Man kann als Mann vieles zurückziehen, aber sein Ehrenwort niemals.**

Leni **Ein richtiger Mann kann alles. Nein. Tu die Hand da weg.**

Karl **Was für eine Hand?**

Leni **Die deinige.**

Karl **Du weißt noch nicht, was Konflikte sind – sonst würdest du nicht so appellieren –** *Er kommt mit ihr unwillkürlich ins Tanzen, und zwar links herum.*

Erster Kamerad **Du, Martin, der hat doch deiner Anna sein Ehrenwort gegeben, daß er unser Mann ist –**

Martin **Er hat bei meiner Anna seine Ehre verpfändet, daß er keinen Schritt tanzen wird, sondern daß er sich unseren Parolen anschließen wird, und zwar durchaus radikal.**

Zweiter Kamerad **Ein Schuft, ein ganz charakterloser.**

Dritter Kamerad **Einer mehr.**

Erster Kamerad **Und jedesmal wegen einem Frauenzimmer –**

Vierter Kamerad **Die bildet sich aber was ein!**

Dritter Kamerad **Gott, wie graziös!**

Erster Kamerad Die wirds auch nimmer begreifen, wos hingehört.

Zweiter Kamerad Wer ist denn das Frauenzimmer?

Vierter Kamerad Auch nur Prolet.

Erster Kamerad Nein. Das ist etwas bedeutend Feineres. Das ist eine Angestellte – *Er grinst.*

Dritter Kamerad lacht.

Vierter Kamerad Wann gehts denn los?

Dritter Kamerad verstummt plötzlich.

Martin Wenn ich euch das Signal gib! Ich! *Er erhebt sich, tritt nahe an die Tanzenden heran und sieht zu; jetzt spielt die Musik einen Walzer, einige Paare hören auf zu tanzen – unter anderen auch der Stadtrat Ammetsberger.*

Stadtrat Na was war das für eine Idee?

Engelbert Eine Prachtidee!

Stadtrat Ich wußte es doch, daß so ein zwangloses gesellschaftliches Beisammensein uns Republikaner menschlich näherbringen würde.

Kranz *ist leicht angetrunken:* Ich freu mich nur, daß wir uns von dieser Scheißreaktion nicht haben einschüchtern lassen, und daß wir diese bodenlose Charakterlosigkeit unseres lieben Josef mit einer legeren Handbewegung beiseite geschoben haben. Das zeigt von innerer Größe.

Stadtrat Eine Prachtidee!

Engelbert Eine propagandistische Tat!

Kranz Diese Malefizfaschisten täten sich ja nicht wenig ärgern, wenn sie sehen könnten, wie ungeniert wir Republikaner uns hier bewegen! *Er torkelt etwas.*

Engelbert Wo stecken denn jetzt diese Faschisten?

Betz Ich hab was von einer Nachtübung gehört.

Engelbert Na viel Vergnügen!

Kranz Prost!

Stadtrat Dieser kindische Kleinkaliberunfug.

Betz Aber sie sollen doch auch über Maschinengewehre –

Stadtrat *unterbricht ihn:* Redensarten, Redensarten! Nur keinen Kleinmut, Kameraden! Darf ich euch meine Frau vorstellen, meine bessere Hälfte.

Kranz Sehr erfreut!

Engelbert Angenehm!

Betz Vom Sehen kennen wir uns schon.

Die bessere Hälfte lächelt unsicher.

Stadtrat So – woher kennt ihr euch denn?

Betz Ich habe dich mal mit ihr gehen sehen.

Stadtrat Mich? Mit ihr? Wir gehen doch nie zusammen aus.

Betz Doch. Und zwar dürft das so vor Weihnachten gewesen sein –

Stadtrat Richtig! Das war an ihrem Geburtstag! Der einzige Tag im Jahr, an dem sie mitgehen darf, ins Kino – *Er lächelt und kneift sie in die Wange.* Sie heißt Adele. Das heut ist nämlich eine Ausnahme, eine große Ausnahme – Adele liebt die Öffentlichkeit nicht, sie ist lieber daheim. *Er grinst.* Ein Hausmütterchen.

Kranz *zu Adele:* Trautes Heim, Glück allein. Häuslicher Herd ist Goldes wert. Die Grundlage des Staates ist die Familie. Was Schönres kann sein als ein Lied aus Wien. *Er torkelt summend zu seinem Bier.*

Betz Ein Schelm.

Engelbert *zu Adele:* Darf ich bitten?

Stadtrat Danke! Adele soll nicht tanzen. Sie schwitzt.

Pause.

Engelbert tanzt mit einer Fünfzehnjährigen.

Adele *verschüchtert:* Alfons!

Stadtrat Nun?

Adele Ich schwitz ja gar nicht.

Stadtrat Überlaß das mir, bitte.

Adele Warum soll ich nicht tanzen?

Stadtrat Du kannst doch gar nicht tanzen!

Adele Ich? Ich kann doch tanzen!

Stadtrat Seit wann denn?

Adele Seit immer schon.

Stadtrat Du hast doch nie tanzen können! Selbst als blutjunges Mädchen nicht, merk dir das! Blamier mich nicht, Frau Stadtrat! *Er zündet sich eine Zigarre an.*

Pause.

Adele Alfons, warum hast du gesagt, daß ich die Öffentlichkeit nicht liebe? Ich ging doch gern öfters mit. – Warum hast du das gesagt?

Stadtrat Darum.

Pause.

Adele Ich weiß ja, daß du im öffentlichen Leben stehst, eine öffentliche Persönlichkeit –

Stadtrat Still, Frau Stadtrat!

Adele Du stellst einen immer in ein falsches Licht. Du sagst, daß ich mit dir nicht mitkomm –

Stadtrat *unterbricht sie:* Siehst du!

Adele *gehässig:* Was denn?

Stadtrat Daß du mir nicht das Wasser reichen kannst.

Pause.

Adele Ich möcht am liebsten nirgends mehr hin.

Stadtrat Eine ausgezeichnete Idee! *Er läßt sie stehen; zu Betz.* Meine Frau, was? *Er grinst und droht ihr schelmisch mit dem Zeigefinger.* Wenn du zum Weibe gehst, vergiß die Peitsche nicht.

Betz Das ist von Nietzsche.

Stadtrat Das ist mir wurscht! Sie folgt aufs Wort. Das ist doch ein herrlicher Platz hier! Diese uralten Stämme und die ozonreiche Luft – *Er atmet tief.*

Betz Das sind halt die Wunder der Natur.

Stadtrat Die Wunder der Schöpfung – es gibt nichts Herrlicheres. Ich kann das besser beurteilen, weil ich ein Bauernkind bin. Wenn man so in den Himmel schaut, kommt man sich so winzig vor – diese ewigen Sterne! Was sind wir daneben?

Betz Nichts.

Stadtrat Nichts. Gott hat doch einen feinen Geschmack.

Betz Es ist halt alles relativ.

Stille.

Stadtrat Du, Betz, ich hab mir ein Grundstück gekauft.

Betz Wo denn?

Stadtrat Fast ein Tagwerk. Mit einer Lichtung. – Schau, lieber guter Freund, die Welt hat Platz für anderthalb Milliarden Menschen, warum soll mir da nicht von dieser großen Welt so ein kleines Platzerl gehören –

Erster Kamerad *hat unfreiwillig gelauscht:* Feiner Marxist!

Stille.

Stadtrat Was hat der gesagt?

Betz So laß ihn doch!

Adele Er hat gesagt: Feiner Marxist.

Stadtrat Wie du das einem so einfach ins Gesicht sagst. – Toll!

Adele Ich hab ja nur gesagt, was er gesagt hat.

Stadtrat Wer? Was sich da diese unreifen Spritzer herausnehmen! Überhaupt! *Er deutet auf Martin und seine Kameraden.* Dort hat noch keiner getanzt – saubere Jugend! Opposition und Opposition. Revolte oder dergleichen. Spaltungserscheinungen. Nötige Autorität. Man muß – *Er will an seinen Biertisch, stockt jedoch, da er sieht, daß Martin und seine Kameraden eine leise debattierende Gruppe bilden; er versucht zu horchen – plötzlich geht er rasch auf Martin zu.* Martin, was hast du da gesagt? Feiner Marxist, hast du gesagt?

Martin Ich habs zwar nicht gesagt, aber ich könnts gesagt haben.

Stadtrat Und wie hättest du das gemeint, wenn du es gesagt hättest?

Martin Wir sprechen uns noch. *Er läßt ihn stehen.*

Akkord und Gong.

Engelbert *auf dem Podium:* Meine Damen und Herren! Kameraden! Eine große erfreuliche Überraschung hab ich euch mitzuteilen. Es steht euch ein seltener Kunstgenuß bevor. Frau Hinterberger, die Gattin unseres verehrten lieben Kassierers, hat sich liebenswürdigerweise bereit erklärt, uns mit ihrer Altstimme zu entzücken! *Bravorufe und Applaus.* Ich bitte um Ruhe für Frau Hinterberger!

Frau Hinterberger *betritt das Podium, mit Applaus begrüßt:* Ich singe Ihnen eine Ballade von Löwe, Heinrich der Vogler.

Sie singt die Ballade; großer Beifall, nur Martin und seine Kameraden beteiligen sich nach wie vor an keiner Ovation; nun wird wieder weitergetanzt.

Leni *zu Karl:* Das war aber schön. Ich bin nämlich sehr musikalisch.

Karl Das hab ich schon bemerkt.

Leni An was denn?

Karl An deinem Tanzen. Du hast ein exorbitantes rhythmisches Feingefühl –

Leni Das hängt aber nicht nur von mir ab. Das hängt auch vom Herrn ab.

Karl Hast es also nicht bereut, daß du mir hierher gefolgt bist?

Leni *lächelt:* Werd mir nur nicht wieder politisch. – Versprichs mir, daß du es nimmer werden wirst, auf Ehrenwort.

Karl Das ist nicht so einfach.

Leni Wieso?

Karl Nämlich, ich geb nur dann gern ein Ehrenwort, wenn ich dasselbe auch halten kann. Man bricht nämlich viel leichter so ein Ehrenwort, als wie daß man es hält.

Leni Wenn du es mir gibst, dann geb ich dir auch ein Ehrenwort –

Karl Du?

Leni Eine Frau hat nicht viel zu geben – aber wenn sie was gibt, macht sie den Mann zu einem König.

Martin *zu Karl:* Karl, darf ich dich einen Augenblick –

Karl Bitte. *Zu Leni.* Pardon! *Zu Martin.* Nun?

Martin Du hast doch der Anna versprochen, nicht zu tanzen – alsdann: ich möchte nur konstatieren, daß du dein politisches Ehrenwort wegen einer Lustbarkeit gebrochen hast.

Karl *wird nervös:* Hab ich das?

Martin Ja. Du hast mir sogar versprochen, daß, wenn es jetzt hier zu der bevorstehenden weltanschaulichen Auseinandersetzung –

Karl *unterbricht ihn:* Also bitte, werd nur nicht wieder moralisch!

Martin Du hast halt wieder mal dein Ehr geschändet.

Karl Ist das dein Ernst?

Martin Jawohl, du Künstlernatur –

Pause.

Karl *lächelt bös:* Martin, wo steckt denn deine Anna?

Martin Was soll das?

Karl Die wird wohl bald erscheinen?

Martin Hast du sie gesehen?

Karl Ja.

Martin Allein oder mit?

Karl Mit.

Martin *lächelt:* Dann ists ja gut.

Karl Meinst du?

Martin Ja.

Pause.

Karl *grinst:* Honny soit qui mal y pense!

Martin Was heißt das?

Karl *schadenfroh:* Das ist französisch.

Pause.

Martin Ich bin dir ja nicht bös, du tust mir leid. Es ist nämlich schad um dich mit deinen Fähigkeiten. Aber du hast immer nur Ausreden. Ein halber Mensch – *Er läßt ihn stehen.*

Akkord und Gong.

Engelbert *auf dem Podium:* Meine sehr Verehrten! Kameraden! Und abermals gibts eine große erfreuliche Überraschung im Programm! In dem Reigen unserer künstlerischen Darbietungen folgt nun ein auserlesenes Ballett, und zwar getanzt von den beiden herzigen Zwillingstöchterchen unseres Kameraden Leimsieder, betitelt ›Blume und Schmetterling‹!

Die herzigen Zwillingstöchterchen, dreizehnjährig, betreten das Podium, mit mächtigem Applaus begrüßt.

Stadtrat Bravo, Leimsieder!

Die herzigen Zwillingstöchterchen tanzen einen affektierten Kitsch – plötzlich ertönt aus Martins Gegend ein schriller Pfiff, die herzigen Zwillingstöchterchen zucken zusammen, tanzen aber noch weiter, jedoch etwas unsicher geworden; die, denen es gefällt, sehen entrüstet auf Martin – da ertönt abermals ein Pfiff, und zwar noch ein schrillerer.

Kranz *brüllt:* Ruhe, Herrgottsakrament! Wer pfeift denn da, ihr Rotzlöffel?! Lümmel, dreckige windige!

Engelbert	Wems nicht paßt, der soll raus!!
Rufe	Raus! Raus!
	Tumult. Die herzigen Zwillingstöchterchen weinen laut.
Erster Kamerad	*schlägt mit der Faust auf den Tisch:* Wir wollen hier kein Säuglingsballett!
Kranz	Halts Maul, sag ich!
Zweiter Kamerad	Halts du!
Eine Tante	Seht, wie die Kindlein weinen, ihr Rohlinge!
Dritter Kamerad	Hoftheater!
Vierter Kamerad	Hofoper! Oper!
Stadtrat	Jetzt wirds mir zu dumm!
Einige Kameraden	Huuu!
Stadtrat	Oh, ich bin sehr energisch!
Die Kameraden	Huuu!
Stadtrat	Jetzt kommt die Abrechnung!
Dritter Kamerad	Tatü tata!
Tante	Oh, diese Jugend!
Vierter Kamerad	Feiner Marxist!
Die Kameraden	*im Sprechchor:* Feiner Marxist! Feiner Marxist! Feiner Marxist!
Stadtrat	Wer? Ich?! Ich hab das Kommunistische Manifest bereits auswendig hersagen können, da seid ihr noch in den Windeln gelegen, ihr Flegel! *Pfiff.*
Die Tante	Diese Barbaren stören ja nur den Kunstgenuß!
Vierter Kamerad	Du mit deinem Kunstgenuß!
Dritter Kamerad	Blume und Schmetterling!
Erster Kamerad	Mist! Mist! Mist!
Kranz	Oh ihr Kunstbarbaren! *Er fällt fast um vor lauter Rausch.*
Engelbert	Seht, was ihr angerichtet habt! Kindertränen! Schämt ihr euch denn gar nicht?! Oder habt ihr denn keine Ahnung, mit welcher Liebe das hier einstudiert worden ist – Wochenlang haben der Kamerad Leimsieder und seine Frau jede freie Minute geopfert, um uns hier beglücken zu können!
Ein fremder Kamerad	*aus Magdeburg:* Hätte er doch lieber seine freien Minuten geopfert, um die Schlagstärke unserer Organisation auszubauen!
	Totenstille; maßlose Überraschung über die fremde Mundart.
Stadtrat	Ah, ein Preuße –
	Sturm.
Die Dvorakische	Stören Sie unsere Nacht nicht!
Martin	Solche Nächte gehören gestört!
Der fremde Kamerad	Kameraden!

Martin Jetzt red ich! Kameraden! Indem daß wir hier Familienfeste mit republikanischem Kinderballett arrangieren, arrangiert die Reaktion militärische Nachtübungen mit Maschinengewehren!

Der fremde Kamerad Genossinnen und Genossen! Wollt ihr es denn nicht verstehen, wie sie das Proletariat verleugnen, verhöhnen und ausbeuten, schlimmer als je zuvor?! Und ihr?

Martin *unterbricht ihn:* Und ihr?! Italienische Nächte! Habt ihr denn schon den Satz vergessen: Oh, wenn doch nur jeder Prolet sein Vergnügen in der republikanischen –

Der fremde Kamerad *unterbricht ihn:* In der revolutionären! In der revolutionären Tätigkeit fände! Es bleibt zu fordern –

Stadtrat Hier bleibt gar nichts zu fordern!

Martin Es bleibt zu fordern: sofortige Einberufung des Vorstandes und Beschlußfassung über den Vorschlag:

Der fremde Kamerad Bewaffnung mit Kleinkalibern!

Kranz Halts Maul, Malefizpreuß, dreckiger!

Rufe Raus damit! Raus!!

Der fremde Kamerad Genossinnen und Genossen!

Martin Jetzt red ich, Herrgottsakrament! Du bringst mich ja noch ganz aus dem Konzept! Ich möchte doch auch dasselbe, aber so kommen wir auf keinen grünen Zweig nicht! So laßt doch hier die angestammten Führer reden!

Stadtrat Kameraden! Ein Frevler wagt hier unser Fest zu stören, bringt kleine Kinderchen zum Weinen. – Kameraden, was Martin verlangt, ist undurchführbar! Wir wollen nicht in die Fußstapfen der Reaktion treten. Wir nehmen keine Kanonen in die Hand, aber wer die demokratische Republik ernstlich zu bedrohen wagt, der wird zurückgeschlagen!

Martin Mit was denn?

Stadtrat An unserem unerschütterlichen Friedenswillen werden alle Bajonette der internationalen Reaktion zerschellen!

Siebenter Kamerad lacht ihn aus.

So sehen die Leute aus, die die Macht der sittlichen Idee leugnen!

Erster Kamerad Sprüch, du Humanitätsapostel!

Stadtrat Das sind keine Sprüch! Wir wollen keine Waffen mehr sehen, ich selbst hab zwei Brüder meiner Frau im Krieg verloren!

Vierter Kamerad Im nächsten Krieg sind wirs, ich und der Stiegler, und der da und der da!

Kranz *ahmt ihn nach:* Und ich da und ich da und ich da!

Stadtrat	Es hat eben keinen Krieg mehr zu geben! Dieses Verbrechen werden wir zu vereiteln wissen! Das werd ich schon machen.
Martin	Genau wie 1914!
Stadtrat	Das waren ganz andere Verhältnisse!
Der fremde Kamerad	Immer dasselbe, immer dasselbe!
Stadtrat	Wo warst denn du 1914!? Im Kindergarten!
Der fremde Kamerad	Und du? Du hast auch schon 1914 mit den Taten deiner Vorfahren geprotzt, das können wir Jungen ja allerdings nicht!
Martin	Kameraden!! Wenn das so weitergeht, erwachen wir morgen im heiligen römisch-mussolinischen Reich deutscher Nation!
Der fremde Kamerad	Genossinnen und Genossen!!
Kranz	*außer sich:* So schmeißt ihn doch naus, den Schnapspreußen, den hergelaufenen! Naus damit! Naus!!
Martin	Ruhe!! Ein Preuße her, ein Preuße hin! Kurz und gut: der langen Rede kurzer Sinn: derartige italienische Nächte gehören gesprengt! Radikal, radikal!
Stadtrat	Zur Geschäftsordnung! Ich fordere kraft unserer Statuten den sofortigen Ausschluß des Kameraden Martin!
Engelbert	Bravo!
Stadtrat	Und zwar wegen unkameradschaftlichen Verhaltens!
Martin	Bravo! Kommt! *Ab mit seinen Kameraden.*
Stadtrat	Wir lassen uns unsere italienische Nacht nicht spalten, Kameraden! Seit vierzehn Tagen hab ich mich auf diese Nacht gefreut, und ich laß mich nicht spalten! Musik! Setzen!

Sechstes Bild

Vor dem Wirtshaus des Josef Lehninger. Martin und seine Kameraden verlassen die italienische Nacht. Rechts eine Bedürfnisanstalt.

Martin	Also Ausschluß. Wegen unkameradschaftlichen Verhaltens. Wer lacht da nicht?
	Stille.
Zweiter Kamerad	Wohin?
Martin	Zu mir.
Der fremde Kamerad	An die Arbeit! Wir dürfen keine Minute verlieren!
Martin	Bald zieht sich die Bourgeoisie in den Turm der Diktatur zurück.

Der fremde Kamerad Seid bereit!

Stille.

Martin *leise, mißtrauisch:* Wer ist denn das überhaupt?

Erster Kamerad Ich kenne ihn nicht.

Dritter Kamerad Mir ganz unbekannt.

Sie gehen alle in die Bedürfnisanstalt.

Der fremde Kamerad *folgt ihnen:* Ich bin aus Magdeburg, Genossen!

Martins Stimme *aus der Bedürfnisanstalt:* So, aus Magdeburg. Also aus Preußen bist du. – Alsdann: ich möchte dir nur die Mitteilung machen, daß ich hier der offizielle Führer bin, und dann ist das hier bei uns so Sitte, daß der berufene Führer die Aktion leitet, und sonst niemand. Ob der jetzt auch aus Magdeburg ist oder nicht. *Er erscheint wieder mit seinen Kameraden.*

Stille.

Martin *zum ersten Kameraden:* Ist das jetzt den Tatsachen entsprechend, daß du das Denkmal Seiner Majestät versaut hast?

Zweiter Kamerad *gewollt hochdeutsch:* Wir haben es uns erlaubt, das Denkmal Seiner Majestät mit etwas roter Farbe zu verunzieren.

Martin Wer wir?

Zweiter Kamerad Ich.

Vierter Kamerad Und ich.

Martin So. Alsdann du ebenfalls. Das ist natürlich gottverlassen blöd. Oder vielleicht, meine Herren?!

Der fremde Kamerad Eine Denkmalsschändung ist natürlich lediglich Büberei. Kümmert euch doch nicht um die verjagten Dynastien, Jungs! Sorgt lieber dafür, daß man den Herren Kapitalisten dereinst keine Denkmäler errichtet!

Stille.

Martin *bespricht sich leise mit seinen Kameraden; wendet sich dann dem fremden Kameraden zu:* Ich will dir jetzt was sagen: ich meine, du bist ein Agent provocateur –

Der fremde Kamerad *entsetzt:* Genosse!

Martin Also das täte uns ja gerade noch abgehen, so fremde Provokateure – aus Magdeburg. *Er läßt ihn stehen.*

Der fremde Kamerad Man könnte verzweifeln.

Martin Bist du noch da? Ja, bist du denn noch da?! *Er nähert sich ihm drohend.*

Der fremde Kamerad rasch ab.

Karl *kommt mit Leni aus dem Wirtshaus:* Drinnen geht alles drunter und drüber.

Dritter Kamerad Sehr erfreut!

Leni Alle Leut gehen fort. Die ganze Stimmung ist beim Teufel.

Sechster Kamerad Dann ist sie dort, wo sie hingehört!

Karl Martin, ich bitte dich um Verzeihung.

Martin Wegen was?

Karl Daß ich mein Ehrenwort gebrochen hab. Das war natürlich eine Gaunerei, ich hab mir das genau überlegt, aber es war halt nur scheinbar eine Gaunerei. Ich habs ja nur scheinbar gebrochen.

Martin Wie willst du das verstanden haben?

Karl Schau, ich mußte doch tanzen! Ich hab es nämlich deiner Anna versprochen, daß ich das Fräulein da hinter mir zu unseren Idealen bekehren werd, und da muß man doch so einem Fräulein entgegenkommen, so was geht doch nur nach und nach –

Martin Daß du immer nur Fräuleins bekehrst –

Karl Jeder an seinem Platz. Ich gehör halt zu einer älteren Generation als wie du, das macht schon was aus, obwohl zwischen uns ja nur fünf Jahre Unterschied sind, aber fünf Kriegsjahr –

Martin Die historischen Gesetze kümmern sich einen Dreck um Privatschicksale, sie schreiten unerbittlich über den einzelnen hinweg, und zwar vorwärts.

Karl Da geb ich dir vollständig recht.

Martin Du wärst ja brauchbar, wenn man dir glauben könnt. Aber das kann man eben nicht, weil du ein halber Mensch bist.

Karl Du hast halt keine Konflikte mit deiner Erotik. Meiner Seel, machmal beneid ich dich!

Martin Und du tust mir leid. Ich habs immer wieder versucht mit dir. Jetzt ists aus. Ich leg keinen Wert mehr auf deine Mitarbeit.

Karl *verbeugt sich leicht:* Bitte! Pardon! *Ab mit Leni.*

Auch die Kameraden sind während dieser Szene verschwunden. Anna kommt.

Martin Anna!

Anna Jetzt bin ich aber erschrocken!

Martin Du?

Anna Ich dacht, du wärst wer anders –

Martin So.

Anna Du warst mir jetzt so fremd.

Martin *fast spöttisch:* War ich das? – Hast was erreicht?

Anna Verschiedenes.

Martin Erstens?

Anna Erstens hab ich erfahren, daß diese Faschisten unsere italienische Nacht sprengen wollen –

Martin *unterbricht sie:* Erstens ist das nicht unsere italienische Nacht! Und zweitens ist denen ihre italienische Nacht bereits gesprengt. Ich persönlich hab sie gesprengt.

Anna Schon?

Martin Später! Und?

Anna Die Faschisten wollen hier alles verprügeln.

Martin So ists recht! Das vergönn ich diesem Vorstand! Diese Spießer sollen jetzt nur mal am eigenen Leibe die Früchte ihrer verräterischen Taktik verspüren! Wir Jungen überlassen sie ihrem Schicksal und bestimmen unser Schicksal selbst!

Anna Das würd ich aber nicht tun.

Martin Was heißt denn das?

Anna Ich würds nicht tun. Ich würd ihnen schon helfen, sie stehen uns doch immer noch näher als die anderen.

Martin Was du da nicht sagst!

Anna Wenn ich dem Stadtrat auch vergönn, daß er verprügelt wird, aber es sind doch auch noch andere dabei, dies vielleicht ehrlich meinen –

Martin *spöttisch:* Meinst du?

Anna Und zu guter Letzt geht das doch keinen Dritten was an, was wir unter uns für Konflikte haben! Das sind doch unsere Konflikte!

Martin *gehässig:* Ich glaub, daß das deine Privatansicht ist.

Anna Red nicht so hochdeutsch, bitte.

Stille.

Martin Und?

Anna Sonst nichts. Die Faschisten sind halt ganz fürchterlich wütend. Es soll heut abend irgendein Denkmal verunreinigt worden sein –

Martin Ja, das war der Stiegler, dieser Idiot –

Anna Martin!

Martin *überrascht:* Ha?

Anna Martin, weil einer von uns das Denkmal verdreckt hat, sollen jetzt die anderen da drinnen verprügelt werden?! Das find ich aber feig! Das ist unser nicht würdig! Das ist ungerecht – *Sie stockt, da Martin plötzlich fasziniert auf ihren Hals starrt.*

Stille.

Martin *leise:* Was ist denn das dort für ein Fleck?

Anna Wo?

Martin Da.

Anna Da? Das ist ein Fleck –
Stille.
Morgen wird er blau.

Martin So.

Anna Er war halt so grob.

Martin *etwas unsicher:* So, war er das –

Anna So sind sie alle, die Herren Männer.
Stille.

Martin Schau mich an.
Anna schaut ihn nicht an.
Warum schaust mich denn nicht an?

Anna Weil ich dich nicht anschaun kann.

Martin Und warum kannst du mich jetzt nicht anschaun? Schau mich doch nicht so dumm an, Herrgottsakrament!
Stille.

Anna Mir war jetzt nur plötzlich so eigenartig –

Martin Wieso?

Anna Was du da nämlich von mir verlangst, daß ich mich nämlich mit irgendeinem Faschisten einlaß – und daß gerade du das verlangst –

Martin Was sind denn das für neue Gefühle?

Anna Nein, das waren alte –

Martin Du weißt, daß ich diese primitiven Sentimentalitäten nicht mag. Was sollen diese überwundenen Probleme? Nur keine Illusionen, bitte!

Anna Jetzt redst du wieder so hochdeutsch.
Stille.

Martin Anna, also grob war er zu dir – der Herr Faschist.

Anna Ja.

Martin Sehr grob?

Anna Nicht besonders.
Stille.

Martin Aber grob war er doch. – Es ist vielleicht tatsächlich unter unserer Würde.

Anna Was?

Martin Daß wir nun diesen Vorstand da drinnen für unsere versaute Majestät verprügeln lassen – von diesen Herren Faschisten.

Anna Siehst du!

Martin Was soll ich denn sehen?! Gar nichts seh ich! Nichts! Radikal nichts! Aber, verstehst mich: diesen Triumph wollen wir den Herren Faschisten nicht gönnen! Komm!
Ab mit Anna.

Karl kommt mit Leni. Beide scheinen verstimmt zu sein. Sie setzen sich auf eine Bank neben der Bedürfnisanstalt.

Leni Warum schweigst du schon so lang?

Karl Weil es mir weh um das Herz herum ist.

Leni Aber du kannst doch nichts dafür, daß diese italienische Nacht mit einem Mißton geendet hat!

Karl Ich danke dir. *Er drückt ihr die Hand und vergräbt dann den Kopf in seinen Händen.*

Stille.

Leni Dein Kamerad Martin erinnert mich an einen Bekannten. Mit dem war auch nicht zu reden, weil er nichts anderes gekannt hat wie sein Motorrad. Er hat zahlreiche Rennen gewonnen, und ich hab ihn halt in seinem Training gestört. Sei doch nicht so traurig –

Karl Jetzt möcht ich am liebsten nicht mehr leben.

Leni Warum denn?

Karl Ich hab halt ein zu scharfes Auge. Ich seh, wie sich die Welt entwickelt, und dann denk ich mir, wenn ich nur ein paar Jahre jünger wär, dann könnt ich noch aktiv mittun an ihrer Verbesserung – aber ich bin halt verdorben. Und müd.

Leni Das redst du dir nur ein.

Karl Ein halber Mensch! Nur die eine Hälfte hat Sinn für das Gute, die andere Hälfte ist reaktionär.

Leni Nicht deprimiert sein –

Karl Ich glaub, ich bin verflucht –

Leni Nein, nicht!

Karl *erhebt sich:* Doch! *Stille.*

Karl setzt sich wieder.

Leni Glaubst du an Gott? *Karl schweigt.* Es gibt einen Gott, und es gibt auch eine Erlösung.

Karl Wenn ich nur wüßt, wer mich verflucht hat.

Leni Laß mich dich erlösen.

Karl Du? Mich?

Leni Ich hab viertausend Mark, und wir gründen eine Kolonialwarenhandlung –

Karl Wir?

Leni Draußen bei meinem Onkel –

Karl Wir?

Leni Ich und du.

Stille.

Karl In bar?

Leni Ja.

Stille.

Karl Was denkst du jetzt? Denkst du jetzt an eine Ehegemeinschaft? Nein, dazu bist du mir zu schad!

Leni Oh, Mann, sprich doch nicht so hartherzig! Ich kenn dich ja schon durch und durch, wenn ich dich auch erst kurz kenn!
Sie wirft sich ihm an den Hals; große Kußszene.

Karl Ich hab ja schon immer von der Erlösung durch das Weib geträumt, aber ich habs halt nicht glauben können – ich bin nämlich sehr verbittert, weißt du?

Leni *gibt ihm einen Kuß auf die Stirn:* Ja, die Welt ist voll Neid.

Siebentes Bild

Im Gartenlokal des Josef Lehninger. Die republikanische italienische Nacht ist nun korrekt gesprengt – nur der Vorstand sitzt noch unter den Lampions, und zwar: der Stadtrat Ammetsberger mit Adele, Betz, Engelbert und Kranz. Letzterer schnarcht über einen Tisch gebeugt. Es geht bereits gegen Mitternacht, und Adele fröstelt, denn es weht ein kaltes Windchen.

Betz Was tun, spricht Zeus.

Engelbert Heimwärts?

Stadtrat *schnellt empor:* Und wenn die Welt voll Teufel wär, niemals! Wir lassen uns unsere italienische Nacht nicht sprengen! Kameraden, wir bleiben und weichen nicht – bis zur Polizeistund!
Er setzt sich wieder.

Engelbert Hört, hört!
Stadtrat steckt sich nervös eine Zigarre an.

Kranz *erwacht und gähnt unartikuliert; zu Betz:* Du, ich hab jetzt grad was Fesches geträumt.

Betz Wars angenehm?

Kranz Sehr. Ich hab nämlich grad was von einer Republik geträumt, und das war eine komplette Republik, sogar die Monarchisten waren verkappte Republikaner –

Betz Also das dürft ein sogenannter Wunschtraum gewesen sein.

Kranz Ha?

Engelbert Wie wärs denn mit einem kleinen Tarock?

Stadtrat Tarock?

Engelbert Einen Haferltarock –

Kranz Haferltarock!

Stadtrat Das wär ja allerdings noch das Vernünftigste –

Engelbert Karten hab ich. – *Er setzt sich mit dem Stadtrat und Kranz unter den hellsten Lampion, mischt und teilt.* Eine Idee! *Betz kiebitzt.*

Stadtrat Erster!

Engelbert Zweiter!

Kranz Letzter!

Stadtrat Solo!

Kranz Und das Licht leuchtet in der Finsternis – *Er spielt aus. Jetzt weht der Wind stärker.*

Adele *erhebt sich und fröstelt:* Alfons!

Stadtrat *läßt sich nicht stören:* Bitte?

Adele Wann gehen wir denn endlich?

Stadtrat Zweimal sag ichs nicht! Eichel!

Adele Ich erkält mich noch –

Stadtrat Das tät mir aber leid, Herz!

Kranz Und Herz!

Engelbert Und Herz!

Betz *nähert sich Adele:* Wir bleiben bis zur Polizeistund, Frau Stadtrat.

Adele Wann ist denn Polizeistund?

Betz Um zwei.

Adele Und jetzt?

Betz Jetzt gehts gegen zwölf.

Adele Oh Gott.

Stadtrat *zu Betz:* So laß sie doch, bitte! *Stille.*

Adele Hier hol ich mir noch den Tod.

Betz Oder eine Lungenentzündung. *Pause.* Der schönste Tod ist ja allerdings der Tod für ein Ideal.

Adele Ich kenn kein Ideal, für das ich sterben möcht.

Betz *lächelt leise:* Auch nicht für die Ideale, für die sich Ihr Herr Gemahl aufopfert?

Adele Opfert er sich denn auf?

Betz Tag und Nacht.

Adele Sie müssens ja wissen.

Betz Es ist natürlich alles relativ. *Pause.*

Adele Glaubens mir, daß ein Mann, der wo keine solchen öffentlichen Ideale hat, viel netter zu seiner Familie ist. Ich meine das jetzt rein menschlich. Sie sind ein intelligenter Mann, Herr Betz, das hab ich schon bemerkt.

Stadtrat Über was unterhaltet ihr euch denn dort so intensiv?

Betz Über dich.

Stadtrat Tatsächlich? Habt ihr denn kein dankbareres Thema?

Adele *boshaft:* Alfons!

Stadtrat Na was denn schon wieder?

Adele Ich möcht jetzt gern noch ein Schinkenbrot.

Stadtrat Aber du hast doch bereits zwei Schinkenbrote hinter dir! Ich meine, das dürfte genügen! *Er zündet sich eine neue Zigarre an.*

Adele Wenn du deine Zigarren –

Stadtrat *unterbricht sie:* Oh du unmögliche Person! Pfui – Und ziehen tut sie auch nicht, weil du mir nichts vergönnst! *Er wirft wütend seine Zigarre fort.* Eine unmögliche Zigarre!

Adele *erhebt sich:* Ich möcht jetzt nach Haus.

Stadtrat Also werd nur nicht boshaft, bitte!

Adele Ich geh –

Stadtrat Ich bleib.

Adele So komm doch!

Stadtrat Nein! Bleib, sag ich!

Adele Nein, ich muß doch schon wieder um sechse raus, deine Hemden waschen und –

Stadtrat Du bleibst, sag ich!

Adele Hier hol ich mir noch den Tod –

Stadtrat Du bleibst und basta! Verstanden!?

Adele setzt sich wieder und lächelt geschmerzt.

Spiele!

Engelbert Weiter!

Kranz Spiele auch!

Engelbert Und zwar?

Kranz Gras!

Stadtrat Schnecken! Bettel! Jawohl, Bettel! Und herauskommen tu ich selber – *Er gewinnt rasch und lacht schallend.*

Stille.

Betz Warum gehen Sie eigentlich nicht allein nach Hause?

Adele Weil er mich allein nicht läßt.

Betz Nicht läßt? Auch allein nicht läßt? Er hat doch kein Recht über Ihre Person. – Meiner Seel, da erscheint er mir nun plötzlich in einem ganz anderen Licht, obwohl ich darauf gewartet hab. – Alfons Ammetsberger, mein alter Kampfgenosse – fünfunddreißig Jahr. – Ja, ja, das wird wohl das Alter sein. Ob ich mich auch so verändert hab?

Stadtrat *zu Betz:* Ich bitt dich, Betz, so laß sie doch in Ruh!

Wirt *erscheint; er ist schwer besoffen und grüßt torkelnd, doch keiner beachtet ihn; er grinst:* Boykottiert mich nur, boykottiert mich nur! Mir ist schon alles wurscht, ich wein euch keine Träne nach! Überhaupt sind die Reaktionäre viel kulantere Gäst. – Eure jungen Leut saufen ja bloß a Limonad! Feine Republikaner! Limonad, Limonad!

Kranz Halts Maul!

Wirt *plötzlich verträumt:* Ich denk jetzt an meinen Abort. Siehst, früher da waren nur so erotische Sprüch an der Wand dringestanden, hernach im Krieg lauter patriotische und jetzt lauter politische – glaubs mir: solangs nicht wieder erotisch werden, solang wird das deutsche Volk nicht wieder gesunden –

Kranz Halts Maul, Wildsau, dreckige!

Wirt Wie bitte? – Heinrich, du bist hier noch der einzig vernünftige Charakter, was hat jener Herr dort gesagt?

Betz Er hat gesagt, daß du dein Maul halten sollst.

Wirt Hat er? Dieser schlimme Patron. – Apropos: ich hab eine reizende Neuigkeit für euch, liebe Leutl!

Kranz Wir sind nicht deine lieben Leutl!

Wirt Was hat er gesagt?

Betz Daß wir nicht deine lieben Leutl sind, hat er gesagt.

Wirt Hat er das gesagt? – Alsdann: meine Herren! Ich beehre mich, Ihnen eine hocherfreuliche Mitteilung zu machen: Sie sind nämlich umzingelt, meine Herren, radikal umzingelt!
Stadtrat horcht auf.

Betz Wer ist umzingelt?

Wirt Ihr, meine Herren!

Engelbert Wieso?

Wirt Meine Herren! Ich habs nämlich grad erfahren, daß euch die Herren Faschisten verprügeln wollen –
Stadtrat erhebt sich.
Die Herren Faschisten behaupten nämlich, daß ihr, meine Herren, das Denkmal verdreckt habt –

Stadtrat Was für Denkmal?

Wirt Das Dankmal Seiner Majestät.

Engelbert Versteh kein Wort.

Wirt Die Herren Faschisten haben nämlich eine pfundige Wut im Bauch und wollen die Ehre Seiner Majestät wiederherstellen! Durch Blut! Hurra!

Kranz Oh du dreiunddreißigjähriger angenagelter Himmiherrgott!

Wirt Leugnen hat doch gar keinen Sinn, meine Herren! Ihr seid überführt! Alle Indizien sprechen gegen euch! Kreuzverhör und so!

Stadtrat Lüge! Infame Lüge! Hier hat niemand eine Majestät verdreckt, bitt ich mir aus!

Wirt *erhebt sein Glas:* Sehr zum Wohle! *Er leert es.*
Stille.

Betz Josef, wer hat dir denn das gesagt, daß wir jetzt hier verprügelt werden sollen?

Wirt Dem Martin seine Anna.

Stadtrat *scharf:* Martin? Interessant!

Wirt Diskretion Ehrensache!

Kranz Also jetzt bin ich schon ganz durcheinander!

Engelbert Das kann doch nur ein Irrtum sein, nach den Gesetzen der Logik –

Stadtrat *scharf:* Oder Verrat! Unsere Weste ist weiß.

Wirt Weiß oder nicht weiß – jetzt gibts Watschen, meine Herren!

Kranz Du Judas!

Wirt *weinerlich:* Aber ich bin doch kein Judas, meine Herren! Ich bin euch doch innerlich immer treu geblieben, sogar noch nach der Revolution! Aber was ist denn das jetzt auch für eine verkehrte Welt! Früher, da war so ein Sonntag das pure Vergnügen, und wenn mal in Gottes Namen gerauft worden ist, dann wegen irgendeinem Trumm Weib, aber doch schon gar niemals wegen dieser Scheißpolitik! Das sind doch ganz ungesunde Symptome, meine Herren!

Kranz Ich möchte das Wort ergreifen! Ich möchte jetzt etwas vorschlagen! Ich möchte jetzt dafür plädieren, daß wir hier den weiteren Gang der Ereignisse seelenruhig abwarten, denn wir werden uns glänzend rechtfertigen, weil wir doch radikal unschuldig sind!

Engelbert Hört, hört!

Stadtrat Lächerlich!

Betz *zu Kranz:* Du vergißt wieder mal unsere Aggressionstriebe –

Kranz Ha?

Wirt Jetzt gibts Watschen –

Betz Ich spreche jetzt von einem höheren Standpunkt aus. Der Mensch hat doch eine grausame Natur von Natur aus – man muß die Wahrheit vertragen können, lieber Freund!

Wirt Oh, wie wahr!

Stadtrat Kameraden! Der Mensch ist ein schwaches Rohr im Winde, in bezug auf das Schicksal, ob er nun Monarchist ist oder ein Republikaner. Es gibt nun mal Augenblicke im Leben, wo sich auch der Kühnste der Stimme der Vernunft beugen muß, und zwar gegen sein Gefühl! Kameraden! Das wäre doch ein miserabler Feldherr, der seine Brigaden in eine unvermeidliche Niederlage hineinkommandieren tät! In diesem Sinne schließe ich nun hiermit unsere italienische Nacht! Vis major, höhere Gewalt! Wo ist mein Hut?

Betz Ich bleib.

Stadtrat Wieso?

Betz Ich bin da nämlich etwas anderer Meinung –

Stadtrat Da dürft es doch wohl keine andere Meinung geben!

Betz Findst du? Wir haben doch in bezug auf das verdreckte Denkmal ein absolut reines Gewissen.

Engelbert Sehr richtig!

Betz Und infolgedessen find ich es nicht richtig, so davonzulaufen.

Stadtrat Nicht nicht richtig, klug! Diese Faschisten sind doch bekanntlich in der Überzahl und infolgedessen bekanntlich zu jeder Schandtat jederzeit bereit! Wo ist mein Hut?

Betz Ich bleib. Und wenn sie mich verhaun!

Stille.

Stadtrat *fixiert ihn höhnisch:* Ach, der Herr sind Katastrophenpolitiker? Na viel Vergnügen!

Betz Danke!

Stadtrat *grinst:* Gott, wie heroisch!

Betz Lieber Prügel als feig.

Stille.

Stadtrat Findst du?

Adele Ich finds auch.

Stadtrat Du hast hier überhaupt nichts zu finden!

Adele Ich finds aber!

Stadtrat *nähert sich ihr langsam; unterdrückt:* Du hast hier nichts zu finden, verstanden?!

Adele Ich sag ja nur, was ich mir denk.

Stadtrat Du hast hier nichts zu denken.

Adele *boshaft:* Findst du?

Stadtrat Blamier mich nicht, ja!

Adele Nein.

Stadtrat kneift sie.

Au! Au! –

Stadtrat Wirst du dich beherrschen?!

Adele Au, Alfons! Au! –

Stadtrat Daß du dich beherrschst. Daß du dich –

Adele *reißt sich kreischend los:* Au! – Du mit deinem Idealismus!

Stadtrat Oh du unmögliche Person!

Adele Oh du unmöglicher Mann! Draußen Prolet, drinnen Kapitalist! Die Herren hier sollen dich nur mal genau kennenlernen! Mich beutet er aus, mich! Dreißig Jahr, dreißig Jahr!
Sie weint.

Stadtrat *mit der Hand vor den Augen:* Adele! Adele! –
Stille.
Nimmt langsam die Hand von den Augen. Wo ist mein Hut?

Wirt *erhebt sich schwerfällig:* Mit oder ohne Hut – du bist und bleibst umzingelt – *Er rülpst und torkelt ab.*
Adele grinst plötzlich.

Stadtrat Lach nicht!

Adele Wenn ich dich so seh, find ich das direkt komisch, wie du da den jungen Menschen im Weg herumstehst – *Sie schluchzt wieder.*

Stadtrat Heul nicht!

Adele Das sind die Nerven –

Kranz Die typische Weiberlogik.

Adele *weinend:* Hättest du zuvor die jungen Leut nicht nauswerfen lassen, würd sich jetzt niemand hertraun – jetzt sind wir doch lauter alte Krüppel –

Engelbert Oho!

Stadtrat Herr im Himmel!

Adele Laß unseren Herrgott aus dem Spiel!

Kranz Es gibt keinen Gott.
Stille.
Ich möchte das Wort ergreifen! Ich möchte jetzt etwas vorschlagen! Ich möchte jetzt dafür plädieren, daß es sozusagen etwas überstürzt war, den Martin so mir nix, dir nix auszuschließen, samt seinem Anhang – er hat doch einen ziemlichen Anhang, einen starken Anhang, und nicht den schlechtesten Anhang – und er hat doch sozusagen gar nicht so unrecht gehabt –

Stadtrat Findst du?

Kranz Wenn wir jetzt auch solche Kleinkaliber hätten, als wie diese Faschisten, dann müßten wir uns jetzt nicht unschuldig verhaun lassen, sondern könnten uns wehren – w e h r e n – das ist doch logisch, ha?

Engelbert Logisch oder nicht logisch! Nach den Statuten mußten wir Martin ausschließen!

Kranz Logisch oder nicht logisch! Ich scheiß dir was auf solche Statuten!

Engelbert Hört, hört!
Kranz Das sind doch ganz veraltete Statuten.
Stadtrat Plötzlich?
Kranz Ich möchte jetzt offiziell dafür plädieren, daß unseres Kameraden Martin überstürzter Ausschluß wieder rückgängig gemacht werden soll!
Stadtrat Rückgängig?
Kranz Jawohl!
Stadtrat *sieht sich fragend um:* Was ist das?
Betz Ja!
Engelbert Hm.
Stadtrat *zu Engelbert; leise:* Ja oder nein?
Stille.
Engelbert Ja.
Stille.
Stadtrat Wo ist mein Hut?
Adele *reicht ihm seinen Hut:* Da.
Stadtrat *setzt den Hut tief in die Stirne; tonlos:* Ich werd mich aus dem politischen Leben zurückziehen – jetzt geh ich nirgends mehr hin – höchstens, daß ich noch kegeln werd oder singen –
Adele Endlich, Alfons!
Trompetensignal.
Der Major in ehemaliger Kolonialuniform betritt mit zwei Faschisten rasch den Garten – er hält knapp vor dem Stadtrat und fixiert ihn grimmig.
Stille.
Der Major Ich habe bereits die zweifelhafte Ehre, Sie zu kennen.
Stadtrat nickt apathisch.
Ich sehe es Ihrem unsteten Blick und den schuldbewußten Mienen Ihrer sauberen Genossen an, daß Sie den Zweck meines Kommens bereits erraten haben.
Engelbert Wir sind radikal unschuldig!
Der Major Ruhe! Jetzt habt ihr euch selbst verraten!
Totenstille.
Brüllt. Ruhe!! Kurzer Prozeß! Rotes Gesindel!
Betz Es ist halt alles relativ –
Der Major Maul halten! – Himmellaudon, mit euch werden wir noch fertig! Rache für Straßburg! Wir werden es euch zeigen, Denkmäler zu schänden – ihr habt unsere Ehre verletzt, an unserer Ehre klebt Blut!
Betz Vollendeter Blödsinn!

Der Major Was?!

Betz zündet sich eine Zigarre an.

Rauchen Sie nicht!

Betz Bitte – *Er legt die Zigarre fort.*

Stille.

Der Major Czernowitz!

Czernowitz Zu Befehl, Herr Major!

Der Major Erzählen Sie doch mal – wie hat denn Ihr Herr Vater im Felde Kriegsgefangene, die es mit passiver Resistenz versuchten, behandelt?

Czernowitz Er hat ihnen die Patronen in den Hintern schlagen lassen, wie einen Nagel in die Wand, Herr Major!

Der Major *zu Betz:* Verstanden?

Betz Ich hab keinen Hintern –

Der Major *geht um den Stadtrat herum; fährt ihn plötzlich an:* Hände an die Hosennaht! Setzen!

Stadtrat setzt sich wie geistesabwesend.

Der Major winkt dem einen Faschisten.

Faschist bringt dem Stadtrat Papier, Feder und Tinte.

So. Schreiben Sie, was ich diktiere!

Stadtrat folgt apathisch.

Diktiert. Ich, der rote Stadtrat Alfons Ammetsberger, erkläre hiermit ehrenwörtlich – haben Sies? – ehrenwörtlich – daß ich ein ganz gewöhnlicher –

Stadtrat stockt.

Schreiben Sie!

Stadtrat schreibt wieder.

Diktiert. – daß ich ein ganz gewöhnlicher – Schweinehund bin!

Stadtrat stockt wieder.

Na wirds bald?

Stadtrat rührt sich nicht.

Kerl, wenn Sie nicht parieren, kriegen Sie die Hosen voll! Schreiben Sie! Los!

Stadtrat *beugt sich langsam über das Papier – plötzlich fängt er an zu wimmern und zu schluchzen:* Nein, aber ich bin doch kein –

Der Major *unterbricht ihn brüllend:* Sie sind aber ein Schweinehund, ein ganz ein gewöhnlicher Schweinehund!!

Adele Sie! Das ist kein Schweinehund, Sie! Das ist mein Mann, Sie! Was erlauben Sie sich denn, Sie aufgedonnerter Mensch! So lassen Sie doch den Mann in Ruh!

Betz Überhaupt, mit welchem Recht –

Der Major *unterbricht ihn:* **Maul halten!**

Adele **Halten Sie Ihr Maul! Und ziehen Sie sich mal das Zeug da aus, der Krieg ist doch endlich vorbei, Sie Hanswurscht! Verzichtens lieber auf Ihre Pension zugunsten der Kriegskrüppel und arbeitens mal was Anständiges, anstatt arme Menschen in ihren Gartenunterhaltungen zu stören, Sie ganz gewöhnlicher Schweinehund!**

Der Major **Ordinäre Person! Na wartet! Draußen stehen vierzig deutsche Männer!** *Rasch ab mit seinen Faschisten.*

Adele *ruft ihm nach:* **Das ist mein Mann da, verstanden?!**

Riesiger Tumult vor dem Gartenlokal.

Martin mit Anna, gefolgt von seinen Kameraden, betritt rasch den Garten.

Der Martin!

Martin Zu Befehl, gnädige Frau! Die Luft ist sozusagen rein, meine Herren! Sie müssen nämlich wissen, daß der Besuch der Herren Faschisten u n s gegolten hat, mir und meinen Kameraden – und nicht diesem Vorstand da. Und wir sind halt nun mal so veranlagt, daß wir für unsere Taten einstehen. Ich gestatte mir aber zu melden, daß hier niemand mehr eine Angst zu haben braucht, denn als die Herren Faschisten uns da draußen erblickt haben, da haben sie sich umgruppiert – radikal! Wir haben es halt wieder einmal geschafft!

Stadtrat **Na also! – Von einer akuten Bedrohung der demokratischen Republik kann natürlich keineswegs gesprochen werden. Kameraden! Solange es einen republikanischen Schutzverband gibt – und solange ich hier die Ehre habe, Vorsitzender der hiesigen Ortsgruppe zu sein, solange kann die Republik ruhig schlafen!**

Martin Gute Nacht!

Geschichten aus dem Wiener Wald

Volksstück in drei Teilen

Nichts gibt so sehr
das Gefühl der Unendlichkeit
als wie die Dummheit

Personen **Alfred Die Mutter Die Großmutter Der Hierlinger Ferdinand Valerie Oskar Ida Havlitschek Rittmeister Eine gnädige Frau Marianne Zauberkönig Zwei Tanten Erich Emma Helene Der Dienstbot Baronin Beichtvater Der Mister Der Conférencier**

Das Stück spielt in unseren Tagen, und zwar in Wien, im Wiener Wald und draußen in der Wachau.

Erster Teil

I Draußen in der Wachau

Vor einem Häuschen am Fuße einer Burgruine. Alfred sitzt im Freien und verzehrt mit gesegnetem Appetit Brot, Butter und saure Milch – seine Mutter bringt ihm gerade ein schärferes Messer.
In der Luft ist ein Klingen und Singen – als verklänge irgendwo immer wieder der Walzer ›Geschichten aus dem Wiener Wald‹ von Johann Strauß.
Und in der Nähe fließt die schöne blaue Donau.

Die Mutter sieht Alfred zu – plötzlich ergreift sie seine Hand, in der er das Messer hält, und schaut ihm tief in die Augen.
Alfred stockt und starrt sie mit vollem Munde mißtrauisch an.
Stille.

Die Mutter *streicht ihm langsam über das Haar:* **Das ist schön von dir, mein lieber Alfred – daß du nämlich deine liebe Mutter nicht total vergessen hast, lieber Alfred –**

Alfred **Aber wieso denn total vergessen? Ich wär ja schon längst immer wieder herausgekommen, wenn ich nur dazu gekommen wär – aber heutzutag kommt doch schon keiner mehr dazu, vor lauter Krise und Wirbel! Wenn mich jetzt mein Freund, der Hierlinger Ferdinand, nicht mitgenommen hätt mit seinem Kabriolett, wer weiß, wann wir uns wiedergesehen hätten!**

Die Mutter **Das ist sehr aufmerksam von deinem Freund, dem Herrn von Hierlinger.**

Alfred **Er ist überhaupt ein reizender Mensch. In einer guten halben Stund holt er mich wieder ab.**

Die Mutter **Schon?**

Alfred **Leider!**

Die Mutter **Dann iß bitte nicht die ganze saure Milch zusammen, ich hab sonst nichts da zum Antragen –**

Alfred **Der Hierlinger Ferdinand darf ja gar keine saure Milch essen, weil er eine chronische Nikotinvergiftung hat. Er ist ein hochanständiger Kaufmann. Ich hab öfters mit ihm zu tun.**

Die Mutter **Geschäftlich?**

Alfred **Auch das.**
Stille.

Die Mutter **Bist du noch bei der Bank?**

Alfred Nein.

Die Mutter Sondern?

Stille.

Alfred Ich taug nicht zum Beamten, das bietet nämlich keine Entfaltungsmöglichkeiten. Die Arbeit im alten Sinne rentiert sich nicht mehr. Wer heutzutag vorwärtskommen will, muß mit der Arbeit der anderen arbeiten. Ich hab mich selbständig gemacht. Finanzierungsgeschäfte und so –

Er verschluckt sich und hustet stark.

Die Mutter *klopft ihm auf den Rücken:* Schmeckts?

Alfred Jetzt wär ich aber fast erstickt.

Die Mutter Ich freu mich nur, daß es dir schmeckt.

Stille.

Alfred Apropos ersticken: wo steckt denn die liebe Großmutter?

Die Mutter Mir scheint, sie sitzt in der Küch und betet.

Alfred Betet?

Die Mutter Sie leidet halt an Angst.

Alfred Angst?

Stille.

Die Mutter Vergiß ihr nur ja nicht zu gratulieren – nächsten Monat wird sie achtzig, und wenn du ihr nicht gratulierst, dann haben wir hier wieder die Höll auf Erden. Du bist doch ihr Liebling.

Alfred Ich werds mir notieren. *Er notiert es sich.* Großmutter gratulieren. Achtzig. *Er erhebt sich, da er nun satt ist.* Das ist ein biblisches Alter. *Er sieht auf seine Armbanduhr.* Ich glaub, es wird Zeit. Der Hierlinger muß jeden Moment erscheinen. Es ist auch noch eine Dame dabei.

Die Mutter Was ist das für eine Dame?

Alfred Eine ältere Dame.

Stille.

Die Mutter Wie alt?

Alfred So mittel.

Die Mutter Hat sie Geld?

Alfred Ich hab nichts mit ihr zu tun.

Stille.

Die Mutter Eine reiche Partie ist nicht das letzte. Du hast halt die Richtige noch nicht gefunden.

Alfred Möglich! Manchmal möcht ich ja schon so Kinder um mich herum haben, aber dann denk ich mir immer wieder: nein, es soll halt nicht sein –

Die Großmutter *tritt mit ihrer Schale saurer Milch aus dem Häuschen:* Frieda! Frieda!

Die Mutter Na, wo brennts denn?

Die Großmutter Wer hat mir denn da was von meiner sauren Milch gestohlen?

Die Mutter Ich. Weil der liebe Alfred noch so einen starken Gusto gehabt hat.

Stille.

Die Großmutter Hat er gehabt? Hat er gehabt? – Und da werd ich gar nicht gefragt? Als ob ich schon gar nicht mehr da wär – *Zur Mutter.* Tät dir so passen!

Alfred Bäääh! *Er streckt ihr die Zunge heraus.*

Stille.

Die Großmutter Bäääh! *Sie streckt ihm die Zunge heraus.*

Stille.

Kreischt. Jetzt möcht ich überhaupt keine Milch mehr haben! Da! *Sie schüttet die Schale aus.*

Der Hierlinger Ferdinand kommt mit Valerie, einer hergerichteten Fünfzigerin im Autodreß.

Alfred Darf ich bekanntmachen: das ist meine Mutter und das ist mein Freund Ferdinand Hierlinger – und Frau Valerie – und das dort ist meine liebe Großmutter –

Die Mutter Das ist sehr schön von Ihnen, Herr von Hierlinger, daß Sie mir den Alfred herausgebracht haben – ich danke Ihnen, danke –

Der Hierlinger Ferdinand Aber ich bitte, meine Herrschaften! Das ist doch alles nur selbstverständlich! Ich hätte Ihnen ja den Alfred schon öfters herausgebracht – der liebe Alfred hätte ja nur ein Wörterl verlauten dürfen.

Die Mutter Nur ein Wörterl?

Der Hierlinger Ferdinand Wie gesagt – *Er stockt, da er merkt, daß er sich irgendwie verplappert hat.*

Peinliche Stille.

Valerie Aber schön haben Sies hier heraußen –

Die Mutter Wollen die Herrschaften vielleicht mal auf den Turm?

Der Hierlinger Ferdinand Auf was für einen Turm?

Die Mutter Auf unseren Turm da –

Der Hierlinger Ferdinand Ich bitte, gehört denn da diese hochromantische Ruine den Herrschaften?

Die Mutter Nein, die gehört dem Staat. Wir verwalten sie nur. Wenn die Herrschaften wollen, führ ich die Herrschaften hinauf – nämlich dem Besteiger bietet sich droben eine prächtige Fernsicht und eine instruktive Rundsicht.

Der Hierlinger Ferdinand Aber gern, sehr gern! Zu charmant, gnädige Frau!

Die Mutter *lächelt verlegen:* Aber oh bitte! *Zu Valerie.* Die Dame kommen doch auch mit?

Valerie Danke, danke – es tut mir schrecklich leid, aber ich kann nicht so hoch hinauf, weil ich dann keine Luft krieg –

Die Mutter Also dann auf Wiedersehen! *Ab mit dem Hierlinger Ferdinand.*

Valerie *zu Alfred:* Dürft ich mal den Herrn um eine kleine Information bitten?

Alfred Was gibts denn?

Die Großmutter setzt sich an das Tischchen und horcht, hört aber nichts.

Valerie Du hast mich wieder mal betrogen.

Alfred Sonst noch was gefällig?

Valerie Der Hierlinger erzählt mir grad, daß beim letzten Rennen in Saint-Cloud nicht die Quote hundertachtundsechzig, sondern zweihundertzweiundzwanzig herausgelaufen worden ist –

Alfred Der Hierlinger lügt.

Valerie Und das Gedruckte da lügt auch? *Sie hält ihm eine Rennzeitung unter die Nase.*

Stille.

Triumphierend. Na?

Alfred Nein, du bist halt keine richtige Frau. Du stoßt mich ja direkt von dir – mit derartigen Methoden –

Valerie Du wirst mir jetzt das geben, was mir gebührt. Siebenundzwanzig Schilling. S'il vous plaît!

Alfred *gibt ihr das Geld:* Voilà!

Valerie Merci! *Sie zählt nach.*

Alfred Kleinliche Person.

Valerie Ich bin keine Person! Und von heut ab bitte ich es mir aus, daß du mir immer eine schriftliche Quittung –

Alfred *unterbricht sie:* Bild dir nur ja nichts ein, bitte!

Stille.

Valerie Alfred, du sollst mich doch nicht immer betrügen –

Alfred Und du sollst nicht immer so mißtrauisch zu mir sein – das untergräbt doch nur unser Verhältnis. Du darfst es doch nicht übersehen, daß ein junger Mensch Licht- und Schattenseiten hat, das ist normal. Und ich kann dir nur flüstern: eine rein menschliche Beziehung wird erst dann echt, wenn man was voneinander hat. Alles andere ist Larifari. Und in diesem Sinne bin ich auch dafür, daß wir jetzt unsere freundschaftlich-geschäftlichen Beziehungen nicht deshalb abbrechen, weil die anderen für uns etwa ungesund sind –

Valerie *unterbricht ihn:* Nein, pfui! Pfui –

Alfred Na siehst du! Jetzt hast du schon wieder einen anderen Kopf auf! Es wär doch auch zu leichtsinnig von dir, um nicht zu sagen übermütig! Was mach ich denn aus deinem Ruhegehalt, Frau Kanzleiobersekretärswitwe? Dadurch, daß ich eine Rennplatzkapazität bin, wie? Durch meine glückliche Hand beziehen Frau Kanzleiobersekretärswitwe das Gehalt eines aktiven Ministerialdirigenten erster Klass! – Was ist denn schon wieder los?

Valerie Ich hab jetzt nur an das Grab gedacht.

Alfred An was für ein Grab?

Valerie An sein Grab. Immer, wenn ich das hör: Frau Kanzleiobersekretär – dann muß ich an sein Grab denken.

Stille.

Ich kümmer mich zu wenig um das Grab. Meiner Seel, ich glaub, es ist ganz verwildert –

Alfred Valerie, wenn ich morgen in Maisons-Laffitte gewinn, dann lassen wir sein Grab mal gründlich herrichten. Halb und Halb.

Valerie küßt plötzlich seine Hand.

Nein, nicht so –

Die Stimme des Hierlinger Ferdinand *vom Turm:* Alfred! Alfred! Es ist wunderschön heroben, und ich komm gleich runter!

Alfred *ruft hinauf:* Ich bin bereit! *Er fixiert Valerie.* Was? Du weinst?

Valerie *weinerlich:* Aber keine Idee – *Sie betrachtet sich in ihrem Taschenspiegel.* Gott, bin ich wieder derangiert – höchste Zeit, daß ich mich wieder mal rasier –

Sie schminkt sich mit dem Lippenstift und summt dazu den Trauermarsch von Chopin.

Die Großmutter Alfred!

Alfred nähert sich ihr.

Wann kommst du denn wieder? Bald?

Alfred Sicher.

Die Großmutter Ich hab so Abschiede nicht gern, weißt du. – Daß dir nur nichts passiert, ich hab oft so Angst –

Alfred Was soll mir denn schon pasieren?

Stille.

Die Großmutter Wann gibst du mir denn das Geld zurück?

Alfred Sowie ich es hab.

Die Großmutter Ich brauch es nämlich.

Alfred Zu was brauchst du denn dein Geld?

Die Großmutter **Nächsten Monat werd ich achtzig – und ich möcht um mein eigenes Geld begraben werden, ich möcht keine milden Gaben, du kennst mich ja –**

Alfred **Mach dir nur keine Sorgen, Großmama!**

II Stille Straße im achten Bezirk

Von links nach rechts: Oskars gediegene Fleischhauerei mit halben Rindern und Kälbern, Würsten, Schinken und Schweinsköpfen in der Auslage. Daneben eine Puppenklinik mit Firmenschild ›Zum Zauberkönig‹ – mit Scherzartikeln, Totenköpfen, Puppen, Spielwaren, Raketen, Zinnsoldaten und einem Skelett im Fenster. Endlich: eine kleine Tabak-Trafik mit Zeitungen, Zeitschriften und Ansichtspostkarten vor der Tür. Über der Puppenklinik befindet sich ein Balkon mit Blumen, der zur Privatwohnung des Zauberkönigs gehört.

Oskar mit weißer Schürze; er steht in der Türe seiner Fleischhauerei und manikürt sich mit seinem Taschenmesser; ab und zu lauscht er, denn im zweiten Stock spielt jemand auf einem ausgeleierten Klavier die ›Geschichten aus dem Wiener Wald‹ von Johann Strauß.
Ida, ein elfjähriges, herziges, mageres, kurzsichtiges Mäderl, verläßt mit ihrer Markttasche die Fleischhauerei und will nach rechts ab, hält aber vor der Puppenklinik und betrachtet die Auslage.

Havlitschek *der Gehilfe Oskars, ein Riese mit blutigen Händen und ebensolcher Schürze, erscheint in der Tür der Fleischhauerei; er frißt eine kleine Wurst und ist wütend:* **Dummes Luder, dummes –**

Oskar **Wer?**

Havlitschek *deutet mit seinem langen Messer auf Ida:* **Das dort! Sagt das dumme Luder nicht, daß meine Blutwurst nachgelassen hat – meiner Seel, am liebsten tät ich so was abstechen, und wenn es dann auch mit dem Messer in der Gurgel herumrennen müßt, wie die gestrige Sau, dann tät mich das nur freuen!**

Oskar *lächelt:* **Wirklich?**
Ida fühlt Oskars Blick, es wird ihr unheimlich; plötzlich rennt sie nach rechts ab.
Havlitschek lacht.

Rittmeister kommt von links; er ist bereits seit dem Zusammenbruch pensioniert und daher in Zivil; jetzt grüßt er Oskar. Oskar und Havlitschek verbeugen sich – und der Walzer ist aus.

Rittmeister Also das muß ich schon sagen: die gestrige Blutwurst – Kompliment! First class!

Oskar Zart, nicht?

Rittmeister Ein Gedicht!

Oskar Hast du gehört, Havlitschek?

Rittmeister Ist er derjenige welcher?

Havlitschek Melde gehorsamst: Ja, Herr Rittmeister!

Rittmeister Alle Achtung!

Havlitschek Herr Rittmeister sind halt ein Kenner. Ein Gourmand. Ein Weltmann.

Rittmeister *zu Oskar:* Ich bin seinerzeit viel in unserer alten Monarchie herumtransferiert worden, aber ich muß schon sagen: Niveau. Niveau!

Oskar Ist alles nur Tradition, Herr Rittmeister!

Rittmeister Wenn Ihr armes Mutterl selig noch unter uns weilen würde, die hätt eine Freude an ihrem Sohn.

Oskar *lächelt geschmeichelt:* Es hat halt nicht sollen sein, Herr Rittmeister.

Rittmeister Wir müssen alle mal fort.

Oskar Heut vor einem Jahr ist sie fort.

Rittmeister Wer?

Oskar Meine Mama, Herr Rittmeister. Nach dem Essen um halb drei – da hatte sie unser Herrgott erlöst.

Stille.

Rittmeister Ist denn das schon ein Jahr her?

Stille.

Oskar Entschuldigens mich bitte, Herr Rittmeister, aber ich muß mich jetzt noch in Gala werfen – für die Totenmess. *Ab.*

Rittmeister reagiert nicht; ist anderswo.

Stille.

Rittmeister Wieder ein Jahr – bis zwanzig gehts im Schritt, bis vierzig im Trab, und nach vierzig im Galopp –

Stille.

Havlitschek *frißt nun wieder:* Das ist ein schönes Erdbegräbnis gewesen von der alten gnädigen Frau.

Rittmeister Ja, es war sehr gelungen – *Er läßt ihn stehen und nähert sich der Tabak-Trafik, hält einen Augenblick vor dem Skelett in der Puppenklinik; jetzt spielt wieder jemand im zweiten Stock, und zwar den Walzer ›Über den Wellen‹.*

Oskar

Havlitschek sieht dem Rittmeister nach, spuckt die Wursthaut aus und zieht sich zurück in die Fleischhauerei.
Valerie erscheint in der Tür ihrer Tabak-Trafik. Rittmeister grüßt. Valerie dankt.

Dürft ich mal die Ziehungsliste?
Valerie reicht sie ihm aus dem Ständer von der Tür.

Küß die Hand! *Er vertieft sich in die Ziehungsliste; plötzlich bricht der Walzer ab, mitten im Takt.*

Valerie *schadenfroh:* **Was haben wir denn gewonnen, Herr Rittmeister? Das große Los?**

Rittmeister *reicht ihr die Ziehungsliste wieder zurück:* **Ich hab überhaupt noch nie was gewonnen, liebe Frau Valerie. Weiß der Teufel, warum ich spiel! Höchstens, daß ich meinen Einsatz herausbekommen hab.**

Valerie **Das ist halt das Glück in der Liebe.**

Rittmeister **Gewesen, gewesen!**

Valerie **Aber Herr Rittmeister! Mit dem Profil!**

Rittmeister **Das hat nicht viel zu sagen – wenn man nämlich ein wählerischer Mensch ist. Und eine solche Veranlagung ist eine kostspielige Charaktereigenschaft. Wenn der Krieg nur vierzehn Tage länger gedauert hätt, dann hätt ich heute meine Majorspension.**

Valerie **Wenn der Krieg vierzehn Tag länger gedauert hätt, dann hätten wir gesiegt.**

Rittmeister **Menschlichem Ermessen nach –**

Valerie **Sicher.**

Ab in ihre Tabak-Trafik.
Marianne begleitet eine gnädige Frau aus der Puppenklinik – jedesmal, wenn diese Ladentür geöffnet wird, ertönt statt eines Klingelzeichens ein Glockenspiel.
Rittmeister blättert nun in einer Zeitung und horcht.

Die gnädige Frau **Also ich kann mich auf Sie verlassen?**

Marianne **Ganz und gar, gnädige Frau! Wir haben doch hier das erste und älteste Spezialgeschäft im ganzen Bezirk – gnädige Frau bekommen die gewünschten Zinnsoldaten, garantiert und pünktlich!**

Die gnädige Frau **Also nochmals, nur damit keine Verwechslungen entstehen: drei Schachteln Schwerverwundete und zwei Schachteln Fallende – auch Kavallerie bitte, nicht nur Infanterie –, und daß ich sie nur übermorgen früh im Haus hab, sonst weint der Bubi. Er hat nämlich am Freitag Geburtstag, und er möcht doch schon so lang Sanitäter spielen –**

Marianne	Garantiert und pünktlich, gnädige Frau! Vielen Dank, gnädige Frau!
Die gnädige Frau	Also Adieu! *Ab nach links.*
Der Zauberkönig	*erscheint auf seinem Balkon, im Schlafrock und mit Schnurrbartbinde:* Marianne! Bist du da?
Marianne	Papa?
Zauberkönig	Wo stecken denn meine Sockenhalter?
Marianne	Die rosa oder die beige?
Zauberkönig	Ich hab doch nur mehr die rosa!
Marianne	Im Schrank links oben, rechts hinten.
Zauberkönig	Links oben, rechts hinten. Difficile est, satiram non scribere. *Ab.*
Rittmeister	*zu Marianne:* Immer fleißig, Fräulein Marianne! Immer fleißig!
Marianne	Arbeit schändet nicht, Herr Rittmeister.
Rittmeister	Im Gegenteil. Apropos: wann darf man denn gratulieren?
Marianne	Zu was denn?
Rittmeister	Na zur Verlobung.
Zauberkönig	*erscheint wieder auf dem Balkon:* Marianne!
Rittmeister	Habe die Ehre, Herr Zauberkönig!
Zauberkönig	Habe die Ehre, Herr Rittmeister! Marianne. Zum letzten Mal: wo stecken meine Sockenhalter?
Marianne	Wo sie immer stecken.
Zauberkönig	Was ist das für eine Antwort, bitt ich mir aus! Einen Ton hat dieses Ding an sich! Herzig! Zum leiblichen Vater! Wo meine Sockenhalter immer stecken, dort stecken sie nicht.
Marianne	Dann stecken sie in der Kommod.
Zauberkönig	Nein.
Marianne	Dann im Nachtkastl.
Zauberkönig	Nein.
Marianne	Dann bei deinen Unterhosen.
Zauberkönig	Nein.
Marianne	Dann weiß ich es nicht.
Zauberkönig	Jetzt frag ich aber zum allerletzten Mal: wo stecken meine Sockenhalter!
Marianne	Ich kann doch nicht zaubern!
Zauberkönig	*brüllt sie an:* Und ich kann doch nicht mit rutschende Strümpf in die Totenmess! Weil du meine Garderob verschlampst! Jetzt komm aber nur rauf und such du! Aber avanti, avanti!
	Marianne ab in die Puppenklinik – und jetzt wird der Walzer ›Über den Wellen‹ wieder weitergespielt.

Zauberkönig lauscht.

Rittmeister Wer spielt denn da?

Zauberkönig Das ist eine Realschülerin im zweiten Stock – ein talentiertes Kind ist das.

Rittmeister Ein musikalisches.

Zauberkönig Ein frühentwickeltes – *Er summt mit, riecht an den Blumen und genießt ihren Duft.*

Rittmeister Es wird Frühling, Herr Zauberkönig.

Zauberkönig Endlich! Selbst das Wetter ist verrückt geworden!

Rittmeister Das sind wir alle.

Zauberkönig Ich nicht.

Pause.

Elend sind wir dran, Herr Rittmeister, elend. Nicht einmal einen Dienstbot kann man sich halten. Wenn ich meine Tochter nicht hätt –

Oskar kommt aus der Fleischhauerei, in Schwarz und mit Zylinder; er zieht sich soeben schwarze Glacéhandschuhe an.

Ich bin gleich fertig, Oskar! Die liebe Mariann hat nur wieder mal meine Sockenhalter verhext!

Rittmeister Herr Zauberkönig! Dürft ich mir erlauben, Ihnen meine Sockenhalter anzubieten? Ich trag nämlich auch Strumpfbänder, neuerdings –

Zauberkönig Zu gütig! Küß die Hand! Aber Ordnung muß sein! Die liebe Mariann wird sie schon wieder herhexen!

Rittmeister Der Herr Bräutigam in spe können sich gratulieren.

Oskar lüftet den Zylinder und verbeugt sich leicht.

Zauberkönig Wenns Gott mir vergönnt, ja.

Rittmeister Mein Kompliment, die Herren! *Ab – und nun ist der Walzer aus.*

Marianne *erscheint auf dem Balkon mit den rosa Sockenhaltern:* Hier hab ich jetzt deine Sockenhalter.

Zauberkönig Na also!

Marianne Du hast sie aus Versehen in die Schmutzwäsch geworfen – und ich hab jetzt das ganze schmutzige Zeug durchwühlen müssen.

Zauberkönig Na so was!

Er lächelt väterlich und kneift sie in die Wange.

Brav, brav. Unten steht der Oskar. *Ab.*

Oskar Marianne! Marianne!

Marianne Ja?

Oskar Willst du denn nicht herunterkommen?

Marianne Das muß ich sowieso. *Ab.*

Havlitschek *erscheint in der Tür der Fleischhauerei; wieder fressend:* Herr Oskar. Was ich noch hab sagen wollen – geh, bittschön, betens auch in meinem Namen ein Vaterunser für die arme gnädige Frau Mutter selig.

Oskar Gern, Havlitschek.

Havlitschek Ich sage dankschön, Herr Oskar. *Ab.*

Marianne tritt aus der Puppenklinik.

Oskar Ich bin so glücklich, Mariann. Bald ist das Jahr der Trauer ganz vorbei, und morgen leg ich meinen Flor ab. Und am Sonntag ist offizielle Verlobung und Weihnachten Hochzeit. – Ein Bussi, Mariann, ein Vormittagsbussi –

Marianne *gibt ihm einen Kuß, fährt aber plötzlich zurück:* Au! Du sollst nicht immer beißen!

Oskar Hab ich denn jetzt?

Marianne Weißt du denn das nicht?

Oskar Also ich hätt jetzt geschworen –

Marianne Daß du mir immer weh tun mußt.

Stille.

Oskar Böse?

Stille.

Na?

Marianne Manchmal glaub ich schon, daß du es dir herbeisehnst, daß ich ein böser Mensch sein soll –

Oskar Marianne! Du weißt, daß ich ein religiöser Mensch bin und daß ich es ernst nehme mit den christlichen Grundsätzen!

Marianne Glaubst du vielleicht, ich glaub nicht an Gott? Ph!

Oskar Ich wollte dich nicht beleidigen. Ich weiß, daß du mich verachtest.

Marianne Was fällt dir ein, du Idiot!

Stille.

Oskar Du liebst mich also nicht?

Marianne Was ist Liebe?

Stille.

Oskar Was denkst du jetzt?

Marianne Oskar, wenn uns etwas auseinanderbringen kann, dann bist du es. Du sollst nicht so herumbohren in mir, bitte –

Oskar Jetzt möcht ich in deinen Kopf hineinsehen können, ich möcht dir mal die Hirnschale herunter und nachkontrollieren, was du da drinnen denkst –

Marianne Aber das kannst du nicht.

Oskar Man ist und bleibt allein.

Stille.

Holt aus seiner Tasche eine Bonbonniere hervor. **Darf ich dir diese Bonbons, ich hab sie jetzt ganz vergessen, die im Goldpapier sind mit Likör –** *Marianne steckt sich mechanisch ein großes Bonbon in den Mund.*

Zauberkönig *tritt rasch aus der Puppenklinik, auch in Schwarz und mit Zylinder:* **Also da sind wir. Was hast du da? Schon wieder Bonbons? Aufmerksam, sehr aufmerksam!** *Er kostet.* **Ananas! Prima! Na was sagst du zu deinem Bräutigam? Zufrieden?**
Marianne rasch ab in die Puppenklinik.
Verdutzt. **Was hat sie denn?**

Oskar **Launen.**

Zauberkönig **Übermut! Es geht ihr zu gut!**

Oskar **Komm, wir haben keine Zeit, Papa – die Messe –**

Zauberkönig **Aber eine solche Benehmität! Ich glaub gar, daß du sie mir verwöhnst – also nur das nicht, lieber Oskar! Das rächt sich bitter! Was glaubst du, was ich auszustehen gehabt hab in meiner Ehe? Und warum? Nicht weil meine gnädige Frau Gemahlin ein bissiges Mistvieh war, sondern weil ich zu vornehm war, Gott hab sie selig! Nur niemals die Autorität verlieren! Abstand wahren! Patriarchat, kein Matriarchat! Kopf hoch! Daumen runter! Ave Caesar, morituri te salutant!** *Ab mit Oskar.*

Jetzt spielt die Realschülerin im zweiten Stock den Walzer ›In lauschiger Nacht‹ von Ziehrer.
Marianne erscheint nun in der Auslage und arrangiert – sie bemüht sich besonders um das Skelett.
Alfred kommt von links, erblickt Marianne von hinten, hält und betrachtet sie.
Marianne dreht sich um – erblickt Alfred und ist fast fasziniert.
Alfred lächelt.
Marianne lächelt auch.
Alfred grüßt charmant.
Marianne dankt.
Alfred nähert sich der Auslage.
Valerie steht nun in der Tür ihrer Tabak-Trafik und betrachtet Alfred.
Alfred trommelt an die Fensterscheibe.
Marianne sieht ihn plötzlich erschrocken an, läßt rasch den Sonnenvorhang hinter der Fensterscheibe herab – und der Walzer bricht wieder ab, mitten im Takt.
Alfred erblickt Valerie.
Stille.

Valerie Wohin?

Alfred Zu dir, Liebling.

Valerie Was hat man denn in der Puppenklinik verloren?

Alfred Ich wollte dir ein Pupperl kaufen.

Valerie Und an so was hängt man sein Leben.

Alfred Pardon!

Stille.

Alfred krault Valerie am Kinn.

Valerie schlägt ihn auf die Hand.

Stille.

Wer ist denn das Fräulein da drinnen?

Valerie Das geht dich einen Dreck an.

Alfred Das ist sogar ein sehr hübsches Fräulein.

Valerie Haha!

Alfred Ein schöngewachsenes Fräulein. Daß ich dieses Fräulein noch nie gesehen habe – das ist halt die Tücke des Objekts.

Valerie Na und?

Alfred Also ein für allemal: lang halt ich jetzt aber deine hysterischen Eifersüchteleien nicht mehr aus! Ich laß mich nicht tyrannisieren! Das hab ich doch schon gar nicht nötig!

Valerie Wirklich?

Alfred Glaub nur ja nicht, daß ich auf dein Geld angewiesen bin!

Stille.

Valerie Ja, das wird wohl das beste sein –

Alfred Was?

Valerie Das wird das beste sein für uns beide, daß wir uns trennen.

Alfred Aber dann endlich! Und im guten! Und konsequent, wenn man bitten darf! – Da. Das bin ich dir noch schuldig. Mit Quittung. Wir haben in Saint-Cloud nichts verloren und in Le Tremblay gewonnen. Außenseiter. Zähls nach, bitte! *Ab.*

Valerie *allein; zählt mechanisch das Geld nach – dann sieht sie Alfred langsam nach; leise:* Luder. Mistvieh. Zuhälter. Bestie –

"Valerie, Alfred beobachtend"

III Am nächsten Sonntag im Wiener Wald

Auf einer Lichtung am Ufer der schönen blauen Donau. Der Zauberkönig und Marianne, Oskar, Valerie, Alfred, einige entfernte Verwandte, unter ihnen Erich aus Kassel in Preußen, und kleine weißgekleidete häßliche Kinder machen einen gemeinsamen Ausflug.

Jetzt bilden sie gerade eine malerische Gruppe, denn sie wollen von Oskar fotografiert werden, der sich noch mit seinem Stativ beschäftigt – dann stellt er sich selbst in Positur neben Marianne, maßen er ja mit einem Selbstauslöser arbeitet. Und nachdem dieser tadellos funktionierte, gerät die Gruppe in Bewegung.

Zauberkönig **Halt! Da capo! Ich glaub, ich hab gewackelt!**

Oskar **Aber Papa!**

Zauberkönig **Sicher ist sicher!**

Erste Tante **Ach ja!**

Zweite Tante **Das wär doch ewig schad!**

Zauberkönig **Also da capo, da capo!**

Oskar **Also gut!** *Er beschäftigt sich wieder mit seinem Apparat – und wieder funktioniert der Selbstauslöser tadellos.*

Zauberkönig **Ich danke!**

Die Gruppe löst sich allmählich auf.

Erste Tante **Lieber Herr Oskar, ich hätt ein großes Verlangen – geh, möchtens nicht mal die Kinderl allein abfotografieren, die sind doch heut so herzig –**

Oskar **Aber mit Vergnügen!** *Er gruppiert die Kinder und küßt die Kleinste.*

Zweite Tante *zu Marianne:* **Nein, mit welcher Liebe er das arrangiert. – Na wenn das kein braver Familienvater wird! Ein Kindernarr, ein Kindernarr! Unberufen!** *Sie umarmt Marianne und gibt ihr einen Kuß.*

Valerie *zu Alfred:* **Also das ist der Chimborasso.**

Alfred **Was für ein Chimborasso?**

Valerie **Daß du dich nämlich diesen Herrschaften hier anschließt, wo du doch weißt, daß ich dabei bin – nach all dem, was zwischen uns passiert ist.**

Alfred **Was ist denn passiert? Wir sind auseinander. Und noch dazu als gute Kameraden.**

Valerie Nein, du bist halt keine Frau – sonst würdest du meine Gefühle anders respektieren.

Alfred Was für Gefühle? Noch immer?

Valerie Als Frau vergißt man nicht so leicht. Es bleibt immer etwas in einem drinnen. Wenn du auch ein großer Gauner bist.

Alfred Ich bitte dich, werde vernünftig.

Valerie *plötzlich gehässig:* Das würde dir so passen!

Stille.

Alfred Darf sich der Gauner jetzt empfehlen?

Valerie Wer hat ihn denn hier eingeladen?

Alfred Sag ich nicht.

Valerie Man kann sichs ja lebhaft vorstellen, nicht?

Alfred zündet sich eine Zigarette an.

Wo hat man sich denn kennengelernt? In der Puppenklinik?

Alfred Halts Maul.

Zauberkönig *nähert sich Alfred mit Erich:* Was höre ich? Die Herrschaften kennen sich noch nicht? Also darf ich bekannt machen: Das ist mein Neffe Erich, der Sohn meines Schwippschwagers aus zweiter Ehe – und das ist Herr Zentner. Stimmts?

Alfred Gewiß.

Zauberkönig Herr von Zentner!

Erich *mit Brotbeutel und Feldflasche am Gürtel:* Sehr erfreut!

Zauberkönig Erich ist ein Student. Aus Dessau.

Erich Aus Kassel, Onkel.

Zauberkönig Kassel und Dessau – das verwechsel ich immer! *Er zieht sich zurück.*

Alfred *zu Valerie:* Ihr kennt euch schon?

Valerie Oh schon seit Ewigkeiten!

Erich Ich hatte erst unlängst das Vergnügen. Wir hatten uns über das Burgtheater unterhalten und über den vermeintlichen Siegeszug des Tonfilms.

Alfred Interessant! *Er verbeugt sich korrekt und zieht sich zurück; jetzt läßt eine Tante ihr Reisegrammophon singen: ›Wie eiskalt ist dies Händchen‹.*

Erich *lauscht:* Bohème. Göttlicher Puccini!

Marianne *nun neben Alfred; sie lauscht:* Wie eiskalt ist dies Händchen –

Alfred Das ist Bohème.

Marianne Puccini.

Valerie *zu Erich:* Was kennen Sie denn für Operetten?

Erich Aber das hat doch mit Kunst nichts zu tun!

Valerie Geh, wie könnens denn nur so was sagen!

Erich Kennen Sie die Brüder Karamasow?

Valerie Nein.

Erich Das ist Kunst.

Marianne *zu Alfred:* Ich wollte mal rhythmische Gymnastik studieren, und dann hab ich von einem eigenen Institut geträumt, aber meine Verwandtschaft hat keinen Sinn für so was. Papa sagt immer, die finanzielle Unabhängigkeit der Frau vom Mann ist der letzte Schritt zum Bolschewismus.

Alfred Ich bin kein Politiker, aber glauben Sie mir: auch die finanzielle Abhängigkeit des Mannes von der Frau führt zu nichts Gutem. Das sind halt so Naturgesetze.

Marianne Das glaub ich nicht.

Oskar fotografiert nun den Zauberkönig allein, und zwar in verschiedenen Posen; das Reisegrammophon hat ausgesungen.

Alfred Fotografiert er gern, der Herr Bräutigam?

Marianne Das tut er leidenschaftlich. Wir kennen uns schon seit acht Jahren.

Alfred Wie alt waren Sie denn damals? Pardon, das war jetzt nur eine automatische Reaktion!

Marianne Ich war damals vierzehn.

Alfred Das ist nicht viel.

Marianne Er ist nämlich ein Jugendfreund von mir. Weil wir Nachbarskinder sind.

Alfred Und wenn Sie jetzt keine Nachbarskinder gewesen wären?

Marianne Wie meinen Sie das?

Alfred Ich meine, daß das halt alles Naturgesetze sind. Und Schicksal.

Stille.

Marianne Schicksal, ja. Eigentlich ist das nämlich gar nicht das, was man halt so Liebe nennt, vielleicht von seiner Seite aus, aber ansonsten – *Sie starrt Alfred plötzlich an.* Nein, was sag ich da, jetzt kenn ich Sie ja noch kaum – mein Gott, wie Sie das alles aus einem herausziehen –

Alfred Ich will gar nichts aus Ihnen herausziehen. Im Gegenteil.

Marianne Können Sie hypnotisieren?

Oskar *zu Alfred:* Pardon! *Zu Marianne:* Darf ich bitten? *Er reicht ihr den Arm und geleitet sie unter eine schöne alte Baumgruppe, wo sich die ganze Gesellschaft bereits zum Picknick gelagert hat. Alfred folgt Oskar und Marianne und läßt sich ebenfalls nieder.*

Zauberkönig Über was haben wir denn gerade geplauscht?

Erste Tante Über die Seelenwanderung.

Zweite Tante Was ist denn das für eine Geschicht, das mit der Seelenwanderung?

Erich: Das ist buddhistische Religionsphilosophie. Die Buddhisten behaupten, daß die Seele eines verstorbenen Menschen in ein Tier hineinfährt – zum Beispiel in einen Elefanten.

Zauberkönig: Verrückt!

Erich: Oder in eine Schlange.

Erste Tante: Pfui!

Erich: Wieso pfui? Das sind doch nur unsere kleinlichen menschlichen Vorurteile! So laßt uns doch mal die geheime Schönheit der Spinnen, Käfer und Tausendfüßler –

Zweite Tante: *unterbricht ihn:* Also nur nicht unappetitlich, bittschön!

Erste Tante: Mir ist schon übel –

Zauberkönig: Mir kann heut nichts den Appetit verderben! Solche Würmer gibts gar nicht!

Valerie: Jetzt aber Schluß!

Zauberkönig: *erhebt sich und klopft mit dem Messer an sein Glas:* Meine lieben Freunde! Zu guter Letzt war es ja schon ein öffentliches Geheimnis, daß meine liebe Tochter Mariann einen Blick auf meinen lieben Oskar geworfen hat –

Valerie: Bravo!

Zauberkönig: Silentium, gleich bin ich fertig, und nun haben wir uns hier versammelt, das heißt: ich hab euch alle eingeladen, um einen wichtigen Abschnitt im Leben zweier blühender Menschenkinder einfach, aber würdig, in einem kleinen, aber auserwählten Kreise zu feiern. Es tut mir nur heut in der Seele weh, daß Gott der Allmächtige es meiner unvergeßlichen Gemahlin, der Mariann ihrem lieben Mutterl selig, nicht vergönnt hat, diesen Freudentag ihres einzigen Kindes mitzuerleben. Ich weiß es aber ganz genau, sie steht jetzt sicher hinter einem Stern droben in der Ewigkeit und schaut hier auf uns herab. Und erhebt ihr Glas – *er erhebt sein Glas* – um ein aus dem Herzen kommendes Hoch auf das glückliche, nunmehr und hiermit offiziell verlobte Paar – das junge Paar, Oskar und Marianne, es lebe hoch! Hoch! Hoch!

Alle: Hoch! Hoch! Hoch!

Ida: *jenes magere, herzige kurzsichtige Mäderl, das seinerzeit Havlitscheks Blutwurst beanstandet hatte, tritt nun weißgekleidet mit einem Blumenstrauß vor das verlobte Paar und rezitiert mit einem Sprachfehler:*
Die Liebe ist ein Edelstein,
Sie brennt jahraus, sie brennt jahrein
Und kann sich nicht verzehren,

Sie brennt, solang noch Himmelslicht
In eines Menschen Aug sich bricht,
Um drin sich zu verklären.

Alle **Bravo! Hoch! Gott, wie herzig!**
Ida überreicht Marianne den Blumenstrauß mit einem Knicks. Alle streicheln nun Ida und gratulieren dem verlobten Paar in aufgeräumtester Stimmung; das Reisegrammophon spielt nun den Hochzeitsmarsch, und der Zauberkönig küßt Marianne auf die Stirn und Okar auf den Mund, dann wischt er sich die Tränen aus den Augen, und dann legt er sich in seine Hängematte.

Erich *hat eben mit seiner Feldflasche Bruderschaft mit Oskar getrunken:* **Mal herhören, Leute! Oskar und Marianne! Ich gestatte mir nun aus dieser Feldflasche auf euer ganz Spezielles zu trinken! Glück und Gesundheit und viele brave deutsche Kinder! Heil!**

Valerie *angeheitert:* **Nur keine Neger! Heil!**

Erich **Verzeihen, gnädige Frau, aber über diesen Punkt vertrag ich keine frivolen Späße! Dieser Punkt ist mir heilig, Sie kennen meine Stellung zu unserem Rassenproblem.**

Valerie **Ein problematischer Mensch. – Halt! So bleibens doch da, Sie komplizierter Mann, Sie –**

Erich **Kompliziert. Wie meinen Sie das?**

Valerie **Interessant –**

Erich **Wieso?**

Valerie **Ja glaubens denn, daß ich die Juden mag? Sie großes Kind –**
Sie hängt sich ein in das große Kind und schleift es weg; man lagert sich nun im Wald, und die kleinen Kindlein spielen und stören.

Oskar *singt zur Laute:*
Sei gepriesen, du lauschige Nacht,
Hast zwei Herzen so glücklich gemacht.
Und die Rosen im folgenden Jahr
Sahn ein Paar am Altar!
Auch der Klapperstorch blieb nicht lang aus,
Brachte klappernd den Segen ins Haus.
Und entschwand auch der liebliche Mai,
In der Jugend erblüht er neu!
Er spielt das Lied nochmal, singt aber nicht mehr, sondern summt nur; auch alle anderen summen mit, außer Alfred und Marianne.

Alfred *nähert sich nämlich Marianne:* **Darf man noch einmal gratulieren?**

Marianne schließt die Augen.
Alfred küßt lange ihre Hand.
Oskar hatte den Vorgang beobachtet, übergab seine Laute der zweiten Tante, schlich sich heran und steht nun neben Marianne.
Korrekt. **Ich gratuliere!**

Oskar **Danke.**
Alfred verbeugt sich korrekt und will ab.
Sieht ihm nach. **Er beneidet mich um dich – ein geschmackloser Mensch. Wer ist denn das überhaupt?**

Marianne **Ein Kunde.**

Oskar **Schon lang?**

Marianne **Gestern war er da und wir sind ins Gespräch gekommen – nicht lang, und dann hab ich ihn gerufen. Er hat sich ein Gesellschaftsspiel gekauft.**

Valerie *schrill:* **Was soll das Pfand in meiner Hand?**

Erich **Das soll drei Mal muh schreien!**

Valerie **Das ist die Tante Henriett, die Tante Henriett!**

Erste Tante *stellt sich in Positur und schreit:* **Muh! Muh! Muh!**
Großes Gelächter.

Valerie **Und was soll das Pfand in meiner Hand?**

Zauberkönig **Das soll drei Mal mäh schreien!**

Valerie **Das bist du selber!**

Zauberkönig **Mäh! Mäh! Mäh!**
Brüllendes Gelächter.

Valerie **Und was soll das Pfand in meiner Hand?**

Zweite Tante **Der soll etwas demonstrieren!**

Erich **Was denn?**

Zweite Tante **Was er kann!**

Valerie **Oskar! Hast du gehört, Oskar? Du sollst uns etwas demonstrieren!**

Erich **Was du willst!**

Zauberkönig **Was du kannst!**
Stille.

Oskar **Meine Damen und Herren, ich werde Ihnen etwas sehr Nützliches demonstrieren, nämlich ich hab mich mit der japanischen Selbstverteidigungsmethode beschäftigt. Mit dem sogenannten Jiu-Jitsu. Und nun passens bitte auf, wie man seinen Gegner spielend kampfunfähig machen kann –**
Er stürzt sich plötzlich auf Marianne und demonstriert an ihr seine Griffe.

Marianne *stürzt zu Boden:* **Au! Au! Au! –**

Erste Tante **Nein, dieser Rohling!**

Zauberkönig Bravo! Bravissimo!

Oskar *zur ersten Tante:* Aber ich hab doch den Griff nur markiert, sonst hätt ich ihr doch das Rückgrat verletzt!

Erste Tante Das auch noch!

Zauberkönig *klopft Oskar auf die Schulter:* Sehr geschickt! Sehr einleuchtend!

Zweite Tante *hilft Marianne beim Aufstehen:* Ein so zartes Frauerl. – Haben wir denn noch ein Pfand?

Valerie Leider! Schluß. Aus!

Zauberkönig Dann hätt ich ein Projekt! Jetzt gehen wir alle baden! Hinein in die kühle Flut! Ich schwitz eh schon wie ein gselchter Aff!

Erich Eine ausgezeichnete Idee!

Valerie Aber wo sollen sich denn die Damen entkleiden?

Zauberkönig Nichts leichter als das! Die Damen rechts, die Herren links! Also auf Wiedersehen in unserer schönen blauen Donau!

Jetzt spielt das Reisegrammophon den Walzer ›An der schönen blauen Donau‹, und die Damen verschwinden rechts, die Herren links – Valerie und Alfred sind die letzten.

Valerie Alfred!

Alfred Bitte?

Valerie trällert die Walzermelodie nach und zieht ihre Bluse aus.

Nun?

Valerie wirft ihm eine Kußhand zu.

Adieu!

Valerie Moment! Gefällt dem Herrn Baron das Fräulein Braut?

Alfred *fixiert sie – geht dann rasch auf sie zu und hält knapp vor ihr:* Hauch mich an!

Valerie Wie komm ich dazu!

Alfred Hauch mich an!

Valerie haucht ihn an.

Du Alkoholistin.

Valerie Das ist doch nur ein Schwips, den ich da hab, du Vegetarianer! Der Mensch denkt und Gott lenkt. Man feiert doch nicht alle Tage Verlobung – und Entlobung, du Schweinehund –

Alfred Einen anderen Ton, wenn ich bitten darf!

Valerie Daß du mich nicht anrührst, daß du mich nicht anrührst –

Alfred Als hätt ich dich schon jemals angerührt.

Valerie Und am siebzehnten März?

Stille.

Alfred	Wie du dir alles merkst –
Valerie	Alles. Das Gute und das Böse – *Sie hält sich plötzlich die Bluse vor.* Geh! Ich möcht mich jetzt ausziehen!
Alfred	Als hätt ich dich nicht schon so gesehen –
Valerie	*kreischt:* Schau mich nicht so an! Geh! Geh!
Alfred	Hysterische Kuh – *Ab nach links.*
Valerie	*allein; sieht ihm nach:* Luder. Mistvieh. Drecksau. Bestie. *Sie zieht sich aus.* *Zauberkönig taucht im Schwimmanzug hinter dem Busch auf und sieht zu.* *Hat nun nur mehr das Hemd, Schlüpfer und Strümpfe an, sie entdeckt den Zauberkönig.* Jesus Maria Josef! Oh du Hallodri! Mir scheint gar, du bist ein Voyeur –
Zauberkönig	Ich bin doch nicht pervers. Zieh dich nur ruhig weiter aus.
Valerie	Nein, ich hab doch noch mein Schamgefühl.
Zauberkönig	Geh, in der heutigen Zeit!
Valerie	Aber ich hab halt so eine verflixte Phantasie – *Sie trippelt hinter einen Busch.*
Zauberkönig	*läßt sich vor dem Busch nieder, entdeckt Valeries Korsett, nimmt es an sich und riecht daran:* Mit oder ohne Phantasie – diese heutige Zeit ist eine verkehrte Welt! Ohne Treu, ohne Glauben, ohne sittliche Grundsätz. Alles wackelt, nichts steht mehr fest. Reif für die Sintflut – *Er legt das Korsett wieder beiseite, denn es duftet nicht gerade überwältigend.* Ich bin nur froh, daß ich die Mariann angebracht hab, eine Fleischhauerei ist immer noch solid –
Valeries Stimme	Na und die Trafikantinnen?
Zauberkönig	Auch! Rauchen und fressen werden die Leut immer – aber zaubern? Wenn ich mich so mit der Zukunft beschäftig, da wirds mir machmal ganz pessimistisch. Ich habs ja überhaupt nicht leicht gehabt in meinem Leben, ich muß ja nur an meine Frau selig denken – diese ewige Schererei mit den Spezialärzten –
Valerie	*erscheint nun im Badetrikot; sie beschäftigt sich mit dem Schulterknöpfchen:* An was ist sie denn eigentlich gestorben?
Zauberkönig	*stiert auf ihren Busen:* An der Brust.
Valerie	Doch nicht Krebs?
Zauberkönig	Doch. Krebs.
Valerie	Ach, die Ärmste.
Zauberkönig	Ich war auch nicht zu beneiden. Man hat ihr die linke Brust wegoperiert – sie ist überhaupt nie gesund gewesen, aber

ihre Eltern haben mir das verheimlicht. – Wenn ich dich daneben anschau: stattlich, also direkt königlich. – Eine königliche Person.

Valerie *macht nun Rumpfbeugen:* Was wißt ihr Mannsbilder schon von der Tragödie des Weibes? Wenn wir uns nicht so herrichten und pflegen täten –

Zauberkönig *unterbricht sie:* Glaubst du, ich muß mich nicht pflegen?

Valerie Das schon. Aber bei einem Herrn sieht man doch in erster Linie auf das Innere – *Sie macht nun in rhythmischer Gymnastik.*

Zauberkönig sieht ihr zu und macht dann Kniebeugen.

Hach, jetzt bin ich aber müd! *Sie wirft sich neben ihn hin.*

Zauberkönig Der sterbende Schwan. *Er nimmt neben ihr Platz.*

Stille.

Valerie Darf ich meinen Kopf in deinen Schoß legen?

Zauberkönig Auf der Alm gibts keine Sünd!

Valerie *tut es:* Die Erd ist nämlich noch hart – heuer war der Winter lang.

Stille. Leise: Du. Gehts dir auch so? Wenn die Sonn so auf meine Haut scheint, wirds mir immer so weißnichtwie –

Zauberkönig Wie?

Stille.

Valerie Du hast doch zuvor mit meinem Korsett gespielt?

Stille.

Zauberkönig Na und?

Valerie Na und?

Zauberkönig wirft sich plötzlich über sie und küßt sie.

Gott, was für ein Temperament – das hätt ich dir gar nicht zugetraut – du schlimmer Mensch, du –

Zauberkönig Bin ich schlimm? Bin ich schlimm?

Valerie Ja – nein, du! Halt, da kommt wer! *Sie kugeln auseinander.*

Erich *kommt in Badehose mit einem Luftdruckgewehr:* Verzeihung, Onkel! Du wirst es doch gestatten, wenn ich es mir jetzt gestatte, hier zu schießen?

Zauberkönig Was willst du?

Erich Schießen.

Zauberkönig Du willst hier schießen?

Erich Nach der Scheibe auf jener Buche dort. Übermorgen steigt nämlich das monatliche Preisschießen unseres akademischen Wehrverbandes, und da möchte ich es mir nur gestatten, mich etwas einzuschießen. Also darf ich?

Valerie Natürlich.

Zauberkönig Natürlich? *Zu Valerie.* Natürlich! *Er erhebt sich.* Wehrverband! Sehr natürlich! Nur das Schießen nicht verlernen. – Ich geh mich jetzt abkühlen! In unsere schöne blaue Donau! *Für sich:* Hängts euch auf! *Ab.*

Erich ladet, zielt und schießt.

Valerie *sieht ihm zu; nach dem dritten Schuß:* Pardon, wenn ich Sie molestiere – was studieren der junge Herr eigentlich?

Erich Jus. Drittes Semester. *Er zielt.* Arbeitsrecht.

Schuß.

Valerie Arbeitsrecht. Ist denn das nicht recht langweilig?

Erich *ladet:* Ich habe Aussicht, dereinst als Syndikus mein Unterkommen zu finden. *Er zielt.* In der Industrie.

Schuß.

Valerie Und wie gefällt Ihnen unsere Wiener Stadt?

Erich Herrliches Barock.

Valerie Und die süßen Wiener Maderln?

Erich Offen gesagt: Ich kann mit jungen Mädchen nichts anfangen. Ich war nämlich schon mal verlobt und hatte nur bittere Enttäuschungen, weil Käthe eben zu jung war, um meinem Ich Verständnis entgegenbringen zu können. Bei jungen Mädchen verschwendet man seine Gefühle an die falsche Adresse. Dann schon lieber eine reifere Frau, die einem auch etwas geben kann.

Schuß.

Valerie Wo wohnen Sie denn?

Erich Ich möchte gerne ausziehen.

Valerie Ich hätt ein möbliertes Zimmer.

Erich Preiswert?

Valerie Geschenkt.

Erich Das träfe sich ja famos.

Schuß.

Valerie Herr Syndikus – geh, lassens mich auch mal schießen –

Erich Mit Vergnügen!

Valerie Ganz meinerseits. *Sie nimmt ihm das Gewehr ab.* Waren Sie noch Soldat?

Erich Leider nein – ich bin doch Jahrgang 1911.

Valerie 1911 – *Sie zielt lange.*

Erich *kommandiert:* Stillgestanden! Achtung! Feuer!

Valerie schießt nicht – langsam läßt sie das Gewehr sinken und sieht ihn ernst an.

Was ist denn los?

Valerie **Au!** *Sie krümmt sich plötzlich und wimmert.* **Ich hab so Stechen. – Meine arme Niere –**
Stille.

Erich **Kann ich Ihnen behilflich sein?**

Valerie **Danke. – Jetzt ist es schon wieder vorbei. Das ist nämlich oft so, wenn ich mich freudig aufreg – ich muß halt immer gleich büßen. Jetzt kann ich das Ziel nicht mehr sehen –**

Erich *verwirrt:* **Was für ein Ziel?**

Valerie **Weil es halt schon dämmert –** *Sie umarmt ihn und er läßt sich umarmen; ein Kuß.* **Ein Ziel ist immer etwas Erstrebenswertes. Ein Mensch ohne Ziel ist kein Mensch. – Du – du Neunzehnhundertelfer –**

IV An der schönen blauen Donau

Nun ist die Sonne untergegangen, es dämmert bereits, und in der Ferne spielt der lieben Tante ihr Reisegrammophon den ›Frühlingsstimmen-Walzer‹ von Johann Strauß.

Alfred in Bademantel und Strohhut – er blickt verträumt auf das andere Ufer.
Marianne steigt aus der schönen blauen Donau und erkennt Alfred.
Stille.

Alfred *lüftet den Strohhut:* **Ich wußte es, daß Sie hier landen werden.**

Marianne **Woher wußten Sie das?**

Alfred **Ich wußt es.**
Stille.

Marianne **Die Donau ist weich wie Samt –**

Alfred **Wie Samt.**

Marianne **Heut möcht ich weit weg – heut könnt man im Freien übernachten.**

Alfred **Leicht.**

Marianne **Ach, wir armen Kulturmenschen! Was haben wir von unserer Natur!**

Alfred **Was haben wir aus unserer Natur gemacht? Eine Zwangsjacke. Keiner darf, wie er will.**

Marianne **Und keiner will, wie er darf.**
Stille.

Alfred	Und keiner darf, wie er kann.
Marianne	Und keiner kann, wie er soll –
	Alfred umarmt sie mit großer Gebärde, und sie wehrt sich mit keiner Faser – ein langer Kuß.
	Haucht. Ich habs gewußt, ich habs gewußt –
Alfred	Ich auch.
Marianne	Liebst du mich, wie du solltest –?
Alfred	Das hab ich im Gefühl. Komm, setzen wir uns. *Sie setzen sich.*
	Stille.
Marianne	Ich bin nur froh, daß du nicht dumm bist – ich bin nämlich von lauter dummen Menschen umgeben. Auch Papa ist kein Kirchenlicht – und machmal glaub ich sogar, er will sich durch mich an meinem armen Mutterl selig rächen. Die war nämlich sehr eigensinnig.
Alfred	Du denkst zuviel.
Marianne	Jetzt gehts mir gut. Jetzt möcht ich singen. Immer, wenn ich traurig bin, möcht ich singen – *Sie summt und verstummt wieder.* Warum sagst du kein Wort?
	Stille.
Alfred	Liebst du mich?
Marianne	Sehr.
Alfred	So wie du solltest? Ich meine, ob du mich vernünftig liebst?
Marianne	Vernünftig?
Alfred	Ich meine, ob du keine Unüberlegtheiten machen wirst – denn dafür könnt ich keine Verantwortung übernehmen.
Marianne	Oh Mann, grübl doch nicht – grübl nicht, schau die Sterne – die werden noch droben hängen, wenn wir drunten liegen –
Alfred	Ich laß mich verbrennen.
Marianne	Ich auch – du, oh du – du –
	Stille.
	Du – wie der Blitz hast du in mich eingeschlagen und hast mich gespalten – jetzt weiß ich es aber ganz genau.
Alfred	Was?
Marianne	Daß ich ihn nicht heiraten werde –
Alfred	Mariann!
Marianne	Was hast du denn?
	Stille.
Alfred	Ich hab kein Geld.
Marianne	Oh warum sprichst du jetzt davon?!
Alfred	Weil das meine primitivste Pflicht ist! Noch nie in meinem Leben hab ich eine Verlobung zerstört, und zwar prinzipiell!

Lieben ja, aber dadurch zwei Menschen auseinanderbringen – nein! Dazu fehlt mir das moralische Recht! Prinzipiell!

Stille.

Marianne Ich hab mich nicht getäuscht, du bist ein feiner Mensch. Jetzt fühl ich mich doppelt zu dir gehörig – ich paß nicht zu Oskar und basta!

Es ist inzwischen finster geworden, und nun steigen in der Nähe Raketen.

Alfred Raketen. Deine Verlobungsraketen.

Marianne Unsere Verlobungsraketen.

Alfred Und bengalisches Licht.

Marianne Blau, grün, gelb, rot –

Alfred Sie werden dich suchen.

Marianne Sie sollen uns finden – bleib mir, du, dich hat mir der Himmel gesandt, mein Schutzengel –

Jetzt gibt es bengalisches Licht – blau, grün, gelb, rot – und beleuchtet Alfred und Marianne; und den Zauberkönig, der knapp vor ihnen steht mit der Hand auf dem Herzen. Marianne schreit unterdrückt auf.

Stille.

Alfred *geht auf den Zauberkönig zu:* Herr Zauberkönig –

Zauberkönig *unterbricht ihn:* Schweigen Sie! Mir brauchen Sie nichts zu erklären, ich hab ja alles gehört – na, das ist ja ein gediegener Skandal! Am Verlobungstag –! Nacket herumliegen! Küß die Hand! Mariann! Zieh dich an! Daß nur der Oskar nicht kommt – Jesus Maria und ein Stückerl Josef!

Alfred Ich trag natürlich sämtliche Konsequenzen, wenn es sein muß.

Zauberkönig Sie haben gar nichts zu tragen! Sie haben sich aus dem Staube zu machen, Sie Herr! Diese Verlobung darf nicht platzen, auch aus moralischen Gründen nicht! Daß mir keine Seele was erfährt, Sie Halunk – Ehrenwort!

Alfred Ehrenwort!

Marianne Nein!!

Zauberkönig *unterdrückt:* Brüll nicht! Bist daneben? Zieh dich an, los, marsch-marsch! Badhur!

Oskar *erscheint und überblickt die Situation:* Marianne! Marianne!

Zauberkönig Krach in die Melon!

Stille.

Alfred Das Fräulein Braut haben bis jetzt geschwommen.

Marianne Lüg nicht! So lüg doch nicht! Nein, ich bin nicht geschwommen, ich mag nicht mehr schwimmen! Ich laß mich von euch nicht mehr tyrannisieren. Jetzt bricht der Sklave seine Fessel – da! *Sie wirft Oskar den Verlobungsring ins Gesicht.* Ich laß mir mein Leben nicht verhunzen, das ist mein Leben! Gott hat mir im letzten Moment diesen Mann da zugeführt. – Nein, ich heirat dich nicht, ich heirat dich nicht, ich heirat dich nicht!! Meinetwegen soll unsere Puppenklinik verrekken, eher heut als morgen!

Zauberkönig Das einzige Kind! Das werd ich mir merken!

Stille.

Während zuvor Marianne geschrien hat, sind auch die übrigen Ausflügler erschienen und horchen interessiert und schadenfroh zu.

Oskar *tritt zu Marianne:* Mariann, ich wünsch dir nie, daß du das durchmachen sollst, was jetzt in mir vorgeht – und ich werde dich auch noch weiter lieben, du entgehst mir nicht – und ich danke dir für alles. *Ab.*

Stille.

Zauberkönig *zu Alfred:* Was sind Sie denn überhaupt?

Alfred Ich?

Valerie Nichts. Nichts ist er.

Zauberkönig Ein Nichts. Das auch noch. Ich hab keine Tochter mehr! *Ab mit den Ausflüglern – Alfred und Marianne bleiben allein zurück; jetzt scheint der Mond.*

Alfred Ich bitte dich um Verzeihung.

Marianne reicht ihm die Hand.

Daß ich dich nämlich nicht hab haben wollen – dafür trägt aber nur mein Verantwortungsgefühl die Verantwortung. Ich bin deiner Liebe nicht wert, ich kann dir keine Existenz bieten, ich bin überhaupt kein Mensch –

Marianne Mich kann nichts erschüttern. Laß mich aus dir einen Menschen machen – du machst mich so groß und weit –

Alfred Und du erhöhst mich. Ich werd ganz klein vor dir in seelischer Hinsicht.

Marianne Und ich geh direkt aus mir heraus und schau mir nach – jetzt, siehst du, jetzt bin ich schon ganz weit fort von mir – ganz dort hinten, ich kann mich kaum mehr sehen. – Von dir möcht ich ein Kind haben –

Zweiter Teil

I

Wieder in der stillen Straße im achten Bezirk, vor Oskars Fleischhauerei, der Puppenklinik und Frau Valeries Tabak-Trafik. Die Sonne scheint wie dazumal, und auch die Realschülerin im zweiten Stock spielt noch immer die ›Geschichten aus dem Wiener Wald‹ von Johann Strauß.

Havlitschek steht in der Tür der Fleischhauerei und frißt Wurst.

Das Fräulein Emma *ein Mädchen für alles, steht mit einer Markttasche neben ihm; sie lauscht der Musik:* **Herr Havlitschek –**

Havlitschek **Ich bitte schön?**

Emma **Musik ist doch etwas Schönes, nicht?**

Havlitschek **Ich könnt mir schon noch etwas Schöneres vorstellen, Fräulein Emma.**

Emma summt leise den Walzer mit.

Das tät nämlich auch von Ihnen abhängen, Fräulein Emma.

Emma **Mir scheint gar, Sie sind ein Casanova, Herr Havlitschek.**

Havlitschek **Sagens nur ruhig Ladislaus zu mir.**

Pause.

Emma **Gestern hab ich von Ihrem Herrn Oskar geträumt.**

Havlitschek **Haben Sie sich nix Gescheiteres träumen können?**

Emma **Der Herr Oskar hat immer so große melancholische Augen – es tut einem direkt weh, wenn er einen anschaut –**

Havlitschek **Das macht die Liebe.**

Emma **Wie meinen Sie das jetzt?**

Havlitschek **Ich meine das jetzt so, daß er in ein nichtsnutziges Frauenzimmer verliebt ist – die hat ihn nämlich sitzen lassen, schon vor einem Jahr, und ist sich mit einem anderen Nichtsnutzigen auf und davon.**

Emma **Und er liebt sie noch immer? Das find ich aber schön.**

Havlitschek **Das find ich blöd.**

Emma **Aber eine große Leidenschaft ist doch was Romantisches –**

Havlitschek **Nein, das ist etwas Ungesundes! Schauens doch nur, wie er ausschaut, er quält sich ja direkt selbst – es fallt ihm schon gar keine andere Frau mehr auf, und derweil hat er Geld wie Heu und ist soweit auch ein Charakter, der könnt doch für jeden Finger eine gute Partie haben – aber nein! Akkurat auf die läufige Bestie hat er sich versetzt – weiß der Teufel, was er treibt!**

Emma **Wie meinen Sie das jetzt wieder, Herr Havlitschek?**

Havlitschek Ich meine das so, daß man es nicht weiß, wo er es hinausschwitzt.

Emma Oh Sie garstiger Mann!

Pause.

Havlitschek Fräulein Emma. Morgen ist Feiertag, und ich bin an der Endhaltestelle von der Linie achtundsechzig.

Emma Ich kann aber nicht vor drei.

Havlitschek Das soll kein Hindernis sein.

Pause.

Emma Also um halb vier – und vergessens aber nur ja nicht, was Sie mir versprochen haben – daß Sie nämlich nicht schlimm sein werden, lieber Ladislaus – *Ab.*

Havlitschek *Schaut ihr nach und spuckt die Wursthaut aus:* Dummes Luder, dummes –

Oskar *tritt aus seiner Fleischhauerei:* Daß du es nur ja nicht vergißt: wir müssen heut noch die Sau abstechen. – Stichs du, ich hab heut keinen Spaß daran.

Pause.

Havlitschek Darf ich einmal ein offenes Wörterl reden, Herr Oskar?

Oskar Dreht sichs um die Sau?

Havlitschek Es dreht sich schon um eine Sau, aber nicht um dieselbe Sau. – Herr Oskar, bittschön, nehmens Ihnen das nicht so zu Herzen, das mit Ihrer gewesenen Fräulein Braut, schauns, Weiber gibts wie Mist! Ein jeder Krüppel findt ein Weib und sogar die Geschlechtskranken auch! Und die Weiber sehen sich ja in den entscheidenden Punkten alle ähnlich, glaubens mir, ich meine es ehrlich mit Ihnen! Die Weiber haben keine Seele, das ist nur äußerliches Fleisch! Und man soll so ein Weib auch nicht schonend behandeln, das ist ein Versäumnis, sondern man soll ihr nur gleich das Maul zerreißen oder so! *Pause.*

Oskar Das Weib ist ein Rätsel, Havlitschek. Eine Sphinx. Ich hab mal der Mariann ihre Schrift zu verschiedenen Graphologen getragen – und der erste hat gesagt, also das ist die Schrift eines Vampirs, und der zweite hat gesagt, das ist eine gute Kameradin, und der dritte hat gesagt, das ist die ideale Hausfrau in persona. Ein Engel.

II Möbliertes Zimmer im achtzehnten Bezirk

Äußerst preiswert. Um sieben Uhr morgens. Alfred liegt noch im Bett und raucht Zigaretten. Marianne putzt sich bereits die Zähne. In der Ecke ein alter Kinderwagen – auf einer Schnur hängen Windeln. Der Tag ist grau und das Licht trüb.

Marianne *gurgelt:* **Du hast mal gesagt, ich sei ein Engel. Ich habe gleich gesagt, daß ich kein Engel bin – daß ich nur ein gewöhnliches Menschenkind bin, ohne Ambitionen. Aber du bist halt ein kalter Verstandesmensch.**

Alfred **Du weißt, daß ich kein Verstandesmensch bin.**

Marianne **Doch!** *Sie frisiert sich nun.* **Ich müßt mir mal die Haar schneiden lassen.**

Alfred **Ich auch.**

Stille.

Mariannderl. Warum stehst denn schon so früh auf?

Marianne **Weil ich nicht schlafen kann.**

Stille.

Alfred **Fühlst dich nicht gut in deiner Haut?**

Marianne **Du vielleicht?** *Sie fixieren sich.*

Alfred **Wer hat mir denn die Rennplätz verleidet? Seit einem geschlagenen Jahr hab ich keinen Buchmacher mehr gesprochen, geschweige denn einen Fachmann – jetzt darf ich mich natürlich aufhängen! Neue Saisons, neue Favoriten! Zweijährige, dreijährige – ich hab keinen Kontakt mehr zur neuen Generation. Und warum nicht? Weil ich ausgerechnet eine Hautcreme verschleiß, die keiner kauft, weil sie miserabel ist!**

Marianne **Die Leut haben halt kein Geld.**

Alfred **Nimm nur die Leut in Schutz!**

Marianne **Ich mach dir doch keine Vorwürf, du kannst doch nichts dafür.**

Alfred **Das wäre ja noch schöner!**

Marianne **Als ob ich was für die wirtschaftliche Krise könnt!**

Alfred **Oh du egozentrische Person. – Wer hat mir den irrsinnigen Rat gegeben, als Kosmetik-Agent herumzurennen? Du!** *Er steht auf.* **Wo stecken denn meine Sockenhalter?**

Marianne *deutet auf einen Stuhl:* **Dort.**

Alfred **Nein.**

Marianne **Dann auf dem Nachtkastl.**

Alfred **Nein.**

Marianne Dann weiß ich es nicht.
Alfred Du hast es aber zu wissen!
Marianne Nein, genau wie Papa –
Alfred Vergleich mich nicht immer mit dem alten Trottel!
Marianne Nicht so laut! Wenn das Kind aufwacht, dann kenn ich mich wieder nicht aus vor lauter Geschrei!
Stille.
Alfred Also das mit dem Kind muß auch anders werden. Wir können doch nicht drei Seelen hoch in diesem Loch vegetieren! Das Kind muß weg!
Marianne Das Kind bleibt da.
Alfred Das Kind kommt weg.
Marianne Nein. Nie!
Stille.
Alfred Wo stecken meine Sockenhalter?
Marianne *sieht ihn groß an:* Weißt du, was das heut für ein Datum ist?
Alfred Nein.
Marianne Heut ist der Zwölfte.
Stille.
Alfred Was willst du damit sagen?
Marianne Daß das heut ein Gedenktag ist. Heut vor einem Jahr hab ich dich zum erstenmal gesehen. In unserer Auslag.
Alfred Ich bitt dich, red nicht immer in Hieroglyphen! Wir sind doch keine Ägypter! In was für einer Auslag?
Marianne Ich hab grad das Skelett arrangiert und da hast du an die Auslag geklopft. Und da hab ich die Rouleaus heruntergelassen, weil es mir plötzlich unheimlich geworden ist.
Alfred Stimmt.
Marianne Ich war viel allein – *Sie weint leise.*
Alfred So flenn doch nicht schon wieder. – Schau, Mariannderl, ich versteh dich ja hundertperzentig mit deinem mütterlichen Egoismus, aber es ist doch nur im Interesse unseres Kindes, daß es aus diesem feuchten Loch herauskommt – hier ist es grau und trüb, und draußen bei meiner Mutter in der Wachau scheint die Sonne.
Marianne Das schon –
Alfred Na also!
Stille.
Marianne Über uns webt das Schicksal Knoten in unser Leben – *Sie fixiert plötzlich Alfred.* Was hast du jetzt gesagt?
Alfred Wieso?
Marianne Du hast gesagt: dummes Kalb.

Alfred Aber was!

Marianne Lüg nicht! *Alfred putzt sich die Zähne und gurgelt.* Du sollst mich nicht immer beschimpfen.

Stille.

Alfred *seift sich nun ein, um sich zu rasieren:* Liebes Kind, es gibt eben etwas, was ich aus tiefster Seel heraus haß – und das ist die Dummheit. Und du stellst dich schon manchmal penetrant dumm. Ich versteh das gar nicht, warum du so dumm bist! Du hast es doch schon gar nicht nötig, daß du so dumm bist!

Stille.

Marianne Du hast mal gesagt, daß ich dich erhöh – in seelischer Hinsicht –

Alfred Das hab ich nie gesagt. Das kann ich gar nicht gesagt haben. Und wenn, dann hab ich mich getäuscht.

Marianne Alfred!

Alfred Nicht so laut! So denk doch an das Kind!

Marianne Ich hab so Angst, Alfred –

Alfred Du siehst Gespenster.

Marianne Du, wenn du jetzt nämlich alles vergessen hast –

Alfred Quatsch!

III Kleines Café im zweiten Bezirk

Der Hierlinger Ferdinand spielt gegen sich selbst Billard. Alfred kommt.

Der Hierlinger Ferdinand Servus Alfred! Na das ist aber hübsch, daß ich dich wieder mal seh – was machst denn für ein fades Gesicht?

Alfred Ich bin halt sehr nervös.

Der Hierlinger Ferdinand Nervosität ist nie gut. Komm, sei so gut und spiel mit mir, damit du auf andere Gedanken kommst – *Er reicht ihm ein Queue.* Bis fünfzig, und du fangst an!

Alfred Bon. *Er patzt.* Aus ist!

Der Hierlinger Ferdinand *kommt dran:* Ist das jetzt wahr, daß du wieder ein Bankbeamter geworden bist?

Alfred Ist ja alles überfüllt!

Der Hierlinger Ferdinand Cherchez la femme! Wenn die Lieb erwacht, sitzt der Verstand im Hintern!

Alfred Mein lieber Ferdinand – hier dreht es sich nicht um den kühlen Kopf, sondern um ein ganz anderes Organ –

Er legt seine Hand aufs Herz. Es gibt ein Märchen von Andersen, wo der unartige Knabe dem guten alten Dichter mitten ins Herz schießt – Amor, lieber Ferdinand, Gott Amor!

Der Hierlinger Ferdinand *ist in seine Serie vertieft:* Da hätt man buserieren solln –

Alfred Ich bin halt ein weicher Mensch, und sie hat an meine Jugendideale appelliert. Zuerst war ja eine gewisse normale Leidenschaftlichkeit dabei – und dann, wie der ursprüngliche Reiz weg war, kam das Mitleid bei mir. Sie ist halt so ein Typ, bei dem der richtige Mann mütterlich wird, obwohl sie manchmal schon ein boshaftes Luder ist. Meiner Seel, ich glaub, ich bin ihr hörig!

Der Hierlinger Ferdinand Hörigkeit ist eine Blutfrage. Eine Temperaturfrage des Blutes.

Alfred Glaubst du?

Der Hierlinger Ferdinand Bestimmt. Du bist dran: Elf!

Alfred spielt nun.

Alfred, weißt du aber auch, was meine Grenzen total übersteigt? Sich in der heutigen Krise auch noch ein Kind anzuschaffen –

Alfred Gott ist mein Zeuge, daß ich nie ein Kind hab haben wollen, das hat nur sie haben wollen – und dann ist es halt so von allein gekommen. Ich wollt es ja gleich stante pede wegmachen lassen, aber sie hat sich schon direkt fanatisch dagegen gesträubt, und ich hab schon sehr energische Seiten aufziehen müssen, bis ich sie endlich so weit gehabt hab, daß sie sich der Prozedur unterzieht – kannst dir das Affentheater vorstellen! Eine kostspielige Prozedur war das, meiner Seel – und dann wars doch nur für die Katz! Pech muß der Mensch haben, und das genügt!

Marianne erscheint.

Er erblickt sie und ruft ihr zu: Setz dich nur dorthin – ich spiel hier nur meine Partie zu End!

Marianne setzt sich an einen Tisch und blättert in Modejournalen.

Stille.

Der Hierlinger Ferdinand Ist das deine Donna?

Alfred Yes.

Stille.

Der Hierlinger Ferdinand Also das wär deine Donna. Komisch. Jetzt lebt mein lieber guter Freund schon über ein Jahr mit so einem Frauerl zusammen und ich seh sie erst heut zum erstenmal. – Eigentlich machen das ja sonst nur die eifersüchtigen

Bosniaken, daß sie ihre Lieblingsweiber vor ihren besten Freunden wegsperren.

Alfred Hier ist aber das Gegenteil der Fall. Nicht ich hab sie, sondern sie hat mich von meinen besten Freunden abgeriegelt –

Der Hierlinger Ferdinand *unterbricht ihn:* Wie heißt sie denn eigentlich?

Alfred Marianne. *Stille.* Gefällts dir?

Der Hierlinger Ferdinand Ich hab mir sie eigentlich anders vorgestellt.

Alfred Wieso?

Der Hierlinger Ferdinand Etwas molliger.

Alfred Noch molliger?

Der Hierlinger Ferdinand Ich weiß nicht, warum. Man macht sich ja unwillkürlich so Vorstellungen.

Stille.

Alfred Sie ist ganz schön mollig. Molliger als wie du denkst.

Stille.

Der Hierlinger Ferdinand Scheißlich, scheißlich! Also das war schon ein grandioser Blödsinn, daß du mit der verrückten Trafikantin gebrochen hast! Du wärst heute versorgt und ohne Sorgen!

Alfred Über die Vergangenheit zu plauschen hat keinen Sinn! Hilf mir lieber, daß ich möglichst schmerzlos für alle Teile aus dieser unglückseligen Bindung herauskomm!

Der Hierlinger Ferdinand Das ist nicht so einfach. Ihr seid natürlich wirtschaftlich nicht auf Rosen gebettet.

Alfred Auf Dornen, lieber Ferdinand! Auf Dornen und Brennesseln, wie der alte selige Hiob.

Der Hierlinger Ferdinand Wo steckt denn das Kind?

Alfred Bei meiner Mutter. Draußen in der Wachau. Endlich!

Der Hierlinger Ferdinand Das erleichtert natürlich die Lage. Ich würd halt jetzt danach trachten, daß sich deine liebe Mariann ad eins finanziell selbständig sichert – daß sie sich nämlich irgendwie in das Berufsleben einschaltet: Eine Geliebte mit Beruf unterhöhlt auf die Dauer bekanntlich jede Liebesverbindung, sogar die Ehe! Das ist doch auch ein Hauptargument unserer Kirche in ihrem Kampfe gegen die berufstätige Frau, weil eine solche halt familienzerstörend wirkt – und glaubst denn du, daß die Kardinäl dumm sind? Das sind die Besten der Besten, unsere fähigsten Köpf!

Alfred Das schon. Aber die Mariann hat doch nichts gelernt in puncto Berufsleben. Das einzige, wofür sie Interesse hat, ist die rhythmische Gymnastik.

Der Hierlinger Ferdinand Rhythmische Gymnastik ist immer gut!

Alfred Glaubst du?

Der Hierlinger Ferdinand Bestimmt!

Alfred Ich glaub, ich kann schon gar nicht mehr glauben.

Der Hierlinger Ferdinand Rhythmische Gymnastik ist zu guter Letzt nur eine Abart der Tanzerei – und da winkt uns vielleicht ein Stern. Ich kenn nämlich auf dem Gebiete der Tanzerei eine Baronin mit internationalen Verbindungen, und die stellt so Ballette zusammen für elegante Etablissements – das wären doch eventuell Entfaltungsmöglichkeiten! Abgesehen davon, daß mir diese Baronin sehr verpflichtet ist.

Alfred Ich wär dir ja ewig dankbar –

Der Hierlinger Ferdinand Ich bin dein Freund, und das genügt mir! Weißt was, wenn ich jetzt gleich geh, dann erwisch ich die Baronin noch beim Bridge – also Servus, lieber Alfred! Sei so gut und leg den Schwarzen für mich aus! Und Kopf hoch, du hörst von mir, und es wird schon alles wieder gut! *Ab.*

Alfred nähert sich mit seinem Queue langsam Marianne und setzt sich an ihren Tisch.

Marianne Wer hat denn gewonnen?

Alfred Ich habe verloren, weil ich halt Glück in der Liebe hab – *Er lächelt, starrt aber plötzlich auf ihren Hals.* Was hast du denn dort?

Marianne Da? Das ist ein Amulett.

Alfred Was für ein Amulett?

Marianne Der heilige Antonius.

Alfred Der heilige Antonius – seit wann denn?

Stille.

Marianne Als ich noch klein gewesen bin, und wenn ich etwas verloren hab, dann hab ich nur gesagt: Heiliger Antonius, hilf mir doch! – Und schon hab ich es wieder gefunden.

Stille.

Alfred War das jetzt symbolisch?

Marianne Es war nur so überhaupt –

Stille.

Alfred Ich für meine Person glaub ja nicht an ein Fortleben nach dem Tode, aber natürlich glaub ich an ein höheres Wesen, das gibt es nämlich sicher, sonst gäbs uns ja nicht. – Hör mal her, du heiliger Antonius, ich hätt dir was eventuell Wichtiges zu erzählen. –

IV Bei der Baronin mit den internationalen Verbindungen

Helene, die blinde Schwester der Baronin, sitzt im Salon am Spinett und phantasiert. Jetzt erscheint der Hierlinger Ferdinand mit Marianne, geleitet von dem Dienstbot.

Helene *unterbricht ihre Phantasien:* **Anna! Wer ist denn da?**

Der Dienstbot **Der gnädige Herr von Hierlinger und ein Fräulein.** *Ab.*

Der Hierlinger Ferdinand **Küß die Hand, Komteß!**

Helene *erhebt sich und tappt auf ihn zu:* **Ach guten Tag, Herr von Hierlinger! Das freut mich aber, daß wir uns wiedermal sehen –**

Der Hierlinger Ferdinand **Ganz meinerseits, Komteß! Ist die Baronin da?**

Helene **Ja, meine Schwester ist zu Haus, sie hat aber grad mit dem Installateur zu tun – ich hab nämlich neulich etwas Unrechtes in den Ausguß geworfen, und jetzt ist alles verstopft – wen habens denn da mitgebracht, Herr von Hierlinger?**

Der Hierlinger Ferdinand **Das ist eine junge Dame, die ein starkes Interesse an der rhythmischen Gymnastik hat – ich hab sie der Baronin bereits avisiert. Darf ich bekannt machen –**

Helene *unterbricht ihn:* **Oh, sehr angenehm! Ich kann Sie ja leider nicht sehen, aber Sie haben eine sympathische Hand. – So lassens mir doch ihre Hand, Sie Fräulein mit der Hand –**

Der Hierlinger Ferdinand **Die Komteß Helen kann nämlich ganz exorbitant handlesen.**

Stille.

Marianne **Was hab ich denn für eine Hand?**

Helene *hält noch immer ihre Hand fest:* **Das ist nicht so einfach, liebes Kind, wir Blinden müssen uns nämlich nach dem Tastgefühl orientieren. – Sie haben noch nicht viel hinter sich, mehr vor sich –**

Marianne **Was denn?**

Baronin mit kosmetischer Gesichtsmaske tritt unbemerkt ein und lauscht.

Helene **Ich möcht fast sagen, das ist eine genießerische Hand. – Sie haben doch auch ein Kind, nicht?**

Marianne **Ja.**

Der Hierlinger Ferdinand **Fabelhaft! Fabelhaft!**

Helene **Bub oder Mädel?**

Marianne **Bub.**

Stille.

Helene **Ja, Sie werden noch viel Freud haben mit dem Buben – der wird schon noch was Richtiges –**

Marianne *lächelt:* Wirklich?

Baronin Helen! Was treibst denn da schon wieder für einen Unsinn! Bist doch keine Zigeunerin! Schau lieber, daß du nicht wieder das Klosett verstopfst, mein Gott, ist das da draußen eine Schweinerei! Du und Handlesen! Ist ja paradox! *Sie nimmt die Gesichtsmaske ab.*

Helene Oh, ich hab meine Ahnungen!

Baronin Hättest du lieber eine Ahnung gehabt in puncto Klosett! Die Schweinerei kostet mich wieder fünf Schilling! Wer lebt denn da, wer lebt denn da?! Ich von dir oder du von mir?!
Stille.
Also lieber Hierlinger, das wäre also das Fräulein, über das wir vorgestern telephoniert haben?

Der Hierlinger Ferdinand Das wäre es. *Leise.* Und bittschön: Gefälligkeit gegen Gefälligkeit.

Baronin *droht ihm neckisch mit dem Zeigefinger:* Kleine Erpressung gefällig?

Der Hierlinger Ferdinand Der Zeigefinger hat mir nicht gefallen, der Zeigefinger –

Baronin Ein Ehrenmann – *Sie läßt ihn giftig stehen und geht nun um Marianne herum – betrachtet sie von allen Seiten.* Hm. Sagen Sie, Fräulein, Sie haben also starkes Interesse an der rhythmischen Gymnastik?

Marianne Ja.

Baronin Und Sie möchten dieses Ihr vorhandenes Interesse praktisch auswerten?

Marianne Ja.

Baronin Können Sie singen?

Marianne Singen?

Baronin Ich geh von dem Grundsatz aus, daß es ein Nichtkönnen nicht gibt. Man kann alles, wenn man nur will! Die Tanzgruppen, die ich zusammenstell, sind internationale Attraktionen für erstklassige Vergnügungsetablissements. Sie können also nicht singen?

Marianne Leider –

Baronin Habens denn in der Schul nicht singen gelernt?

Marianne Das schon.

Baronin Na also! Ich möcht doch nur Ihre Stimm hören! Kennens denn kein Wienerlied, Sie sind doch Wienerin – irgendein Heimatlied –

Marianne Vielleicht das Lied von der Wachau?

Baronin Also schön! Los! Das Lied von der Wachau!

Marianne *Singt – am Spinett Helene:*

Es kam einst gezogen ein Bursch ganz allein
und wanderte froh in den Abend hinein.
Da flog ein Lächeln ihm zu und ein Blick.
Er dachte noch lange daran zurück.
Ein rosiges Antlitz, ein goldener Schopf,
Zwei leuchtende Augen, ein Mädchenkopf.
Das Mädel, das ging ihm nicht mehr aus dem Sinn,
Und oft sang er vor sich hin:

Da draußen in der Wachau
Die Donau fließt so blau,
Steht einsam ein Winzerhaus,
Da schaut ein Mädel heraus.
Hat Lippen rot wie Blut,
Und küssen kanns so gut,
Die Augen sind veilchenblau
Vom Mädel in der Wachau.

V Draußen in der Wachau

Auch hier scheint die Sonne wie dazumal – nur daß nun vor dem Häuschen ein alter Kinderwagen steht.

Die Mutter *zu Alfred:* **Er sieht dir sehr ähnlich, der kleine Leopold – und schreit auch nicht viel. Auch du warst so ein sanftes Kind.**

Alfred **Ich freu mich nur, daß ich ihn nicht in Wien hab. Hier draußen in der guten Luft wird er besser gedeihen als wie drinnen in unserer Kasern.**

Die Mutter **Tritt die Mariann jetzt schon auf beim Ballett?**

Alfred **Nein, erst ab nächsten Samstag.**

Stille.

Die Mutter *besorgt:* **Du hast mal gesagt, wenn du ein Kind hast, dann würdest du heiraten. Ist das noch so?**

Alfred **Du hast mal gesagt, ich könnt eine gute Partie machen.**

Stille.

Die Mutter **Natürlich ist das kein Glück, diese Verbindung.**

Alfred **Könnt ich jetzt mal die liebe Großmutter sprechen?**

Die Mutter **Ich werds ihr gleich sagen – ich muß jetzt sowieso noch in den Keller.** *Ab in das Häuschen.*

Alfred allein; er beugt sich über den Kinderwagen und betrachtet sein Kind.

Die Großmutter *tritt aus dem Häuschen:* Der Herr wünschen?

Alfred Hast es dir nun überlegt?

Die Großmutter Ich hab kein Geld. Solang du mit der Person zusammenlebst, hab ich kein Geld! Lebt sich da in wilder Ehe zusammen, wie in einem Hundestall, setzt Bankerten in die Welt, die nur anderen zur Last fallen, und schämt sich nicht, von seiner alten Großmutter noch Geld zu verlangen! Keinen Kreuzer! Keinen Kreuzer!

Alfred Letztes Wort?

Die Großmutter Hundestall! Hundestall!

Alfred Du alte Hex.

Stille.

Die Großmutter Was hast du gesagt?

Alfred schweigt.

Traust es dir noch einmal zu sagen?

Alfred Warum nicht?

Die Großmutter So sags doch!

Alfred Hex. Alte Hex.

Die Großmutter nähert sich ihm langsam und kneift ihn in den Arm.

Lächelt. Wie bitte?

Die Großmutter *kneift ihn:* Na wart, du wirst es schon noch spüren! Da und da und da!

Alfred *schüttelt sie ab, da er nun tatsächlich was spürt:* Um mir weh zu tun, dazu gehören Leut, aber keine Frösch!

Die Großmutter *weint vor Wut:* Gib mir mein Geld zurück, du Schuft! Mein Geld möcht ich haben, Haderlump, Verbrecher!

Alfred lacht.

Sie kreischt: Lach nicht! *Sie versetzt ihm einen Hieb mit ihrem Krückstock.*

Alfred Au!

Stille.

Die Großmutter *grinst befriedigt:* Hast mich gespürt? Hast mich jetzt gespürt?

Alfred Du Hex. Du alte Hex.

Die Großmutter hebt triumphierend den Krückstock.

Untersteh dich!

Die Großmutter Hab nur keine Angst – du dummer Bub. Oh, ich krieg dich schon noch runter – ich krieg meine Leut schon noch runter. – Eieiei, da hängt dir ja schon wieder ein Knopf – wie kann man sich nur mit so einer schlamperten Weibsperson –

Alfred *unterbricht sie:* Also schlampert ist sie nicht!

Stille.

Die Großmutter Sie hat einen viel zu großen Mund.

Alfred Geschmacksach!

Die Großmutter Wart, ich näh dir jetzt nur den Knopf an – *Sie näht ihn an.* Was brauchst du überhaupt eine Frau, so wie deine alte Großmutter wird dir keine den Knopf annähen – bist es ja gar nicht wert, daß man sich um dich sorgt – schafft sich mit dem Bettelweib auch noch ein Kind an, ein Kind!

Alfred Aber das kann doch vorkommen.

Die Großmutter So ein Leichtsinn, so ein Leichtsinn!

Alfred Du weißt doch, daß ich alle Hebel in Bewegung gesetzt hab – aber es sollte halt nicht sein.

Stille.

Die Großmutter Bist ein armer Teufel, lieber Alfred –

Alfred Warum?

Die Großmutter Daß du immer solchen Weibern in die Händ fallen mußt –

Stille.

Du, Alfred. Wenn du dich jetzt von deinem Mariannderl trennst, dann tät ich dir was leihen –

Stille.

Alfred Wieso?

Die Großmutter Hast mich denn nicht verstanden?

Stille.

Alfred Wieviel?

Die Großmutter Bist doch noch jung und schön –

Alfred *deutet auf den Kinderwagen:* Und das dort?

Die Großmutter An das denk jetzt nicht. Fahr nur mal fort –

Stille.

Alfred Wohin?

Die Großmutter Nach Frankreich. Dort gehts jetzt noch am besten, hab ich in der Zeitung gelesen. – Wenn ich jung wär, ich tät sofort nach Frankreich –

VI Und wieder in der stillen Straße im achten Bezirk

Es ist bereits am späten Nachmittag, und die Realschülerin im zweiten Stock spielt den ›Frühlingsstimmen-Walzer‹ von Johann Strauß.

Oskar steht in der Tür seiner Fleischhauerei und manikürt sich mit seinem Taschenmesser.
Rittmeister kommt von links und grüßt Oskar.
Oskar verbeugt sich.

Rittmeister **Also das muß ich schon sagen: die gestrige Blutwurst – Kompliment! First class!**
Oskar **Zart, nicht?**
Rittmeister **Ein Gedicht.** *Er nähert sich der Tabak-Trafik.*
Valerie erscheint in der Tür ihrer Tabak-Trafik.
Rittmeister grüßt.
Valerie dankt.
Dürft ich mal die Ziehungsliste?
Valerie reicht sie ihm aus dem Ständer vor der Tür.
Küß die Hand! *Er vertieft sich in die Ziehungsliste, und nun ist der Walzer aus.*
Zauberkönig begleitet die gnädige Frau aus der Puppenklinik.
Die gnädige Frau **Ich hatte hier schon mal Zinnsoldaten gekauft, voriges Jahr – aber damals ist das ein sehr höfliches Fräulein gewesen.**
Zauberkönig *mürrisch:* **Möglich.**
Die gnädige Frau **Das Fräulein Tochter?**
Zauberkönig **Ich habe keine Tochter! Ich hab noch nie eine Tochter gehabt!**
Die gnädige Frau **Schad. Also Sie wollen mir die Schachtel Zinnsoldaten nicht nachbestellen?**
Zauberkönig **Ich hab das Ihnen doch schon drinnen gesagt, daß mir diese Nachbestellerei viel zu viel Schreiberei macht – wegen einer einzigen Schachtel! Kaufens doch dem herzigen Bams was ähnliches! Vielleicht eine gediegene Trompeten!**
Die gnädige Frau **Nein! Adieu!** *Sie läßt ihn verärgert stehen und ab.*
Zauberkönig **Küß die Hand! Krepier!** *Ab in seine Puppenklinik.*
Valerie *Boshaft:* **Was haben wir denn wieder gewonnen, Herr Rittmeister?**
Erich tritt aus der Tabak-Trafik und will rasch ab.
Halt! Was hast du da?
Erich **Fünf Memphis.**

Valerie Schon wieder? Raucht wie ein Erwachsener!

Rittmeister und Oskar horchen.

Erich *Gedämpft:* Wenn ich nicht rauche, kann ich nicht arbeiten. Wenn ich nicht arbeite, werde ich niemals Referendar – und wenn ich das nicht werde, dann werde ich wohl kaum jemals in die Lage kommen, meine Schulden rückerstatten zu können.

Valerie Was für Schulden?

Erich Das weißt du! Ich bin korrekt, Madame.

Valerie Korrekt? Du willst mir schon wieder weh tun?

Erich Weh tun? Ehrensache! Ich zahl meine Schulden bis auf den letzten Pfennig – und wenn ich hundert Jahr zahlen müßte! Wir lassen uns nichts nachsagen, Ehrensache! Ich muß jetzt ins Kolleg! *Ab.*

Valerie *starrt ihm nach:* Ehrensache. Bestie –

Rittmeister und Oskar grinsen, jeder für sich.

Rittmeister *revanchiert sich boshaft:* Und wie gehts ansonsten, liebe Frau Valerie?

Erich *erscheint plötzlich wieder; zum Rittmeister:* Sie haben zuvor gegrinst? Herr!

Valerie *ängstlich:* Kennen sich die Herren schon?

Rittmeister Vom Sehen aus –

Erich Sie sind Österreicher? Fesch, aber feig!

Valerie Erich!

Rittmeister Was hat er gesagt?

Erich Ich habe gesagt, daß die Österreicher im Krieg schlappe Kerle waren, und wenn wir Preußen nicht gewesen wären –

Rittmeister *fällt ihm ins Wort:* Dann hätten wir überhaupt keinen Krieg gehabt!

Erich Und Sarajewo? Und Bosnien-Herzegowina?

Rittmeister Was wissen denn Sie schon vom Weltkrieg, Sie Grünschnabel?! Was Sie in der Schul gelernt haben und sonst nichts!

Erich Ist immer noch besser, als alten Jüdinnen das Bridgespiel beizubringen!

Valerie Erich!

Rittmeister Ist immer noch besser, als sich von alten Trafikantinnen aushalten zu lassen!

Valerie Herr Rittmeister!

Rittmeister Pardon! Das war jetzt ein Fauxpas! Ein Lapsus linguae – *Er küßt ihre Hand.* Bedauerlich, sehr bedauerlich. Aber dieser grüne Mensch da hat in seinem ganzen Leben noch keine fünf Groschen selbständig verdient!

Erich Herr!
Valerie Nur kein Duell, um Gottes willen!
Erich Satisfaktionsfähig wären Sie ja.
Rittmeister Wollen Sie vors Ehrengericht?
Valerie Jesus, Maria, Josef!
Erich Ich laß mich doch nicht beleidigen!
Rittmeister Mich kann man gar nicht beleidigen! Sie nicht!
Valerie Aber ich bitt euch! Nein, dieser Skandal – *Schluchzend ab in ihre Tabak-Trafik.*
Rittmeister Ich laß mir doch von diesem Preußen keine solchen Sachen sagen. Wo waren denn Ihre Hohenzollern, als unsere Habsburger schon römisch-deutsche Kaiser waren?! Draußen im Wald!
Erich Jetzt ist es ganz aus. *Ab.*
Rittmeister *ruft ihm nach:* Da habens zwanzig Groschen und lassen Sie sich mal den Schopf abschneiden, Sie Kakadu! *Er kehrt um und will leger nach links ab – hält aber nochmals vor der Fleischhauerei; zu Oskar.* Apropos, was ich noch hab sagen wollen: Sie schlachten doch heut noch die Sau?
Oskar Ich habs vor, Herr Rittmeister.
Rittmeister Geh, reservierens für mich ein schönes Stückerl Nieren –
Oskar Aber gern, Herr Rittmeister!
Rittmeister Küß die Hand! *Ab nach links – und nun spielt die Realschülerin im zweiten Stock wieder, und zwar den Walzer ›Über den Wellen‹.*
Alfred kommt langsam von links.
Oskar wollte zurück in seine Fleischhauerei, erblickt nun aber Alfred, der ihn nicht bemerkt, und beobachtet ihn heimlich.
Alfred hält vor der Puppenklinik und macht in Erinnerung – dann stellt er sich vor die offene Tür der Tabak-Trafik und starrt hinein.
Pause.
Alfred grüßt.
Pause.
Valerie erscheint langsam in der Tür – und der Walzer bricht wieder ab, wieder mitten im Takt.
Stille.
Alfred Könnt ich fünf Memphis haben?
Valerie Nein.
Stille.
Alfred Das ist aber doch hier eine Tabak-Trafik – oder?
Valerie Nein.
Stille.

Alfred Ich komm jetzt hier nur so vorbei, per Zufall –
Valerie Ach!
Alfred Ja.
Stille.
Valerie Und wie geht es dem Herrn Baron?
Alfred So lala.
Valerie Und dem Fräulein Braut?
Alfred Auch lala.
Valerie Ach!
Stille.
Alfred Und dir gehts unberufen?
Valerie Man hat, was man braucht.
Alfred Alles?
Valerie Alles. Er ist Jurist.
Alfred Und so was wird mal Advokat.
Valerie Bitte?
Alfred Ich gratulier.
Stille.
Valerie Wo steckt denn die arme Mariann?
Alfred Ich werd sie wohl aus den Augen verlieren –
Stille.
Valerie Also du bist schon ein grandioser Schuft, das muß dir dein größter Feind lassen.
Alfred Valerie, wer unter euch ohne Sünden ist, der werfe den ersten Stein auf mich.
Valerie Bist du krank?
Alfred Nein. Nur müd. Und gehetzt. Man ist ja nicht mehr der Jüngste.
Valerie Seit wann denn?
Alfred Ich fahr noch heut abend nach Frankreich. Nach Nancy. Ich denk nämlich, daß ich dort vielleicht was Passenderes für mich bekommen werd, in der Speditionsbranche – hier müßt ich heut nämlich zu sehr unter mein Niveau herunter.
Valerie Und was machen denn die Pferdchen?
Alfred Keine Ahnung! Und dann fehlt mir auch das Kapital –
Stille.
Valerie Wenn ich Zeit hab, werd ich dich bedauern.
Alfred Möchst, daß es mir schlecht geht?
Valerie Gehts dir denn rosig?
Alfred Möchst das hören?
Stille.

Ich bin jetzt hier nur so vorbeigegangen, per Zufall – so aus einer wehmütigen Melancholie heraus – an die Stätten der Vergangenheit – *Ab – und nun wird der Walzer ›Über den Wellen‹ wieder weitergespielt.*

Valerie *erblickt Oskar:* Herr Oskar! Jetzt ratens doch mal, mit wem ich grad dischkuriert hab?

Oskar Ich hab ihn gesehen.

Valerie So? Es geht ihnen schlecht.

Oskar Ich hab alles gehört.

Pause.

Valerie Noch ist er stolz wie ein Spanier –

Oskar Hochmut kommt vor dem Fall. – Arme Mariann –

Valerie Mir scheint gar, Sie sind imstand und heiraten noch die Mariann, jetzt, nachdem sie wieder frei ist –

Oskar Wenn sie das Kind nicht hätt –

Valerie Wenn mir das jemand angetan hätt –

Oskar Ich hab sie immer noch lieb – vielleicht stirbt das Kind –

Valerie Herr Oskar!

Oskar Wer weiß! Gottes Mühlen mahlen langsam, mahlen aber furchtbar klein. Ich werd an meine Mariann denken – ich nehme jedes Leid auf mich, wen Gott liebt, den prüft er. – Den straft er. Den züchtigt er. Auf glühendem Rost, in kochendem Blei –

Valerie *schreit ihn an:* Hörens auf, seiens so gut!

Oskar lächelt.

Havlitschek *kommt aus der Fleischhauerei:* Also was ist jetzt? Soll ich die Sau abstechen oder nicht?

Oskar Nein, Havlitschek. Ich werd sie jetzt schon selber abstechen, die Sau –

Jetzt läuten die Glocken.

VII Im Stephansdom

Vor dem Seitenaltar des heiligen Antonius. Marianne beichtet. Die Glocken verstummen, und es ist sehr still auf der Welt.

Beichtvater Also rekapitulieren wir: Du hast deinem armen alten Vater, der dich über alles liebt und der doch immer nur dein Bestes wollte, schmerzlichstes Leid zugefügt, Kummer und Sorgen, warst ungehorsam und undankbar – hast deinen braven Bräutigam verlassen und hast dich an ein verkommenes Subjekt geklammert, getrieben von deiner Fleischeslust – still! Das kennen wir schon! Und so lebst du mit jenem erbärmlichen Individuum ohne das heilige Sakrament der Ehe schon über das Jahr, und in diesem grauenhaften Zustand der Todsünde hast du dein Kind empfangen und geboren – wann?

Marianne Vor acht Wochen.

Beichtvater Und du hast dieses Kind der Schande und der Sünde nicht einmal taufen lassen. – Sag selbst: kann denn bei all dem etwas Gutes herauskommen? Nie und nimmer! Doch nicht genug! Du bist nicht zurückgeschreckt und hast es sogar im Mutterleib töten wollen –

Marianne Nein, das war er! Nur ihm zulieb hab ich mich dieser Prozedur unterzogen!

Beichtvater Nur ihm zulieb?

Marianne Er wollte doch keine Nachkommen haben, weil die Zeiten immer schlechter werden, und zwar voraussichtlich unabsehbar – aber ich – nein, das brennt mir in der Seele, daß ich es hab abtreiben wollen, ein jedesmal, wenn es mich anschaut –

Stille.

Beichtvater Ist das Kind bei euch?

Marianne Nein.

Beichtvater Sondern?

Marianne Bei Verwandten. Draußen in der Wachau.

Beichtvater Sind das gottesfürchtige Leut?

Marianne Gewiß.

Stille.

Beichtvater Du bereust es also, daß du es hast töten wollen?

Marianne Ja.

Beichtvater Und auch, daß du mit jenem entmenschten Subjekt in wilder Ehe zusammenlebst?

Stille.

Marianne Ich dachte mal, ich hätte den Mann gefunden, der mich ganz und gar ausfüllt. –

Beichtvater Bereust du es?

Stille.

Marianne Ja.

Beichtvater Und daß du dein Kind im Zustand der Todsünde empfangen und geboren hast – bereust du das?

Stille.

Marianne Nein. Das kann man doch nicht –

Beichtvater Was sprichst du da?

Marianne Es ist doch immerhin mein Kind –

Beichtvater Aber du –

Marianne *unterbricht ihn:* Nein, das tu ich nicht. – Nein, davor hab ich direkt Angst, daß ich es bereuen könnt. – Nein, ich bin sogar glücklich, daß ich es hab, sehr glücklich –

Stille.

Beichtvater Wenn du nicht bereuen kannst, was willst du dann von deinem Herrgott?

Marianne Ich dachte, mein Herrgott wird mir vielleicht etwas sagen –

Beichtvater Du kommst also nur dann zu Ihm, wenn es dir schlecht geht?

Marianne Wenn es mir gut geht, dann ist Er ja bei mir – aber nein, das kann Er doch nicht von mir verlangen, daß ich das bereu – das wär ja wider jede Natur –

Beichtvater So geh! Und komme erst mit dir ins reine, ehe du vor unseren Herrgott trittst. – *Er schlägt das Zeichen des Kreuzes.*

Marianne Dann verzeihen Sie. – *Sie erhebt sich aus dem Beichtstuhl, der sich nun auch in der Finsternis auflöst – und dann hört man das Gemurmel einer Litanei; allmählich kann man die Stimme des Vorbeters von den Stimmen der Gemeinde unterscheiden; Marianne lauscht – die Litanei endet mit einem Vaterunser; Marianne bewegt die Lippen.*

Stille.

Amen.

Stille.

Wenn es einen lieben Gott gibt – was hast du mit mir vor, lieber Gott? – Lieber Gott, ich bin im achten Bezirk geboren und hab die Bürgerschul besucht, ich bin kein schlechter Mensch – hörst du mich? – Was hast du mit mir vor, lieber Gott? –

Stille.

Dritter Teil

I Beim Heurigen

Mit Schrammelmusik und Blütenregen. Große weinselige Stimmung – und mittendrunterdrin der Zauberkönig, Valerie und Erich. Alles singt:

Da draußen in der Wachau
Die Donau fließt so blau,
Steht einsam ein Winzerhaus,
Da schaut ein Mädel heraus.
Hat Lippen rot wie Blut,
Und küssen kanns so gut,
Die Augen sind veilchenblau
Vom Mädel in der Wachau.

Es wird ein Wein sein,
Und wir werden nimmer sein.
Es wird schöne Madeln geben,
Und wir werden nimmer leben –

Jetzt wirds einen Augenblick totenstill beim Heurigen – aber dann singt wieder alles mit verdreifachter Kraft.

Drum gehn wir gern nach Nußdorf naus,
Da gibts a Hetz, a Gstanz,
Da hörn wir ferme Tanz,
Da laß ma fesche Jodler naus
Und gengan in der Fruah
Mitn Schwomma zhaus, mtn Schwomma zhaus!

Begeisterung; Applaus; zwischen den Tischen wird getanzt, und zwar auf den Radetzkymarsch. – Alles ist nun schon ziemlich benebelt.

Zauberkönig **Bravo, bravissimo! Heut bin ich wieder der alte! Da capo, da capo!** *Er greift einem vorübertanzenden Mädchen auf die Brüste.*

Der Kavalier des Mädchens *schlägt ihm auf die Hand:* **Hand von den Putten!**

Das Mädchen **Das sind doch meine Putten!**

Zauberkönig **Putten her, Putten hin! Ein jeder Erwachsene hat seine Sorgen, und heut möcht ich alles vergessen! Heut kann mich die ganze Welt!**

Erich Mal herhören, Leute! Ich gestatte mir hiermit auf den famosen Wiener Heurigen ein ganz exorbitantes Heil – *Er verschüttet seinen Wein.*

Valerie Nicht so stürmisch, junger Mann! Meiner Seel, jetzt hat er mich ganz bespritzt!

Erich Aber das kann doch vorkommen! Ehrensache!

Zauberkönig Hat er dich naßgemacht? Armes Waserl!

Valerie Durch und durch – bis auf die Haut.

Zauberkönig Bis auf deine Haut –

Valerie Bist du a schon narrisch?

Erich Stillgestanden! *Er knallt die Hacken zusammen und steht still.*

Zauberkönig Was hat er denn?

Valerie Das bin ich schon gewöhnt. Wenn er sich besoffen hat, dann kommandiert er sich immer selber.

Zauberkönig Wie lang daß der so stillstehen kann. – Stramm! Sehr stramm! Respekt! Es geht wieder aufwärts mit uns! *Er fällt unter den Tisch.*

Valerie Jesus Maria!

Zauberkönig Der Stuhl ist zerbrochen – einen anderen Stuhl, Herr Ober! He, einen anderen Stuhl!! *Er singt mit der Musik.* Aber ich hab sie ja nur auf die Schulter geküßt – und schon hab ich den Patsch verspürt mit dem Fächer ins Gesicht – *Salamuccimann bringt nun eine Riesenportion Salami.*

Valerie Salami, Erich! Salami!

Erich Division! Rührt euch! *Er langt mit der Hand in die Schüssel und frißt exorbitant.*

Zauberkönig Wie der frißt!

Valerie Gesegnete Mahlzeit!

Zauberkönig Friß nicht so gierig!

Valerie Er zahlts ja nicht!

Zauberkönig Und singen kann er auch nicht! *Pause.*

Valerie *zu Erich:* Warum singst du eigentlich nicht?

Erich *mit vollem Munde:* Weil ich doch an meinem chronischen Rachenkatarrh leide!

Valerie Das kommt vom vielen Rauchen!

Erich *brüllt sie an:* Schon wieder?!

Rittmeister *taucht auf; mit einem Papierhütchen und in gehobener Stimmung:* Küß die Hand, schöne Frau Valerie! Ah, das ist aber ein angenehmer Zufall! Habe die Ehre, Herr Zauberkönig!

Zauberkönig Prost, Herr Rittmeister! Prost, lieber Herr von Rittmeister. – *Er leert sein Glas und verfällt in wehmütigen Stumpfsinn.*

Valerie Darf ich Ihnen etwas von meiner Salami, Herr Rittmeister?
Erich bleibt der Brocken im Munde stecken; er fixiert gehässig den Rittmeister.

Rittmeister Zu gütig, küß die Hand! Danke nein, ich kann unmöglich mehr – *Er steckt sich zwei dicke Scheiben in den Mund.* Ich hab heut nämlich schon zweimal genachtmahlt, weil ich Besuch hab – ich sitz dort hinten in der Gesellschaft. Ein Jugendfreund meines in Sibirien vermißten Bruders – ein Amerikaner.

Valerie Also ein Mister!

Rittmeister Aber ein geborener Wiener! Zwanzig Jahr war der jetzt drüben in den Staaten, nun ist er zum erstenmal wieder auf unserem Kontinent. Wie wir heut vormittag durch die Hofburg gefahren sind, da sind ihm die Tränen in den Augen gestanden. – Er ist ein Selfmademan. Selbst ist der Mann!

Valerie Oh, Sie Schlimmer!

Rittmeister Ja. Und jetzt zeig ich ihm sein Wien – schon den zweiten Tag – wir kommen aus dem Schwips schon gar nicht mehr raus –

Valerie Stille Wasser sind tief.

Rittmeister Nicht nur in Amerika.

Erich *scharf:* Tatsächlich?
Pause.

Valerie *nähert sich Erich:* Daß du parierst – und halts Maul, sonst schmier ich dir eine. – Wenn du schon meine Salami frißt, dann kannst du mir auch entgegenkommen –

Erich Diese Randbemerkung ehrt Ihre niedrige Gesinnung, Gnädigste!

Valerie Bleib!

Erich Stillgestanden! Division –

Valerie Halt!

Erich Division – marsch! *Ab.*

Valerie *ruft ihm nach:* Herstellt euch. Herstellt euch!
Totenstille.

Rittmeister Wer ist denn das überhaupt?

Valerie *tonlos:* Das ist eine ganze Division. Ich werd ihn wohl bald ganz lassen – ich sehs schon direkt wieder kommen – und dann ist er mit dem dort – *sie deutet auf den Zauberkönig* – entfernt verwandt –
Jetzt gibts wieder Musik.

Rittmeister Apropos verwandt. – Sagens mal, Frau Valerie, finden Sie das für in Ordnung, wie Seine Majestät der Herr Zauberkönig das Fräulein Mariann behandelt – ich versteh so was nicht. Wenn ich Großpapa wär – und abgesehen davon, man kann doch leicht straucheln. Aber dann direkt verkommen lassen –

Valerie Wissen Sie was Näheres, Herr Rittmeister?

Rittmeister Ich hab mal eine Frau Oberst gehabt, das heißt: das ganze Regiment hat sie gehabt – was sag ich da?! Sie war die Frau unseres Obersten – und der Oberst hatte ein uneheliches Kind mit einer vom Varieté, aber die Frau Oberst hat es in ihr Haus genommen, als wärs ihr eigen Fleisch und Blut, weil sie halt unfruchtbar war. – Aber wenn man daneben dieses zauberkönigliche Verhalten dort drüben betrachtet – na Servus!

Valerie Ich versteh Sie nicht, Herr Rittmeister. Was hat denn die Frau Oberst mit der Mariann zu tun?

Rittmeister Wir verstehen uns alle nicht mehr, liebe Frau Valerie! Oft verstehen wir uns schon selber nicht mehr.

Valerie Wo steckt denn die Mariann?

Rittmeister *lächelt geheimnisvoll:* Das wird man schon noch mal offiziell bekanntgeben – im geeigneten Moment.

Der Mister *erscheint; er ist besoffen:* Oh lieber guter Freund – was seh ich da? Gesellschaft? Freunde? Stell mich vor, bitte. – Du lieber guter Freund. – *Er umarmt den Rittmeister.*

Zauberkönig *erwacht aus seinem Stumpfsinn:* Wer ist denn das?

Rittmeister Das ist mein lieber Mister aus Amerika!

Der Mister Amerika! New York! Chicago und Sing-Sing! – Äußerlich ja, aber da drinnen klopft noch das alte biedere treue goldene Wiener Herz, das ewige Wien – und die Wachau – und die Burgen an der blauen Donau. – *Er summt mit der Musik.* Donau so blau, so blau, so blau – *Alle summen mit und wiegen sich auf den Sitzgelegenheiten.*

Meine Herrschaften, es hat sich vieles verändert in der letzten Zeit, Stürme und Windhosen sind über die Erde gebraust, Erdbeben und Tornados, und ich hab ganz von unten anfangen müssen, aber hier bin ich zhaus, hier kenn ich mich aus, hier gefällt es mir, hier möcht ich sterben! Oh du mein lieber altösterreichischer Herrgott aus Mariazell!

Er singt:

Mein Muatterl war a Weanerin,
Drum hab ich Wean so gern.
Sie wars, die mit dem Leben
Mir die Liebe hat gegeben
Zu meinem anzigen goldenen Wean!

Alles *singt:*
Wien, Wien, nur du allein
Sollst stets die Stadt meiner Träume sein,
Dort, wo ich glücklich und selig bin,
Ist Wien, ist Wien, mein Wien!

Mister Wien soll leben! Die Heimat! Und die schönen Wiener Frauen! Und der Heimatgedanke! Und wir Wiener sollen leben – alle, alle!

Alle Hoch! Hoch! Hoch!

Allgemeines Saufen.

Zauberkönig *zu Valerie:* Und die schönen Wiener Frauen, du stattliche Person – dich hätt ich heiraten sollen, mit dir hätt ich ein ganz anderes Kind gekriegt –

Valerie Red nicht immer von Irene! Ich hab sie nie ausstehen können!

Der Mister Wer ist Irene?

Zauberkönig Irene war meine Frau.

Der Mister Oh, Pardon!

Zauberkönig Oh, bitte – und warum soll ich denn nicht auf die Iren schimpfen? Bloß weil sie schon tot ist? Mir hat sie das ganze Leben verpatzt!

Valerie Du bist ein dämonischer Mensch!

Zauberkönig *singt:*
Mir ist mei Alte gstorbn,
Drum ist mirs Herz so schwer.
A so a gute Seel
Krieg ich nöt mehr,
Muß so viel wana,
Das glaubt mir kana,
Daß ich mich kränk,
Wenn ich an mei Alte denk! Hallo!

Der Mister *schnellt empor:* Hallo! Hallo! Wenn mich nicht alles täuscht, so fängt es jetzt an zu regnen! Aber wir lassen uns vom Wetter nichts dreinreden! Heut wird noch gebummelt, und wenns Schusterbuben regnen sollte! Wir lassen und lassen uns das nicht gefallen. *Er droht mit dem Zeigefinger nach dem Himmel.* Oh du regnerischer Himmelvater du! Darf ich euch alle einladen? Alle, alle!!

Alle Bravo, bravo!

Der Mister Also auf! Vorwärts! Mir nach!

Valerie Wohin?

Der Mister Irgendwohin! Wo wir einen Plafond über uns haben! Wo wir nicht so direkt unterm Himmel sitzen! Ins Moulin bleu!
Starker Applaus.

Rittmeister Halt! Nicht ins Moulin bleu, liebe Leutl! Dann schon eher ins Maxim!
Und wieder wird es einen Augenblick totenstill.

Zauberkönig Warum denn ins Maxim?

Rittmeister Weil es dort ganz besondere Überraschungen geben wird.

Zauberkönig Was für Überraschungen?

Rittmeister Pikante. Sehr pikante –
Stille.

Zauberkönig Also auf ins Maxim!

Alle Ins Maxim! *Sie marschieren mit aufgespannten Regenschirmen und singen.*
Vindobona, du herrliche Stadt,
Die so reizende Anlagen hat,
Dir gehört stets nur unser Sinn.
Ja zu dir, da ziagts uns hin,
San ma a von dir oft fern,
Denkn ma do ans liebe Wean,
Denn du bleibst die Perle von Österreich,
Dir ist gar ka Stadt net gleich!

Die Mizzi und der Jean
Gehn miteinander drahn,
Wir sind ja nicht aus Stroh,
Sind jung und lebensfroh,
Net immer Schokoladi,
Heut gehen wir zum ›Brady‹
Oder zum ›Maxim‹
Heut sind wir einmal schlimm!

Jetzt trink ma noch a Flascherl Wein,
Hollodero!
Es muß ja nöt das letzte sein
Hollodero!
Und ist das gar, gibts ka Geniern,
Hollodero!
So tun wir noch mal repetiern, aber noch mal repetiern!

Gong. – Die Bühne verwandelt sich nun ins ›Maxim‹ – mit einer Bar und Separées; im Hintergrunde eine Kabarettbühne mit breiter Rampe. – Alles schließt die Regenschirme und nimmt nun Platz an den Tischen, und zwar in aufgeräumtester Stimmung.

Der Conférencier *tritt vor den Vorhang:* **Meine sehr Verehrten. Meine Herrschaften! Entzückende Damen und noch entzückendere Herren!**

Valerie **Oho!**

Gelächter.

Der Conférencier **Ich begrüße Sie auf das herzlichste im Namen meiner Direktion! Schon Johann Wolfgang von Goethe, der Dichterfürst, sagt in seinem Meisterwerk, unserem unsterblichen Faust: Was du ererbt von deinen Vätern hast, erwirb es, um es zu besitzen! In diesem Sinne, meine sehr Verehrten: Nummer auf Nummer! Das ist Tradition, meine sehr Verehrten! Und nun bitte, treten Sie ein mit uns in den Himmel der Erinnerung! –**

Und nun erklingt der Walzer ›Wiener Blut‹ von Johann Strauß, der Vorhang hebt sich, und einige Mädchen in Alt-Wienertracht tanzen den Walzer – dann fällt wieder der Vorhang; rasende Begeisterung im Publikum, und die Musik spielt nun den Hoch-und-Deutschmeistermarsch.

Zauberkönig *zum Rittmeister:* **Aber was redens denn da, Herr? Also das steht doch schon felsenfest, daß wir Menschen mit der Tierwelt verwandt sind!**

Rittmeister **Das ist Auffassungssache!**

Zauberkönig **Oder glaubens denn gar noch an Adam und Eva?**

Rittmeister **Wer weiß!**

Der Mister *zu Valerie:* **Du Wildkatz!**

Zauberkönig **Wildkatz! Oder gar ein Leopard!**

Valerie **Prost Zauberkönig!**

Zauberkönig **Der Herr Rittmeister sind ein Fabelwesen, und du hast was von einem Känguruh an dir, und der Mister ist ein japanischer Affenpintscher!**

Der Mister *lacht keineswegs:* **Fabelhafter Witz, fabelhafter Witz!**

Zauberkönig **Na und ich?!**

Valerie **Ein Hirsch! Ein alter Hirsch! Prost, alter Hirsch!**

Brüllendes Gelächter – nun klingelt das Tischtelephon. Stille.

Zauberkönig *am Apparat:* **Ja hallo! – Wie? Wer spricht? Mausi? – Mausi kenn ich nicht, wie? – Ach so! Jaja, das bin ich schon, ich bin schon dein Onkel. – Was soll ich? A du Schweinderl, du her-**

ziges! – Wo? An der Bar? Im grünen Kleid? – Was? Du bist noch eine Jungfrau? Und das soll dir dein Onkel glauben? Na ich werd das mal nachkontrollieren. – Bussi, Bussi! – *Er hängt ein und leert sein Glas Schampus, den der Mister hat auffahren lassen.*

Valerie: Trink nicht so viel, Leopold!

Zauberkönig: Du kannst mir jetzt auf den Hut steigen! *Er erhebt sich.* Für uns alte Leut ist ja der Alkohol noch die einzige Lebensfreud! Wo ist die Bar?

Valerie: Was für eine Bar?

Zauberkönig: Wo ist die Bar, Kruzitürken?!

Rittmeister: Ich werd Sie hinführen –

Zauberkönig: Ich find schon selber hin – Ich brauch keinen Kerzenhalter! Kommens, führens mich! *Er läßt sich vom Rittmeister an die Bar führen, wo ihn bereits zwei Mädchen erwarten – die eine im grünen Kleid nimmt ihn gleich herzlichst in Empfang; auch der Rittmeister bleibt an der Bar.*

Der Mister: *zu Valerie:* Was ist der Herr eigentlich?

Valerie: Ein Zauberkönig.

Der Mister: Ach!

Valerie: Ja. Sonst ist er ja ein seltener Mensch, bescheiden und anständig, der echte Bürger vom alten Schlag. – Diese Sorte stirbt nämlich aus.

Der Mister: Leider!

Valerie: Heut ist er ja leider besoffen –

Der Mister: Wie Sie das wieder sagen! Was für ein Charme! Bei uns in Amerika ist halt alles brutaler.

Valerie: Was wiegen Sie?

Der Mister: Zweihundertachtzehn Pfund.

Valerie: Oh Gott!

Der Mister: Darf ich ganz offen sein?

Valerie: Man bittet darum.

Der Mister: Ich bin kompliziert.

Valerie: Wieso?

Der Mister: Ich bin nämlich innerlich tot. Ich kann halt nur mehr mit den Prostituierten was anfangen – das kommt von den vielen Enttäuschungen, die ich schon hinter mir hab.

Valerie: Jetzt so was. Eine so zarte Seele in so einem mächtigen Körper –

Der Mister: Ich habe den Saturn als Planeten.

Valerie: Ja, diese Planeten! Da hängt man damit zusammen und kann gar nichts dafür!
Gong.

Der Conférencier *tritt vor den Vorhang:* **Meine sehr Verehrten! Und abermals gibts eine herrliche Nummer! Was soll ich viele Worte machen, urteilen Sie selbst über unsere sensationellen, von ersten Künstlern entworfenen, hochkünstlerischen lebendigen Aktplastiken. Als erstes: Donaunixen! Darf ich bitten, Herr Kapellmeister!**

Die Kapelle spielt nun den Walzer ›An der schönen blauen Donau‹, und es wird stockfinster im Zuschauerraum; dann teilt sich der Vorhang, und man sieht drei halbnackte Mädchen, deren Beine in Schwanzflossen stecken. – Eine hält eine Leier in der Hand – alle sind malerisch gruppiert vor einem schwarzen Vorhang im grünen Scheinwerferlicht; von der Bar her hört man des Zauberkönigs Stimme: »Nackete Weiber, sehr richtig!« – Der Vorhang schließt sich, starker Applaus.

Gong.

Der Conférencier *erscheint wieder vor dem Vorhang:* **Das zweite Bild: unser Zeppelin!**

Bravorufe.

Darf ich bitten, Herr Kapellmeister!

Und nun ertönt der ›Fridericus rex‹ – und auf der Bühne stehen drei nackte Mädchen – die erste hält einen Propeller in den Händen, die zweite einen Globus und die dritte einen kleinen Zeppelin – das Publikum rast vor Beifall, schnellt von den Sitzen in die Höhe und singt die erste Strophe des Deutschlandliedes, worauf es sich wieder beruhigt.

Gong.

Der Conférencier *wieder vor dem Vorhang:* **Und nun, meine sehr Verehrten, das dritte Bild: ›Die Jagd nach dem Glück‹.**

Totenstille.

Darf ich bitten, Herr Kapellmeister –

Die ›Träumerei‹ von Schumann erklingt und der Vorhang teilt sich zum dritten Male – eine Gruppe nackter Mädchen, die sich gegenseitig niedertreten, versucht einer goldenen Kugel nachzurennen, auf welcher das Glück auf einem Bein steht – das Glück ist ebenfalls unbekleidet und heißt Marianne.

Valerie *schreit gellend auf im finsteren Zuschauerraum:* **Marianne! Jesus, Maria, Josef! Marianne!!**

Marianne erschrickt auf ihrer Kugel, zittert, kann das Gleichgewicht nicht mehr halten, muß herab und starrt, geblendet vom Scheinwerfer, in den dunklen Zuschauerraum.

Der Mister **Was denn los?!**

Valerie *außer sich:* **Marianne, Marianne, Marianne!!**

Der Mister	*wird wütend:* **Brüll nicht! Bist denn plem-plem?!**
Valerie	**Marianne!**
Der Mister	**Kusch! Da hast du deine Marianne!** *Er boxt ihr in die Brust. Valerie schreit.*
	Große Unruhe im Publikum; Rufe: »Licht! Licht!«
Der Conférencier	*stürzt auf die Bühne:* **Vorhang! Was ist denn los?! Licht! Vorhang! Licht!**
	Der Vorhang fällt vor der starr in den Zuschauerraum glotzenden Marianne, die übrigen Mädchen sind bereits unruhig ab – und nun wird es Licht im Zuschauerraum und wieder für einen Augenblick totenstill. Alles starrt auf Valerie, die mit dem Gesicht auf dem Tisch liegt, hysterisch und besoffen, weint und schluchzt.
	Zauberkönig steht an der Bar und hält die Hand auf sein Herz.
Valerie	*wimmert:* **Die Mariann – die Mariann – die liebe kleine Mariann – oh, oh, oh – ich hab sie ja schon gekannt, wie sie noch fünf Jahr alt war, meine Herren!**
Der Conférencier	**Von wem redet sie da?**
Der Mister	**Keine Ahnung!**
Der Conférencier	**Hysterisch?**
Der Mister	**Epileptisch!**
Eine gemütliche Stimme	**So werfts es doch naus, die besoffene Bestie!**
Valerie	**Ich bin nicht besoffen, meine Herren! Ich bin das nicht – nein, nein, nein!** *Sie schnellt empor und will hinauslaufen, stolpert aber über ihre eigenen Füße, stürzt und reißt einen Tisch um – jetzt hat sie sich blutig geschlagen.* **Nein, das halt ich nicht aus, ich bin doch nicht aus Holz, ich bin doch noch lebensfroh, meine Herren – das halt ich nicht aus, das halt ich nicht aus!** *Sie rast brüllend nach Haus.*
	Alle, außer dem Zauberkönig, sehen ihr perplex nach.
	Stille, dann: Gong.
Der Conférencier	*springt auf einen Stuhl:* **Meine sehr Verehrten! Damen und Herren! Das war nun der Schluß unseres offiziellen Programms – und nun beginnt in der Bar der inoffizielle Teil!** *Man hört aus der Bar die Tanzmusik.* **Im Namen meiner Direktion danke ich Ihnen für den zahlreichen Besuch und wünsche Ihnen eine recht gute Nacht! Auf Wiedersehen, meine Herrschaften!**
	Die Herrschaften räumen allmählich das Lokal.
Zauberkönig	**Herr Rittmeister –**
Rittmeister	**Bitte?**

Zauberkönig Also deshalb wollten Sie nicht ins Moulin bleu, sondern hierher. – Das waren also Ihre bewußten pikanten Überraschungen, ich hab gleich so eine komische Aversion gehabt – so eine Ahnung, daß mir nichts Gutes bevorsteht –

Rittmeister Ich wußte es, daß das Fräulein Mariann hier auftritt – ich war nämlich schon öfters da – erst gestern wieder – und ich kann es halt nicht mehr länger mitansehen! Ihr steinernes Herz –

Zauberkönig Mischen Sie sich nicht in wildfremde Familienangelegenheiten, Sie Soldat!!

Rittmeister Meine menschliche Pflicht –

Zauberkönig *unterbricht ihn:* Was ist das?

Rittmeister Sie sind kein Mensch!

Zauberkönig Also das hör ich gern! Schon sehr gern! Was soll ich denn schon sein, wenn ich kein Mensch bin, Sie?! Vielleicht ein Vieh?! Das tät Ihnen so passen! Aber ich bin kein Vieh und hab auch keine Tochter, bitt ich mir aus!!

Rittmeister Jetzt hab ich hier nichts mehr verloren. *Er verbeugt sich steif und ab.*

Zauberkönig Und ich werd mir vielleicht noch was holen? Schuft! Ich bin in einer Untergangsstimmung, Herr Mister! Jetzt möcht ich Ansichtskarten schreiben, damit die Leut vor Neid zerplatzen, wenn sie durch mich selbst erfahren, wie gut daß es mir geht!

Der Mister Ansichtskarten! Glänzende Idee! Das ist eine Idee! Ansichtskarten, Ansichtskarten! *Er kauft einer Verkäuferin gleich einen ganzen Stoß ab, setzt sich dann abseits an einen Tisch und schreibt – nun ist er allein mit dem Zauberkönig; aus der Bar tönt Tanzmusik.*

Marianne kommt langsam in einem Bademantel und bleibt vor dem Zauberkönig stehen.

Zauberkönig starrt sie an, betrachtet sie von oben bis unten – dreht ihr den Rücken zu.

Pause.

Marianne Warum hast du meine Briefe nicht gelesen? Ich hab dir drei Briefe geschrieben. Aber du hast sie nicht aufgemacht und hast sie zurückgehen lassen.

Pause.

Ich hab dir geschrieben, daß er mich verlassen hat –

Zauberkönig *wendet sich langsam ihr zu und fixiert sie gehässig:* Das weiß ich. *Er dreht ihr wieder den Rücken zu.*

Pause.

Marianne Weißt du auch, daß ich ein Kind hab –?

Zauberkönig Natürlich!

Pause.

Marianne Es geht uns sehr schlecht, mir und dem kleinen Leopold –

Zauberkönig Was?! Leopold?! Der Leopold, das bin doch ich! Na, das ist aber der Gipfel! Nennt ihre Schand nach mir! Das auch noch! Schluß jetzt! Wer nicht hören will, muß fühlen! Schluß! *Er erhebt sich, muß sich aber gleich wieder setzen.*

Marianne Du bist ja betrunken, Papa –

Zauberkönig Also werd nur nicht ordinär! Ich bin nicht dein Papa, ein für allemal! Und nur nicht ordinär, sonst – *Er macht die Geste des Ohrfeigens.* Denk lieber an dein Mutterl selig! Die Toten hören alles!

Marianne Wenn mein Mutterl noch leben würde –

Zauberkönig Laß dein Mutterl aus dem Spiel, bitt ich mir aus! Wenn sie dich so gesehen hätt, so nacket auf dem Podium herumstehen – dich den Blicken der Allgemeinheit preisgeben. – Ja schämst dich denn gar nicht mehr? Pfui Teufel!

Marianne Nein, das kann ich mir nicht leisten, daß ich mich schäm.

Stille.

Die Musik in der Bar ist nun verstummt.

Marianne Ich verdien hier zwei Schilling pro Tag. Das ist nicht viel, inklusive dem kleinen Leopold. – Was kann ich denn aber auch anderes unternehmen? Du hast mich ja nichts lernen lassen, nicht einmal meine rhythmische Gymnastik, du hast mich ja nur für die Ehe erzogen –

Zauberkönig Oh du miserables Geschöpf! Jetzt bin ich noch schuld!

Marianne Hör mal, Papa –

Zauberkönig *unterbricht sie:* Ich bin kein Papa!

Marianne *schlägt mit der Faust auf den Tisch:* Halts Maul! Du bist doch mein Papa, wer denn sonst!? Und hör jetzt mal – wenn das so weitergeht, ich kann nichts verdienen – und auf den Strich gehen kann ich nicht, ich kann das nicht, ich habs ja schon versucht, aber ich kann mich nur einem Manne geben, den ich aus ganzer Seele mag – ich hab ja als ungelernte Frau sonst nichts zu geben – dann bleibt mir nur der Zug.

Zauberkönig Was für ein Zug?

Marianne Der Zug. Mit dem man wegfahren kann. Ich wirf mich noch vor den Zug –

Zauberkönig So! Das auch noch. Das willst du mir also auch noch antun – *Er weint plötzlich.* Oh du gemeines Schwein, was machst du denn mit mir auf meine alten Tag? Eine Schande nach der anderen – oh ich armer alter Mensch, mit was hab ich denn das verdient?!

Marianne *scharf:* **Denk nicht immer an dich!**

Zauberkönig *hört auf zu weinen, starrt sie an, wird wütend:* **So wirf dich doch vor den Zug! Wirf dich doch, wirf dich doch! Samt deiner Brut!! – Oh, mir ist übel – übel – wenn ich nur brechen könnt –** *Er beugt sich über den Tisch, schnellt aber plötzlich empor.* – **Denk lieber an deinen Himmelvater! An unseren lieben Herrgott da droben –** *Er wankt fort.*

Marianne *sieht ihm nach und schaut dann empor, dorthin, wo der Himmel liegt; leise:* **Da droben –**

Aus der Bar ertönt nun wieder Tanzmusik.

Der Mister *ist nun fertig mit seiner Ansichtskartenschreiberei und entdeckt Marianne, die noch immer in den Himmel schaut:* **Ah, eine Primadonna –** *Er betrachtet sie lächelnd.* **Sagen Sie – haben Sie nicht zufällig einige Briefmarken bei sich?**

Marianne **Nein.**

Der Mister *langsam:* **Nämlich, ich brauche zehn Zwanziggroschenmarken und zahle dafür fünfzig Schilling.**

Pause.

Sechzig Schilling.

Pause.

Nimmt seine Brieftasche heraus. **Da sind die Schillinge und da sind die Dollars –**

Marianne **Zeigen Sie.**

Der Mister reicht ihr die Brieftasche.

Pause.

Sechzig?

Der Mister **Fünfundsechzig.**

Marianne **Das ist viel Geld.**

Der Mister **Das will verdient sein.**

Stille.

Mit der Tanzmusik ist es nun wieder vorbei.

Marianne **Nein. Danke!** *Sie gibt ihm die Brieftasche zurück.*

Der Mister **Was heißt das?**

Marianne **Ich kann nicht. Sie haben sich in mir geirrt, Herr –**

Der Mister *packt sie plötzlich am Handgelenk und brüllt:* **Halt! Halt! Du hast mich jetzt bestohlen, du Dirne, Diebin, Verbrecherin, Hand aufmachen – auf!!**

Marianne **Au!**

Der Mister **Da! Hundert Schilling! Meinst, ich merk das nicht, du blöde Hur!?** *Er gibt ihr eine Ohrfeige.* **Polizei! Polizei!!**

Alles erscheint aus der Bar.

Der Conférencier **Was ist denn los, um Gottes Christi willen?!**

Der Mister Diese Hur da hat mich bestohlen! Hundert Schilling, hundert Schilling! Polizei!

Marianne *reißt sich vom Mister los:* Ihr sollt mich nicht mehr schlagen! Ich will nicht mehr geschlagen werden!

Baronin erscheint.

Marianne schreit entsetzt.

II Draußen in der Wachau

Alfred sitzt mit seiner Großmutter vor dem Häuschen in der Abendsonne – und unweit steht der Kinderwagen.

Die Großmutter Ich hab dich ja schon immer für einen Lügner gehalten, aber daß du ein solcher Scheißkerl bist, wär mir nie im Traum eingefallen! Borgt sich da von mir dreihundert Schilling zu einer Speditionsfirma – und kommt jetzt nach drei Wochen an und beichtet, daß er gar nicht in Frankreich war, sondern daß er alles verspielt hat am Trabrennplatz! Wirst dort enden, wo deine saubere Mariann sitzt! Im Zuchthaus!

Alfred Vorerst sitzt sie ja noch gar nicht im Zuchthaus, sondern nur im Untersuchungsgefängnis, und morgen wird ihr doch erst der Prozeß gemacht – und dann ist es ja nur ein Diebstahlsversuch, Schaden ist keiner entstanden, also hat sie mildernde Umständ und wird sicher nur bedingt verurteilt werden, weil sie noch nicht vorbestraft ist –

Die Großmutter Nimm sie nur in Schutz; nimm sie nur in Schutz. – Schön hab ich mich in dir getäuscht, ich habs ja schon immer gewußt, daß du ein Verbrecher bist!

Alfred Willst mir also nicht verzeihen?

Die Großmutter Häng dich auf!

Alfred Bäääh! *Er streckt die Zunge heraus.*

Die Großmutter Bäääh! *Sie streckt ihm die Zunge heraus.*

Stille.

Alfred *erhebt sich: Also mich siehst du jetzt nicht so bald wieder.*

Die Großmutter Und die dreihundert Schilling? Und die hundertfünfzig vom vorigen Jahr?!

Alfred Und wenn du jetzt zerspringst, es ist doch so, daß ich es genau fühl, daß auch ich in einer gewissen Hinsicht mitschuldig bin an der Mariann ihrem Schicksal –

Die Großmutter schnappt nach Luft.

Lüftet seinen Strohhut. Küß die Hand, Großmama! *Ab.*

Die Großmutter *außer sich vor Wut:* Schau, daß du verschwindst! Luder, dreckiges! Mir sowas ins Gesicht zu sagen! Weg! Marsch! Scheißkerl! *Sie setzt sich an das Tischchen, auf dem ihre Zither liegt, und stimmt sie.*

Die Mutter *tritt aus dem Häuschen:* Ist der Alfred schon fort?

Die Großmutter Gott sei Dank!

Die Mutter Er hat sich von mir gar nicht verabschiedet –

Die Großmutter Einen feinen Sohn hast du da – frech und faul! Ganz der Herr Papa!

Die Mutter So laß doch den Mann in Ruh! Jetzt liegt er schon zehn Jahre unter der Erden, und gibst ihm noch immer keine Ruh!

Die Großmutter Wer hat ihn denn so früh unter die Erden gebracht? Ich vielleicht? Oder der liebe Alkohol? – Deine ganze Mitgift hat er versoffen!

Die Mutter Jetzt will ich aber nichts mehr hören, ich will nicht!

Die Großmutter Halts Maul! *Sie spielt auf ihrer Zither den Doppeladlermarsch.*

Die Mutter *beugt sich besorgt über den Kinderwagen, und die Großmutter beendet ihren Marsch.* Er macht mir Sorgen, der kleine Leopold – er hat so stark gehustet, und jetzt hat er rote Bakkerln und einen ganz anderen Blick – damals beim armen kleinen Ludwig hats genau so begonnen –

Die Großmutter Gott gibt und Gott nimmt.

Die Mutter Mama!

Die Großmutter Mutterl im Zuchthaus und Vaterl ein Hallodri! Für manche wärs schon besser, wenns hin wären!

Die Mutter Möchtst denn du schon hin sein?

Die Großmutter *kreischt:* Vergleich mich nicht mit dem dort! *Sie deutet auf den Kinderwagen.* Meine Eltern waren ehrliche Leut! *Sie spielt wütend ein Menuett.*

Die Mutter So spiel doch nicht!

Die Großmutter *unterbricht ihr Spiel:* Was schreist denn so?! Bist narrisch?!
Sie fixieren sich.
Stille.

Die Mutter *bange:* Mama – ich hab es gesehn –

Die Großmutter Was?

Die Mutter Was du heut nacht gemacht hast –
Stille.

Die Großmutter *lauernd:* Was hab ich denn gemacht?

Die Mutter Du hast die beiden Fenster aufgemacht und hast das Betterl mit dem kleinen Leopold in den Zug gestellt –

Die Großmutter *kreischt:* Das hast du geträumt! Das hast du geträumt!

Die Mutter Nein, das hab ich nicht geträumt. Und wenn du zerspringst!

III Und abermals in der stillen Straße im achten Bezirk

Der Rittmeister liest noch immer die Ziehungsliste, und Valerie steht in der Tür ihrer Tabak-Trafik – Es scheint überhaupt alles beim alten geblieben zu sein, nur auf der Puppenklinikauslage klebt ein Zettel: ›Ausverkauf‹.

Valerie *boshaft:* **Was haben wir denn gewonnen, Herr Rittmeister?**

Rittmeister *reicht ihr die Ziehungsliste zurück:* **Es ist Samstag, Frau Valerie. Und morgen ist Sonntag.**

Valerie **Das ist halt unser irdisches Dasein, Herr Rittmeister.**

Rittmeister **Ausverkauf! Mein Gewissen ist rein und trotzdem. Ich war doch damals im Maxim nur von den altruistischesten Absichten beseelt – versöhnend hab ich wirken wollen, versöhnend – und derweil hat sich eine Tragödie nach der anderen abgerollt, die arme Mariann wird eingekastelt und verurteilt –**

Valerie *unterbricht ihn:* **Bedingt, Herr Rittmeister! Bedingt!**
Stille.

Rittmeister **Ist er eigentlich noch geärgert auf mich, der Herr Zauberkönig?**

Valerie **Wegen was denn?**

Rittmeister **Na, ich denk, wegen der fatalen Situation im Maxim, die wo ich ihm inszeniert hab.**

Valerie **Aber Herr Rittmeister! Nach all dem, was der Mann durchgemacht hat, hat er keine Lust mehr, sich über Sie zu ärgern – er ist überhaupt viel versöhnlicher geworden, er ist halt gebrochen. Als er seinerzeit gehört hat, daß die liebe Mariann gestohlen hat, da hat ihn ja fast der Schlag getroffen!**

Rittmeister **So ein Schlaganfall ist kein Witz.**

Valerie **Er hat ja schon direkt die Sphärenmusik gehört.**

Rittmeister **Was verstehen Sie unter Sphärenmusik?**

Valerie **Wenn einer knapp vor dem Tode ist, dann fängt die arme Seel bereits an, den Körper zu verlassen – aber nur die halbe Seel – und die fliegt dann schon hoch hinauf und immer höher, und dort droben gibts eine sonderbare Melodie, das ist die Musik der Sphären –** *Stille.*

Rittmeister **Möglich. An und für sich –**
Jetzt spielt die Realschülerin im zweiten Stock einen Walzer von Johann Strauß.

Valerie **Können Sie schweigen, Herr Rittmeister?**

Rittmeister Natürlich!

Valerie Ehrenwort?

Rittmeister Na, wenn ich als alter Offizier nicht schweigen könnt! Denkens doch nur mal an all die militärischen Geheimnisse, die ich weiß!

Pause.

Valerie Herr Rittmeister. Sie war bei mir.

Rittmeister Wer?

Valerie Die Mariann. Ja, die Mariann. Sie hat mich aufgesucht. Vier Wochen ist sie jetzt gesessen in ihrer Untersuchungshaft, und jetzt hat sie nichts zum Beißen – nur ihren Stolz, den hat sie noch gehabt! Aber den hab ich ihr gründlich ausgetrieben, kann ich nur sagen! Gründlich! Verlassen Sie sich nur auf mich, Herr Rittmeister, ich werd sie schon mit ihrem Papa aussöhnen, wir Frauen verstehen das besser als wie die Herren der Schöpfung! Sie haben ja das im Maxim viel zu direkt versucht – mein Gott, hab ich mich damals erschrocken!

Rittmeister Ende gut, alles gut!

Erich kommt rasch von rechts – er will in die Puppenklinik, erblickt aber den Rittmeister und fixiert ihn – und die Realschülerin bricht den Walzer ab, mitten im Takt.

Rittmeister betrachtet Erich geringschätzig – grüßt dann höflich Valerie und ab, knapp an Erich vorbei.

Erich sieht ihm finster nach und betrachtet dann Valerie.

Valerie will ab in ihre Tabak-Trafik.

Erich Halt! Verzeihen, Gnädigste! Ich möchte Sie nur darauf aufmerksam machen, daß wir uns jetzt wahrscheinlich das letztemal sehen –

Valerie Hoffentlich!

Erich Ich fahre nämlich morgen früh – für immer.

Valerie Glückliche Reise!

Erich Danke! *Er grüßt wieder korrekt und will ab in die Puppenklinik.*

Valerie *plötzlich:* Halt!

Erich Zu Befehl!

Stille.

Valerie Wir wollen uns nicht so Adieu sagen – Komm, geben wir uns die Hand – trennen wir uns als gute Kameraden –

Erich Gut. *Er gibt ihr die Hand; zieht dann ein Notizbuch aus der Tasche und blättert darin.* Hier steht es genau notiert: Soll und Haben – jede Zigarette.

Valerie *freundlich:* Ich brauch deine Zigaretten nicht –

Erich Ehrensache!

Valerie *nimmt seine Hand, in der er das Notizbuch hält, und streichelt sie:* Du bist halt kein Psychologe, Erich – *Sie nickt ihm freundlich zu und langsam ab in die Tabak-Trafik – und jetzt spielt die Realschülerin wieder.*

Erich *sieht ihr nach; ist nun allein:* Altes fünfzigjähriges Stück Scheiße – *Ab in die Puppenklinik.*

Oskar *kommt mit Alfred aus seiner Fleischhauerei:* Also auf alle Fäll dank ich Ihnen herzlichst, daß Sie mich besucht haben – und daß wir uns so gut vertragen in puncto Mariann.

Alfred Es bleibt dabei: Ich laß ab von ihr – für ewig. *Er erblickt den Zettel auf der Puppenklinikauslage.* Was? ›Ausverkauf‹?

Oskar *lächelt:* Auch das, lieber Herr – Es wird sich hier bald ausgezaubert haben, das heißt: falls er sich nicht wieder mit unserer Mariann versöhnt, denn so solo schaffts der Alte nicht mehr –

Alfred Wie traurig das alles ist! Glaubens mir nur, ich bin an dieser ganzen Geschicht eigentlich unschuldig – heut begreif ich mich gar nicht, ich hab es doch so gut gehabt früher, ohne Kummer und ohne Sorgen – und dann laßt man sich in so ein unüberlegtes Abenteuer hineintreiben – es geschieht mir schon ganz recht, weiß der Teufel, was in mich gefahren ist!

Oskar Das ist halt die große Liebe gewesen.

Alfred Oh nein! Dazu hab ich schon gar kein Talent. – Ich war nur zu weich. Ich kann halt nicht nein sagen, und dann wird mir so eine Liaison automatisch immer ärger. Ich wollt nämlich seinerzeit Ihre Verlobung wirklich nicht auseinanderbringen – aber die liebe Mariann bestand auf dem Alles-oder-Nichts-Standpunkt. Verstehens mich?

Oskar Leicht. Der Mann ist ja nur der scheinbar aktive Teil und das Weib nur der scheinbar passive – wenn man da näher hineinleuchtet –

Alfred Abgründe tun sich auf.

Oskar Und sehens, deshalb war ich Ihnen persönlich eigentlich nie so recht bös – Ihnen hab ich nie etwas Böses gewünscht – während die Mariann – *Er lächelt.* Ja, die hat bitter büßen müssen, das arme Hascherl – für die große Leidenschaft ihres Lebens –

Alfred Nein, soviel Leut ins Unglück zu stürzen! Wirklich: wir Männer müßten mehr zusammenhalten.

Oskar Wir sind halt zu naiv.

Alfred Allerdings.

Jetzt bricht die Realschülerin wieder ab.

Herr Oskar. Ich weiß gar nicht, wie ich Ihnen danken soll, daß Sie es übernommen haben, mich mit der Frau Valerie wieder auszusöhnen –

Oskar *unterbricht ihn:* Pst!

Zauberkönig *begleitet Erich aus der Puppenklinik – beide bemerken weder Alfred noch Oskar, die sich in die Tür der Fleischhauerei zurückgezogen haben:* Also nochmals, gute Reise, Erich! Bleib gesund und komm gut nach Dessau!

Erich Nach Kassel, Onkel!

Zauberkönig Kassel und Dessau – das werd ich nimmer lernen! Und vergiß unsere Wienerstadt nicht und deinen armen alten Onkel!

Erich schlägt nochmals die Hacken zusammen, verbeugt sich straff und ab, ohne sich umzusehen.

Sieht ihm gerührt nach – erblickt dann Valerie, die, als sie Erichs Stimme gehört hatte, wieder in ihrer Tür erschien und horchte. Ein Prachtkerl, was?

Nun spielt die Realschülerin wieder.

Valerie nickt langsam ja.

Holt sich aus dem Ständer vor der Tabak-Trafik eine Zeitung und durchblättert sie. Ja ja, Europa muß sich schon einigen, denn beim nächsten Krieg gehen wir alle zugrund – aber kann man sich denn alles bieten lassen?! Was sich da nur die Tschechen wieder herausnehmen! Ich sag dir heut: morgen gibts wieder einen Krieg! Und den muß es auch geben! Krieg wirds immer geben!

Valerie *ist immer noch anderswo:* Das schon. Aber das wär halt das Ende unserer Kultur.

Zauberkönig Kultur oder nicht Kultur – Krieg ist ein Naturgesetz! Akkurat wie die liebe Konkurrenz im geschäftlichen Leben! Ich für meine Person bin ja konkurrenzlos, weil ich ein Spezialgeschäft bin. Trotzdem geh ich zugrund. Ich kanns halt allein nicht mehr schaffen, mich macht schon jeder Käufer nervös – Früher, da hab ich eine Frau gehabt, und wie die angefangen hat zu kränkeln, da ist die Mariann schon so groß gewesen –

Valerie Wie groß?

Zauberkönig So groß!

Pause.

Zauberkönig
PUPPENKLINIK

Valerie	**Wenn ich Großpapa wär –**
Zauberkönig	*unterbricht sie:* **Ich bin aber kein Großpapa, bitt ich mir aus!** *Er faßt sich ans Herz, und der Walzer bricht ab.* **Reg mich doch nicht auf! Au, mein Herz –** *Stille.*
Valerie	**Tuts weh?**
Zauberkönig	**Bestialisch – Du weißt, was der Medizinalrat gesagt hat – mich könnt so ein Schlagerl treffen wie nix –**
Valerie	**Ich kenn das von meinem Seligen her – Stichts?**
Zauberkönig	**Es sticht – es sticht –** *Stille.*
Valerie	**Leopold. Der liebe Gott hat dir einen Fingerzeig gegeben – daß du nämlich noch unter uns bist – Still! Reg dich nur nicht auf, reg dich nicht auf – sonst kommt der Schlaganfall, der Schlaganfall, und dann – und dann – versöhn dich doch lieber, du alter Trottel – versöhn dich, und du wirst auch dein Geschäft wieder weiterführen können, es wird alles wieder besser, besser, besser!** *Stille.*
Zauberkönig	**Meinst du?**
Valerie	**Schau, die Mariann – das ist doch kein böser Mensch, das ist doch nur ein dummes Weiberl – ein ganz armes dummes Weiberl –**
Zauberkönig	**Dumm ist sie schon. Saudumm!**
Valerie	**Und die hat sich eingebildet, die Welt nach ihrem Bild umzuformen – aber die Welt folgt halt doch nur dem Verstand, gelt, Großpapa?**
Zauberkönig	**Großpapa?**
Valerie	**Ja.** *Stille.* *Dann spielt wieder die Realschülerin.* *Zauberkönig läßt sie langsam stehen und wendet sich seiner Puppenklinik zu – hält vor der Auslage und betrachtet den Ausverkaufszettel; dann nickt er Valerie freundlich zu, reißt den Zettel ab und verschwindet in seiner Puppenklinik.* *Valerie grinst befriedigt und steckt sich eine Zigarette an.*
Oskar	**Frau Valerie! Jetzt hätt ich für Sie eine Überraschung!**
Valerie	**Was für eine Überraschung?**
Oskar	**Es möcht sich jemand mit Ihnen versöhnen.**
Valerie	**Wer? Erich?**
Oskar	**Nein.**
Valerie	**Sondern?**

Oskar Dort –

Valerie nähert sich der Fleischhauerei und erblickt Alfred.

Alfred grüßt.

Pause.

Valerie Ach!

Jetzt ist es wieder aus mit der Musik.

Alfred Du ahnst es ja nicht, was mich diese Reue für innere Kämpfe gekostet hat, dieser Gang nach Canossa – Ich hab ja schon vor mir selbst gar kein Schamgefühl mehr, weil ich weiß, daß ich dir Unrecht getan hab.

Valerie Mir?

Alfred Ja.

Valerie Wann denn?

Alfred ist perplex.

Mir hast du nichts Schlechtes getan.

Alfred *ist noch perplexer; er lächelt verlegen:* Na, ich hab dich doch immerhin verlassen –

Valerie Du mich? Ich dich! Und außerdem war das auch nichts Schlechtes, sondern nur etwas sehr Gutes, merk dir das, du eitler Aff!

Alfred Wir sind als gute Kameraden auseinander, verstanden?

Valerie Wir zwei sind getrennte Leut, verstanden?! Weil ich mit einem ausgemachten Halunken in der Zukunft nichts mehr zu tun haben möcht!

Stille.

Alfred Wieso denn ein ausgemachter? Du hast doch grad selber gesagt, daß ich dir nichts getan hab!

Valerie Mir nichts! Aber der Mariann! Und deinem Kind?

Stille.

Alfred Die Mariann hat immer gesagt, ich könnt hypnotisieren – *Er schreit sie an.* Was kann ich denn dafür, daß ich auf die Frauen so stark wirk?!

Valerie Schrei mich nicht an!

Oskar Meiner Meinung nach war der Herr Alfred relativ gut zur Mariann –

Valerie Wenn ihr Mannsbilder nur wieder zusammenhelft! Oh, ich hab aber auch noch mein weibliches Solidaritätsgefühl! *Zu Alfred.* So klein möcht ich dich sehen, so klein! *Stille.*

Alfred Ich bin eine geschlagene Armee. Das mußt du mir nicht zweimal sagen, daß ich ein schlechter Mensch bin, das weiß ich, weil ich halt zu guter Letzt ein schwacher Mensch bin. Ich brauch immer jemand, für den ich sorgen kann und muß, sonst verkomm ich sofort. Für die Mariann konnt ich aber nicht sorgen, das war mein spezielles Pech – Ja, wenn ich noch einiges Kapital gehabt hätt, dann hätt ich ja wieder auf die Rennplätz hinauskönnen, trotzdem daß sie es nicht hat haben wollen –

Valerie Sie hat es nicht haben wollen?

Alfred Aus moralischen Gründen.

Valerie Das war aber dumm von ihr, wo das doch dein eigenstes Gebiet ist.

Alfred Siehst du! Und an diesem Lebensauffassungsunterschied zerschellte auch schließlich unser Verhältnis. Ganz von allein.

Valerie Lüg nicht.

Stille.

Alfred Valerie. Ich hab eine Hautcreme vertreten, Füllfederhalter und orientalische Teppich – es ist mir alles danebengelungen, und nun steck ich in einer direkt schweinischen Situation. Du hast doch früher auch für eine jede Schweinerei Verständnis gehabt –

Valerie *unterbricht ihn:* Wie wars denn in Frankreich?

Alfred Relativ genau wie hier.

Valerie Und wie sind denn die Französinnen?

Alfred Wie sie alle sind. Undankbar.

Valerie *lächelt:* Du Lump. Was würdest du denn tun, wenn ich dir jetzt fünfzig Schilling leihen würd?

Stille.

Alfred Fünfzig?

Valerie Ja.

Alfred Ich würde natürlich sofort telegraphisch in Maisons-Laffitte Sieg und Platz –

Valerie *unterbricht ihn:* Und? Und?

Alfred Wieso?

Valerie Und den Gewinn?

Stille.

Alfred *lächelt hinterlistig:* Den voraussichtlichen Gewinn würde ich morgen persönlich meinem Söhnchen überreichen –

Valerie Werden sehen –! Werden sehen!

Marianne kommt rasch und erschrickt.

Oskar Mariann!

Valerie Na also!

Mariann starrt einen nach dem anderen an – will rasch wieder fort.

Halt! Dageblieben! Jetzt werden wir mal den Schmutz da zusammenräumen – jetzt kommt die große Stöberei! Jetzt wird versöhnt und basta!

Stille.

Oskar Mariann. Ich verzeihe dir gern alles, was du mir angetan hast – denn lieben bereitet mehr Glück, als geliebt zu werden. – Wenn du nämlich nur noch einen Funken Gefühl in dir hast, so mußt du es jetzt spüren, daß ich dich trotz allem noch heut an den Altar führen tät, wenn du nämlich noch frei wärst – ich mein jetzt das Kind –

Stille.

Marianne Was denkst du da?

Oskar *lächelt:* Es tut mir leid.

Marianne Was?

Oskar Das Kind –

Stille.

Marianne So laß doch das Kind in Ruh – Was hat dir denn das Kind getan? Schau mich doch nicht so dumm an!

Valerie Mariann! Hier wird jetzt versöhnt!

Marianne *deutet auf Alfred:* Aber nicht mit dem!

Valerie Auch mit dem! Alles oder nichts! Auch das ist doch nur ein Mensch!

Alfred Ich danke dir.

Marianne Gestern hast du noch gesagt, daß er ein gemeines Tier ist.

Valerie Gestern war gestern, und heut ist heut, und außerdem kümmer dich um deine Privatangelegenheiten.

Alfred Nur wer sich wandelt, bleibt mit mir verwandt.

Oskar *zu Marianne:*

Denn so lang du dies nicht hast,
Dieses ›Stirb und Werde!‹,
Bist du noch ein trüber Gast
Auf der dunklen Erde!

Marianne *grinst:* Gott, seid ihr gebildet –

Oskar Das sind doch nur Kalendersprüch!

Valerie Sprüch oder nicht Sprüch! Auch das ist doch nur ein Mensch mit allen seinen angeborenen Fehlern und Lastern – Du hast ihm auch keinen genügend starken inneren Halt gegeben!

Marianne Ich hab getan, was ich tun konnte!

Valerie Du bist halt noch zu jung!

Stille.

Alfred Zu guter Letzt war ich ja auch kein Engel.

Valerie Zu guter Letzt ist bei einer solchen Liaison überhaupt nie jemand schuld – das ist doch zu guter Letzt eine Frage der Planeten, wie man sich gegenseitig bestrahlt und so.

Marianne Mich hat man aber eingesperrt.

Stille.

Sie haben mich sehr erniedrigt.

Oskar Die Polizei trägt allerdings keine Glacéhandschuhe.

Valerie Waren es wenigstens weibliche Kriminalbeamte?

Marianne Teils.

Valerie Na also!

Stille.

Mariannderl. Jetzt geh nur ruhig dort hinein – *Sie deutet auf die Puppenklinik.*

Marianne Und?

Valerie Geh nur –

Marianne Aber auf deine Verantwortung –

Valerie Auf meine Verantwortung –

Stille.

Marianne *wendet sich langsam der Puppenklinik zu – legt die Hand auf die Klinke und dreht sich dann nochmals Valerie, Alfred und Oskar zu:* Ich möcht jetzt nur noch was sagen. Es ist mir nämlich zu guter Letzt scheißwurscht – und das, was ich da tu, tu ich nur wegen dem kleinen Leopold, der doch nichts dafür kann. – *Sie öffnet die Tür und das Glockenspiel erklingt, als wäre nichts geschehen.*

IV Draußen in der Wachau

Die Großmutter sitzt in der Sonne und die Mutter schält Erdäpfel. Und der Kinderwagen ist nirgends zu sehen.

Die Großmutter Frieda! Hast du ihr schon den Brief geschrieben?

Die Mutter Nein.

Die Großmutter Soll ich ihn vielleicht schreiben?

Stille.

Da wir die Adreß des lieben Herrn Alfred nicht kennen, müssen wir es doch ihr schreiben –

Die Mutter Ich schreib schon, ich schreib schon. – Sie werden uns noch Vorwürf machen, daß wir nicht aufgepaßt haben –

Die Großmutter Wir? Du! Du, willst du wohl sagen!

Die Mutter Was kann denn ich dafür?!

Die Großmutter Wars vielleicht meine Idee, das Kind in Kost zu nehmen?! Nein, das war deine Idee – weil du etwas Kleines, Liebes um dich hast haben wollen, hast du gesagt! Ich war immer dagegen. Mit so was hat man nur Scherereien!

Die Mutter Gut. Bin ich wieder schuld. Gut. Am End bin ich dann vielleicht auch daran schuld, daß sich der kleine Leopold erkältet hat – und daß er jetzt im Himmel ist?! Herrgott, ist das alles entsetzlich!

Stille.

Die Großmutter Vielleicht ist es ihr gar nicht so entsetzlich – ich meine jetzt deine Fräulein Mariann. – Man kennt ja diese Sorte Fräuleins – vielleicht wird das Fräulein sogar zufrieden sein, daß sie es los hat –

Die Mutter Mama! Bist du daneben?!

Die Großmutter Was fällt dir ein, du Mistvieh?!

Die Mutter Was fällt dir ein, du Ungeheuer?! Das Fräulein ist doch auch nur eine Mutter, genau wie du!!

Die Großmutter *kreischt:* Vergleich mich nicht mit ihr! Ich hab mein Kind in Ehren geboren, oder bist du ein unehelicher Schlampen?! Wo kein Segen von oben dabei ist, das endet nicht gut und soll es auch nicht! Wo kämen wir denn da hin?! Jetzt wird hier aber endlich geschrieben – und wenn du zu feig dazu bist, dann diktier ich dir! *Sie erhebt sich.* Setz dich her! Hier hast du Papier und Bleistift – ich habs schon vorbereitet.

Die Mutter Ungeheuer –

Die Großmutter Kusch! Setz dich! Schreib! Freu dich, daß ich dir hilf!

Die Mutter setzt sich.

Geht gebeugt auf und ab und diktiert. Wertes Fräulein! – Jawohl: Fräulein! – Leider müssen wir Ihnen eine für Sie recht traurige Mitteilung machen. Gott der Allmächtige hat es mit seinem unerforschlichen Willen so gewollt, daß Sie, wertes Fräulein, kein Kind mehr haben sollen. Das Kind hat sich nur etwas erkältet, und dann ist es sehr schnell dahingegangen – Punkt. Aber trösten Sie sich, Gott der Allmächtige liebt die unschuldigen Kinder. Punkt. Neuer Absatz.

Marianne *kommt mit Zauberkönig, Valerie, Oskar und Alfred, denen sie etwas vorausgeeilt ist:* Guten Tag, liebe Frau Zentner! Küß die Hand, Großmutter! Jetzt war ich aber lang nicht mehr da, ich bin ja nur froh, daß ich euch wiederseh – Das ist mein Vater!

Zauberkönig grüßt.

Die Mutter *erblickt Alfred:* Alfred!

Marianne *wird es plötzlich unheimlich:* **Was habt ihr denn –?**
Die Großmutter reicht ihr den Brief.
Nimmt ihr mechanisch den Brief ab und sieht sich scheu um; bange. **Wo ist er denn – wo ist er denn –?**

Die Großmutter **Lesen, bitte. Lesen –**
Marianne liest den Brief.

Zauberkönig **Na, wo ist er denn, der kleine Leopold?** *Er hält ein Kinderspielzeug in der Hand, an dem Glöckchen befestigt sind, und läutet damit.* **Der Opapa ist da. Der Opapa!**
Marianne läßt den Brief fallen.
Stille.
Plötzlich ängstlich. **Mariann! Ist denn was passiert?**

Valerie *hat den Brief aufgehoben und gelesen; jetzt schreit sie:* **Maria! Tot ist er! Hin ist er, der kleine Leopold!**

Alfred **Tot?!**

Valerie **Tot!** *Sie schluchzt.*
Alfred schließt sie automatisch in seine Arme.
Zauberkönig wankt – läßt das Kinderspielzeug fallen und hält die Hände vors Gesicht.
Stille.
Die Großmutter hebt neugierig das Kinderspielzeug auf und läutet damit.
Marianne beobachtet sie – stürzt sich plötzlich lautlos auf sie und will sie mit der Zither, die auf dem Tischchen liegt, erschlagen.
Oskar drückt ihr die Kehle zu.
Marianne röchelt und läßt die Zither fallen.
Stille.

Die Großmutter *hebt die Zither auf, leise:* **Du Luder. Du Bestie. Du Zuchthäuslerin. – Mich? Mich möchtst du erschlagen, mich?**

Die Mutter *schreit die Großmutter plötzlich an:* **Jetzt schau aber, daß du ins Haus kommst! Marsch! Marsch!**

Die Großmutter *geht langsam auf die Mutter zu:* **Dir tät es ja schon lange passen, wenn ich schon unter der Erden wär – nicht? Aber ich geh halt noch nicht, ich geh noch nicht – Da!** *Sie gibt der Mutter eine Ohrfeige.* **Verfaulen sollt ihr alle, die ihr mir den Tod wünscht!** *Ab mit ihrer Zither in das Häuschen.*
Stille.

Die Mutter *schluchzt:* **Na, das sollst du mir büßen –** *Ihr nach.*

Zauberkönig *nimmt langsam die Hand vom Gesicht:* **Der zweite Schlaganfall, der zweite Schlaganfall – nein, nein, nein, lieber Gott, laß mich noch da, lieber Gott –** *Er bekreuzigt sich.* **Vater unser, der du bist im Himmel – groß bist du und gerecht –**

nicht wahr, du bist gerecht? Laß mich noch, laß mich noch – Oh, du bist gerecht, oh, du bist gerecht! *Er richtet sich seine Krawatte und geht langsam ab.*

Valerie *zu Alfred:* Wie groß war er denn schon, der kleine Leopold?

Alfred So groß –

Valerie Meine innigste Kondolation.

Alfred Danke. *Er zieht Geldscheine aus seiner Hosentasche.* Da. Jetzt hab ich gestern noch telegraphisch gesetzt und hab in Maisons-Laffitte gewonnen – und heut wollt ich meinem Sohne vierundachtzig Schilling bringen –

Valerie Wir werden ihm einen schönen Grabstein setzen. Vielleicht ein betendes Englein.

Alfred Ich bin sehr traurig. Wirklich. Ich hab jetzt grad so gedacht – so ohne Kinder hört man eigentlich auf. Man setzt sich nicht fort und stirbt aus. Schad! *Langsam ab mit Valerie.*

Marianne Ich hab mal Gott gefragt, was er mit mir vorhat. – Er hat es mir aber nicht gesagt, sonst wär ich nämlich nicht mehr da. – Er hat mir überhaupt nichts gesagt. – Er hat mich überraschen wollen. – Pfui!

Oskar Marianne! Hadere nie mit Gott!

Marianne Pfui! Pfui! *Sie spuckt aus.*

Stille.

Oskar Mariann. Gott weiß, was er tut, glaub mir das.

Marianne Kind! Wo bist du denn jetzt? Wo?

Oskar Im Paradies.

Marianne So quäl mich doch nicht –

Oskar Ich bin doch kein Sadist! Ich möcht dich doch nur trösten. – Dein Leben liegt doch noch vor dir. Du stehst doch erst am Anfang. – Gott gibt und Gott nimmt.

Marianne Mir hat er nur genommen, nur genommen –

Oskar Gott ist die Liebe, Mariann – und wen er liebt, den schlägt er –

Marianne Mich prügelt er wie einen Hund!

Oskar Auch das! Wenn es nämlich sein muß.

Nun spielt die Großmutter auf ihrer Zither drinnen im Häuschen die ›Geschichten aus dem Wiener Wald‹ von Johann Strauß.

Mariann. Ich hab dir mal gesagt, daß ich es dir nie wünsch, daß du das durchmachen sollst, was du mir angetan hast – und trotzdem hat dir Gott Menschen gelassen – die dich trotzdem lieben – und jetzt, nachdem sich alles so eingerenkt hat. – Ich hab die mal gesagt, Mariann, du wirst meiner Liebe nicht entgehn –

Marianne **Ich kann nicht mehr – Jetzt kann ich nicht mehr –**

Oskar **Dann komm –** *Er stützt sie, gibt ihr einen Kuß auf den Mund und langsam ab mit ihr – und in der Luft ist ein Klingen und Singen, als spielte ein himmlisches Streichorchester die ›Geschichten aus dem Wiener Wald‹ von Johann Strauß.*

Kasimir und Karoline

Volksstück

Motto: Und die Liebe höret nimmer auf

Personen **Kasimir Karoline Rauch Speer Der Ausrufer Der Liliputaner Schürzinger Der Merkl Franz Dem Merkl Franz seine Erna Elli Maria Der Mann mit dem Bulldoggkopf Juanita Die dicke Dame Die Kellnerin Der Sanitäter Der Arzt Abnormitäten und Oktoberfestleute**

Dieses Volksstück spielt auf dem Münchener Oktoberfest, und zwar in unserer Zeit.

1. Szene

Es wird dunkel im Zuschauerraum, und das Orchester spielt die Münchener Hymne ›Solang der alte Peter‹. Hierauf hebt sich der Vorhang.

2. Szene

Schauplatz: Gleich hinter dem Dorf der Lippennegerinnen. Links ein Eismann mit türkischem Honig und Luftballons. Rechts ein Haut-den-Lukas – (das ist so ein althergebrachter Kraftmesser, wo du unten mit einem Holzbeil auf einen Bolzen draufhaust, und dann saust ein anderer Bolzen an einer Stange in die Höhe, und wenn dann dieser andere Bolzen die Spitze der Stange erreicht, dann knallt es, und dann wirst du dekoriert, und zwar für jeden Knall mit einem Orden).
Es ist bereits spät am Nachmittag, und jetzt fliegt gerade der Zeppelin in einer ganz geringen Höhe über die Oktoberfestwiese – in der Ferne Geheul mit allgemeinem Musiktusch und Trommelwirbel.

3. Szene

Rauch **Bravo, Zeppelin! Bravo, Eckener! Bravo!**

Ein Ausrufer **Heil!**

Speer **Majestätisch. Hipp, hipp, hurra!**
Pause.

Ein Liliputaner **Wenn man bedenkt, wie weit es wir Menschen schon gebracht haben –** *Er winkt mit seinem Taschentuch.*
Pause.

Karoline **Jetzt ist er gleich verschwunden, der Zeppelin –**

Der Liliputaner **Am Horizont.**

Karoline **Ich kann ihn kaum mehr sehen –**

Der Liliputaner **Ich seh ihn noch ganz scharf.**

Karoline **Jetzt seh ich nichts mehr.** *Sie erblickt Kasimir; lächelt.* **Du, Kasimir. Jetzt werden wir bald alle fliegen.**

Kasimir **Geh, so lasse mich doch aus.** *Er wendet sich dem Lukas zu und haut ihn vor einem stumm interessierten Publikum – aber erst beim drittenmal knallt es, und dann zahlt der Kasimir und wird mit einem Orden dekoriert.*

Karoline Ich gratuliere.

Kasimir Zu was denn?

Karoline Zu deiner Auszeichnung da.

Kasimir Danke.

Stille.

Karoline Der Zeppelin, der fliegt jetzt nach Oberammergau, aber dann kommt er wieder zurück und wird einige Schleifen über uns beschreiben.

Kasimir Das ist mir wurscht! Da fliegen droben zwanzig Wirtschaftskapitäne, und herunten verhungern derweil einige Millionen! Ich scheiß dir was auf den Zeppelin, ich kenne diesen Schwindel und hab mich damit auseindergesetzt – Der Zeppelin, verstehst du mich, das ist ein Luftschiff und wenn einer von uns dieses Luftschiff sieht, dann hat er so ein Gefühl, als tät er auch mitfliegen – derweil haben wir bloß die schiefen Absätz, und das Maul können wir uns an das Tischeck hinhaun!

Karoline Wenn du so traurig bist, dann werd ich auch traurig.

Kasimir Ich bin kein trauriger Mensch.

Karoline Doch. Du bist ein Pessimist.

Kasimir Das schon. Ein jeder intelligente Mensch ist ein Pessimist. *Er läßt sie wieder stehen und haut abermals den Lukas; jetzt knallt es dreimal, er zahlt und bekommt drei Orden; dann nähert er sich wieder Karoline.* Du kannst natürlich leicht lachen. Ich habe es dir doch gleich gesagt, daß ich heut unter gar keinen Umständen auf dein Oktoberfest geh. Gestern abgebaut und morgen stempeln, aber heut sich amüsieren, vielleicht sogar noch mit lachendem Gesicht!

Karoline Ich habe ja gar nicht gelacht.

Kasimir Natürlich hast du gelacht. Und das darfst du ja auch – du verdienst ja noch was und lebst bei deinen Eltern, die wo pensionsberechtigt sind. Aber ich habe keine Eltern mehr und steh allein in der Welt, ganz und gar allein.

Stille.

Karoline Vielleicht sind wir zu schwer füreinander –

Kasimir Wie meinst du das jetzt?

Karoline Weil du halt ein Pessimist bist und ich neige auch zur Melancholie – Schau, zum Beispiel zuvor – beim Zeppelin –

Kasimir Geh halt doch dein Maul mit dem Zeppelin!

Karoline Du sollst mich nicht immer so anschreien, das hab ich mir nicht verdient um dich!

Kasimir Habe mich gerne! *Ab.*

4. Szene

Karoline sieht ihm nach; wendet sich dann langsam dem Eismann zu, kauft sich eine Portion und schleckt daran gedankenvoll.
Schürzinger schleckt bereits die zweite Portion.

Karoline **Was schauns mich denn so blöd an?**
Schürzinger **Pardon! Ich habe an etwas ganz anderes gedacht.**
Karoline **Drum.** *Stille.*
Schürzinger **Ich habe gerade an den Zeppelin gedacht.**
Stille.
Karoline **Der Zeppelin, der fliegt jetzt nach Oberammergau.**
Schürzinger **Waren das Fräulein schon einmal in Oberammergau?**
Karoline **Schon dreimal.**
Schürzinger **Respekt!**
Stille.
Karoline **Aber die Oberammergauer sind auch keine Heiligen. Die Menschen sind halt überall schlechte Menschen.**
Schürzinger **Das darf man nicht sagen, Fräulein! Die Menschen sind weder gut noch böse. Allerdings werden sie durch unser heutiges wirtschaftliches System gezwungen, egoistischer zu sein, als sie es eigentlich wären, da sie doch schließlich vegetieren müssen. Verstehens mich?**
Karoline **Nein.**
Schürzinger **Sie werden mich schon gleich verstehen. Nehmen wir an, Sie lieben einen Mann. Und nehmen wir weiter an, dieser Mann wird nun arbeitslos. Dann läßt die Liebe nach, und zwar automatisch.**
Karoline **Also das glaub ich nicht!**
Schürzinger **Bestimmt!**
Karoline **Oh nein! Wenn es dem Manne schlecht geht, dann hängt das wertvolle Weib nur noch intensiver an ihm – könnt ich mir schon vorstellen.**
Schürzinger **Ich nicht.**
Stille.
Karoline **Können Sie handlesen?**
Schürzinger **Nein.**
Karoline **Was sind denn der Herr eigentlich von Beruf?**
Schürzinger **Raten Sie doch mal.**
Karoline **Feinmechaniker?**
Schürzinger **Nein. Zuschneider.**

Karoline	Also das hätt ich jetzt nicht gedacht!
Schürzinger	Und warum denn nicht?
Karoline	Weil ich die Zuschneider nicht mag. Alle Zuschneider bilden sich gleich soviel ein.
	Stille.
Schürzinger	Bei mir ist das eine Ausnahme. Ich hab mich mal mit dem Schicksalsproblem beschäftigt.
Karoline	Essen Sie auch gern Eis?
Schürzinger	Meine einzige Leidenschaft, wie man so zu sagen pflegt.
Karoline	Die einzige?
Schürzinger	Ja.
Karoline	Schad!
Schürzinger	Wieso?
Karoline	Ich meine, da fehlt Ihnen doch dann was.

5. Szene

Kasimir erscheint wieder und winkt Karoline zu sich heran. Karoline folgt ihm.

Kasimir	Wer ist denn das, mit dem du dort sprichst?
Karoline	Ein Bekannter von mir.
Kasimir	Seit wann denn?
Karoline	Schon seit lang. Wir haben uns gerade ausnahmsweise getroffen. Glaubst du mir denn das nicht?
Kasimir	Warum soll ich dir das nicht glauben?
	Stille.
Karoline	Was willst du?
	Stille.
Kasimir	Wie hast du das zuvor gemeint, daß wir zwei zu schwer füreinander sind? *Karoline schweigt boshaft.* Soll das eventuell heißen, daß wir zwei eventuell nicht zueinander passen?
Karoline	Eventuell.
Kasimir	Also das soll dann eventuell heißen, daß wir uns eventuell trennen sollen – und daß du mit solchen Gedanken spielst?
Karoline	So frag mich doch jetzt nicht!
Kasimir	Und warum nicht, wenn man fragen darf?
Karoline	Weil ich jetzt verärgert bin. Und in einer solchen Stimmung kann ich dir doch nichts Gescheites sagen!
	Stille.

Kasimir	So. Hm. Also das wird dann schon so sein. So und nicht anders. Da gibt es keine Ausnahmen. Lächerlich.
Karoline	Was redest du denn da?
Kasimir	Es ist schon so.
Karoline	*fixiert ihn:* Wie?
	Stille.
Kasimir	Oder ist das vielleicht nicht eigenartig, daß es dir gerade an jenem Tage auffällt, daß wir zwei eventuell nicht zueinander passen – an jenem Tage, an welchem ich abgebaut worden bin?
	Stille.
Karoline	Ich versteh dich nicht, Kasimir.
Kasimir	Denk nur nach. Denk nur nach, Fräulein!
	Stille.
Karoline	*plötzlich:* Oh du undankbarer Mensch! Hab ich nicht immer zu dir gehalten? Weißt du denn nicht, was das für Schwierigkeiten gegeben hat mit meinen Eltern, weil ich keinen Beamten genommen hab und nicht von dir gelassen hab und immer deine Partei ergriffen hab?!
Kasimir	Reg dich nur ab, Fräulein! Überleg es dir lieber, was du mir angetan hast.
Karoline	Und was tust du mir an?
Kasimir	Ich konstatiere eine Wahrheit. So. Und jetzt laß ich dich stehn – *Ab.*

6. Szene

Karoline sieht ihm nach; wendet sich dann wieder dem Schürzinger zu; jetzt dämmert es bereits.

Schürzinger	Wer war denn dieser Herr?
Karoline	Mein Bräutigam.
Schürzinger	Sie haben einen Bräutigam?
Karoline	Er hat mich gerade sehr gekränkt. Nämlich gestern ist er abgebaut worden und da hat er jetzt behauptet, ich würde mich von ihm trennen wollen, weil er abgebaut worden ist.
Schürzinger	Das alte Lied.
Karoline	Geh reden wir von etwas anderem!
	Stille.
Schürzinger	Er steht dort drüben und beobachtet uns.
Karoline	Ich möcht jetzt mal mit der Achterbahn fahren.

Schürzinger Das ist ein teurer Spaß.
Karoline Aber jetzt bin ich auf dem Oktoberfest und ich hab es mir vorgenommen. Geh fahrens halt mit!
Schürzinger Aber nur einmal.
Karoline Also das steht bei Ihnen.
Dunkel.

7. Szene

Das Orchester spielt nun die Glühwürmchen-Suite.

8. Szene

Neuer Schauplatz:
Neben der Achterbahn, dort, wo die Oktoberfestwiese aufhört. Die Stelle liegt etwas abseits und ist nicht gut beleuchtet. Nämlich es ist bereits Nacht geworden, aber in der Ferne ist alles illuminiert. Karoline und Schürzinger kommen und hören das Sausen der Achterbahn und das selige Kreischen der Fahrgäste.

9. Szene

Karoline Ja das ist die richtige Achterbahn. Es gibt nämlich noch eine, aber mit der ist man bald fertig. Dort ist die Kasse. Jetzt ist mir etwas gerissen.
Schürzinger Was?
Karoline Ich weiß noch nicht was. Geh drehns Ihnen um, bitte.
Stille.
Schürzinger *hat sich umgedreht:* Er folgt uns noch immer, Ihr Herr Bräutigam. Jetzt spricht er sogar mit einem Herrn und einer Dame – sie lassen uns nicht aus den Augen.
Karoline Wo? – Das ist doch jetzt der Merkl Franz und seine Erna. Ja den kenn ich. Nämlich das ist ein ehemaliger Kollege von meinem Kasimir. Aber der ist auf die schiefe Ebene geraten. Wie oft daß der schon gesessen ist.
Schürzinger Die Kleinen hängt man und die Großen läßt man laufen.
Karoline Das schon. Aber der Merkl Franz prügelt seine Erna, obwohl sie ihm pariert. Und ein schwaches Weib schlagen, das ist doch wohl schon das Allerletzte.

Schürzinger **Bestimmt.**
Karoline **Der Kasimir ist ja auch sehr jähzornig von Natur aus, aber angerührt hat er mich noch nie.**
Schürzinger **Hoffentlich macht er uns hier keinen Skandal.**
Karoline **Nein, das macht er nie in der Öffentlichkeit. Dazu ist er viel zu beherrscht. Schon von seinem Beruf her.**
Schürzinger **Was ist er denn?**
Karoline *hat sich nun repariert:* **Kraftwagenführer. Chauffeur.**
Schürzinger **Jähzornige Leute sind aber meist gutmütig.**
Karoline **Haben Sie Angst?**
Schürzinger **Wie kommen Sie darauf?**
Stille.
Karoline **Ich möchte jetzt mit der Achterbahn fahren.** *Ab mit dem Schürzinger, und nun ist einige Zeit kein Mensch zu sehen.*

10. Szene

Kasimir kommt langsam mit dem Merkl Franz und dem seiner Erna.

Der Merkl Franz **Parlez-vous français?**
Kasimir **Nein.**
Der Merkl Franz **Schade.**
Kasimir **Wieso?**
Der Merkl Franz **Weil sich das deutsch nicht so sagen läßt. Ein Zitat. In puncto Achterbahn und Karoline –** *Zu Erna.* **Wenn du mir so was antun würdest, ich tät dir ja das Kreuz abschlagen.**
Erna **So sei doch nicht so ungerecht.**

11. Szene

Karoline kreischt nun droben auf der abwärtssausenden Achterbahn.

Kasimir *starrt empor:* **Fahre wohl, Fräulein Karoline! Daß dir nur nichts passiert. Daß du dir nur ja nicht das Genick verrenkst. Das wünscht dir jetzt dein Kasimir.**
Der Merkl Franz **Habe nur keine Angst. Wir sind zu zweit.**
Kasimir **Ich bin nicht zu zweit! Ich mag nicht zu zweit sein! Ich bin allein.**
Stille.

Der Merkl Franz — Ich hätt ja einen plausibleren Vorschlag: laß doch diesen Kavalier überhaupt laufen – er kann doch nichts dafür, daß jetzt die deine mit ihm da droben durch die Weltgeschichte rodelt. Du hast dich doch nur mit ihr auseinanderzusetzen. Wie sie auf der Bildfläche erscheint, zerreiß ihr das Maul.

Kasimir — Das ist eine Ansichtssache.

Der Merkl Franz — Natürlich.

Stille.

Kasimir — Ich bin aber nicht der Ansicht.

Der Merkl Franz — Du bist halt ein naiver Mensch.

Kasimir — Wahrscheinlich.

Stille.

Der Merkl Franz — Was ist das Weib? Kennst den Witz, wo die Tochter mit dem leiblichen Vater und dem Bruder –

Erna — *unterbricht ihn:* Du sollst nicht immer so wegwerfend über uns Frauen reden!

Stille.

Der Merkl Franz — Ja wie hätten wir es denn?

Erna — Ich bin doch zu guter Letzt auch eine Frau!

Der Merkl Franz — Also werd mir nur nicht nervös. Da. Halt mal meine Handschuhe. Jetzt möchte er sich nur etwas holen, dort drüben, für das Gemüt – *Ab; in der Ferne ertönt nun ein Waldhorn, und zwar wehmütig.*

12. Szene

Erna — Herr Kasimir. Da schauns mal hinauf. Das ist der Große Bär.

Kasimir — Wo?

Erna — Dort. Und das dort ist der Orion. Mit dem Schwert.

Kasimir — Woher wissen Sie denn all das?

Erna — Das hat mir mal mein Herr erklärt, wie ich noch gedient hab – der ist ein Professor gewesen. Wissens, wenns mir schlecht geht, dann denk ich mir immer, was ist ein Mensch neben einem Stern. Und das gibt mir dann wieder einen Halt.

13. Szene

Schürzinger erscheint und das Waldhorn verstummt.
Kasimir erkennt ihn.
Schürzinger grüßt.
Kasimir grüßt auch, und zwar unwillkürlich.

Schürzinger **Ihr Fräulein Braut fahren noch.**
Kasimir *fixiert ihn grimmig:* **Das freut mich.**

14. Szene

Der Merkl Franz erscheint nun auch wieder; er hatte sich drüben zwei Paar Schweinswürstel gekauft und verzehrt nun selbe mit Appetit.

15. Szene

Schürzinger **Ich bin nur einmal mitgefahren. Ihr Fräulein Braut wollte aber noch einmal.**
Kasimir **Noch einmal.**
Schürzinger **Bestimmt.**
Stille.
Kasimir **Bestimmt. Alsdann: Der Herr sind doch ein alter Bekannter von meiner Fräulein Braut?**
Schürzinger **Wieso?**
Kasimir **Was wieso?**
Schürzinger **Nein, das muß ein Irrtum sein. Ich kenne Ihr Fräulein Braut erst seit zuvor dort bei dem Eismann – da sind wir so unwillkürlich ins Gespräch gekommen.**
Kasimir **Unwillkürlich –**
Schürzinger **Absolut.**
Kasimir **Das auch noch.**
Schürzinger **Warum?**
Kasimir **Weil das sehr eigenartig ist. Nämlich mein Fräulein Braut sagte mir zuvor, daß sie Ihnen schon seit langem kennt. Schon seit langem, sagte sie.**
Der Merkl Franz **Peinsam.** *Stille.*
Schürzinger **Das tut mir aber leid.**

Kasimir Also stimmt das jetzt oder stimmt das jetzt nicht? Ich möchte nämlich da klar sehen. Von Mann zu Mann.

Stille.

Schürzinger Nein. Es stimmt nicht.

Kasimir Ehrenwort?

Schürzinger Ehrenwort.

Kasimir Ich danke.

Stille.

Der Merkl Franz In diesem Sinne kommst du auf keinen grünen Zweig nicht, lieber guter alter Freund. Hau ihm doch eine aufs Maul –

Kasimir Mische dich bitte da nicht hinein!

Der Merkl Franz Huste mich nicht so schwach an! Du Nasenbohrer.

Kasimir Ich bin kein Nasenbohrer!

Der Merkl Franz Du wirst es ja schon erleben, wo du landen wirst mit derart nachsichtigen Methoden! Ich seh dich ja schon einen Kniefall machen vor dem offiziellen Hausfreund deiner eignen Braut! Küsse nur die Spur ihres Trittes – du wirst ihr auch noch die Schleppe tragen und dich mit einer besonderen Wonne unter ihre Schweißfüße beugen, du Masochist!

Kasimir Ich bin kein Masochist! Ich bin ein anständiger Mensch!

Stille.

Der Merkl Franz Das ist der Dank. Man will dir helfen und du wirst anzüglich. Stehen lassen sollte ich dich da wo du stehst!

Erna Komm, Franz!

Der Merkl Franz kneift sie in den Arm.

Au! Au –

Der Merkl Franz Und wenn du dich noch so sehr windest! Ich bleibe, solange ich Lust dazu habe – in einer solchen Situation darf man seinen Freund nicht allein lassen.

16. Szene

Karoline erscheint.
Stille.

17. Szene

Kasimir *nähert sich langsam Karoline und hält dicht vor ihr:* Ich habe dich zuvor gefragt, wie du das verstanden haben willst, daß wir zwei eventuell nicht mehr zueinander passen. Und du hast gesagt: eventuell. Hast du gesagt.

Karoline Und du hast gesagt, daß ich dich verlasse, weil du abgebaut worden bist. Das ist eine ganz tiefe Beleidigung. Eine wertvolle Frau hängt höchstens noch mehr an dem Manne, zu dem sie gehört, wenn es diesem Manne schlecht geht.

Kasimir Bist du eine wertvolle Frau?

Karoline Das mußt du selber wissen.

Kasimir Und du hängst jetzt noch mehr an mir?

Karoline schweigt.

Du sollst mir jetzt eine Antwort geben.

Karoline Ich kann dir darauf keine Antwort geben. Das mußt du fühlen.

Stille.

Kasimir Warum lügst du?

Karoline Ich lüge nicht.

Kasimir Doch. Und zwar ganz ohne Schamgefühl.

Stille.

Karoline Wann soll denn das gewesen sein?

Kasimir Zuvor. Da hast du gesagt, daß du diesen Herrn dort schon lange kennst. Seit schon lang, hast du gesagt. Und derweil ist das doch nur so eine Oktoberfestbekanntschaft. Warum hast du mich angelogen?

Stille.

Karoline Ich war halt sehr verärgert.

Kasimir Das ist doch kein Grund.

Karoline Bei einer Frau vielleicht schon.

Kasimir Nein.

Stille.

Karoline Eigentlich wollte ich ja nur ein Eis essen – aber dann haben wir über den Zeppelin gesprochen. Du bist doch sonst nicht so kleinlich.

Kasimir Das kann ich jetzt nicht so einfach überwinden.

Karoline Ich habe doch nur mit der Achterbahn fahren wollen. *Stille.*

Kasimir Wenn du gesagt hättest: lieber Kasimir, ich möchte gerne mit der Achterbahn fahren, weil ich das so gerne möchte – dann hätte der Kasimir gesagt: fahre zu mit deiner Achterbahn!

Karoline: So stell dich doch nicht so edel hin!

Kasimir: Schleim dich nur ruhig aus. Wer ist denn das eigentlich?

Karoline: Das ist ein gebildeter Mensch. Ein Zuschneider.

Stille.

Kasimir: Du meinst also, daß ein Zuschneider etwas Gebildeteres ist wie ein ehrlicher Chauffeur?

Karoline: Geh verdrehe doch nicht immer die Tatsachen.

Kasimir: Das überlasse ich dir! Ich konstatiere, daß du mich angelogen hast, und zwar ganz ohne Grund! So schwing dich doch mit deinem gebildeten Herrn Zuschneider! Das sind freilich die feineren Kavaliere als wie so ein armer Hund, der wo gestern abgebaut worden ist!

Karoline: Und nur, weil du abgebaut worden bist, soll ich jetzt vielleicht weinen? Gönnst einem schon gar kein Vergnügen, du Egoist.

Kasimir: Seit wann bin ich denn ein Egoist? Jetzt muß ich aber direkt lachen! Hier dreht es sich doch nicht um deine Achterbahn, sondern um dein unqualifiziertes Benehmen, indem daß du mich angelogen hast!

Schürzinger: Pardon –

Der Merkl Franz: *unterbricht ihn:* Jetzt halt aber endlich dein Maul, und schau, daß du dich verrollst! Fahr ab, sag ich!

Kasimir: Laß ihn laufen, Merkl! Die zwei passen prima zusammen! *Zu Karoline.* Du Zuschneidermensch!

Stille.

Karoline: Was hast du da jetzt gesagt?

Der Merkl Franz: Er hat jetzt da gesagt: Zuschneidermensch. Oder Nutte, wie der Berliner sagt.

Schürzinger: Kommen Sie, Fräulein!

Karoline: Ja. Jetzt komme ich –

Ab mit dem Schürzinger.

18. Szene

Der Merkl Franz: *sieht ihnen nach:* Glückliche Reise!

Kasimir: Zu zweit.

Der Merkl Franz: Weiber gibts wie Mist! *Zu Erna.* Wie Mist.

Erna: Sei doch nicht so ordinär. Was hab ich denn dir getan?

Der Merkl Franz: Du bist eben auch nur ein Weib. So, und jetzt kauft sich der Merkl Franz eine Tasse Bier. Von wegen der lieblicheren Gedanken. Kasimir, geh mit!

Kasimir: Nein. Ich geh jetzt nachhaus und leg mich ins Bett. *Ab.*

19. Szene

Der Merkl Franz *ruft ihm nach:* **Gute Nacht!**
Dunkel.

20. Szene

Das Orchester spielt nun die Parade der Zinnsoldaten.

21. Szene

Neuer Schauplatz:
Beim Toboggan.
Am Ende der Rinne, in welcher die Tobogganbesucher am Hintern herunterrutschen. Wenn dabei die zuschauenden Herren Glück haben, dann können sie den herunterrutschenden Damen unter die Röcke sehen. Auch Rauch und Speer sehen zu.
Links ein Eismann mit türkischem Honig und Luftballons. Rechts eine Hühnerbraterei, die aber wenig frequentiert wird, weil alles viel zu teuer ist. Jetzt rutschen gerade Elli und Maria die Rinne herunter, und man kann ihnen unter die Röcke sehen. Und die Luft ist voll Wiesenmusik.

22. Szene

Rauch zwinkert Elli und Maria zu, die wo sich mit ihren Büstenhaltern beschäftigen, welche sich durch das Herabrutschen verschoben haben.

Elli **Ist das aber ein alter Hirsch.**
Maria **Reichlich.**
Elli **Ein Saubär, ein ganz bremsiger.**
Maria **Ich glaub, daß der andere ein Norddeutscher ist.**
Elli **Wieso, weswegen?**
Maria **Das kenn ich am Hut. Und an die Schuh.**
Rauch grinst noch immer.
Elli *blickt ihn freundlich an – aber so, daß er es nicht hören kann:* **Schnallentreiber, dreckiger.**

Rauch grüßt geschmeichelt.
Wie zuvor. **Guten Abend, Herr Nachttopf!**
Rauch läuft das Wasser im Munde zusammen.
Wie zuvor. **Das tät dir so passen, altes Scheißhaus – Denk lieber ans Sterben als wie an das Gegenteil!** *Fröhlich lachend ab mit Maria.*

23. Szene

Rauch **Geht los wie Blücher!**
Speer **Zwei hübsche Todsünden – was?**
Rauch **Trotz Krise und Politik – mein altes Oktoberfest, das bringt mir kein Brüning um. Hab ich übertrieben?**
Speer **Gediegen. Sehr gediegen!**
Rauch **Da sitzt doch noch der Dienstmann neben dem Geheimrat, der Kaufmann neben dem Gewerbetreibenden, der Minister neben dem Arbeiter – so lob ich mir die Demokratie!** *Er tritt mit Speer an die Hühnerbraterei; die beiden Herren fressen nun ein zartes knuspriges Huhn und saufen Kirsch und Wiesenbier.*

24. Szene

Karoline *kommt mit dem Schürzinger; sie etwas voraus – dann hält sie plötzlich und er natürlich auch:* **Muß denn das sein, daß die Männer so mißtrauisch sind? Wo man schon alles tut, was sie wollen.**
Schürzinger **Natürlich muß man sich als Mann immer in der Hand haben. Sie dürfen mich nicht falsch verstehen.**
Karoline **Warum?**
Schürzinger **Ich meine, weil ich zuvor eine Lanze für Ihren Herrn Bräutigam gebrochen hab. Er ist halt sehr aufgebracht – es ist das doch kein Kinderspiel, so plötzlich auf der Straße zu liegen.**
Karoline **Das schon! Aber das ist doch noch kein Grund, daß er sagt, daß ich eine Dirne bin. Man muß das immer trennen, die allgemeine Krise und das Private.**
Schürzinger **Meiner Meinung nach sind aber diese beiden Komplexe unheilvoll miteinander verknüpft.**
Karoline **Geh redens doch nicht immer so geschwollen daher! Ich kauf mir jetzt noch ein Eis.** *Sie kauft sich bei dem Eismann Eis, und auch der Schürzinger schleckt wieder eine Portion.*

25. Szene

Rauch *deutet fressend auf Karoline:* Was das Mädchen dort für einen netten Popo hat –

Speer Sehr nett.

Rauch Ein Mädchen ohne Popo ist kein Mädchen.

Speer Sehr richtig.

26. Szene

Schürzinger Ich meine ja nur, daß man sich so eine Trennung genau überlegen muß, mit allen ihren Konsequenzen.

Karoline Mit was denn für Konsequenzen? Ich bin doch eine berufstätige Frau.

Schürzinger Aber ich meine ja doch jetzt das seelische Moment.

Stille.

Karoline Ich bin nicht so veranlagt, daß ich mich beschimpfen lasse. Ich bin ja sogar blöd, daß ich mich derart mit Haut und Haar an den Herrn Kasimir ausgeliefert habe – Ich hätt doch schon zweimal einen Beamten heiraten können mit Pensionsberechtigung.

Stille.

Schürzinger Ich möchte es halt nur nicht gerne haben, daß das jetzt so herschaut, als wäre vielleicht ich an dieser Entfremdung zwischen ihm und Ihnen schuld – Ich habe nämlich schon einmal Mann und Frau entzweit. Nie wieder!

Karoline Sie haben doch vorhin gesagt, daß wenn der Mann arbeitslos wird, daß dann hernach auch die Liebe von seiner Frau zu ihm hin nachläßt – und zwar automatisch.

Schürzinger Das liegt in unserer Natur. Leider.

Karoline Wie heißen Sie denn eigentlich mit dem Vornamen?

Schürzinger Eugen.

Karoline Sie haben so ausgefallene Augen.

Schürzinger Das haben mir schon manche gesagt.

Karoline Bildens Ihnen nur nichts ein!

Stille.

Schürzinger Gefällt Ihnen Eugen als Vorname?

Karoline Unter Umständen.

Stille.

Schürzinger Ich bin ein einsamer Mensch, Fräulein. Sehen Sie, meine Mutter zum Beispiel, die ist seit der Inflation taub und auch nicht mehr ganz richtig im Kopf, weil sie alles verloren hat – so habe ich jetzt keine Seele, mit der ich mich aussprechen kann.

Karoline Habens denn keine Geschwister?

Schürzinger Nein. Ich bin der einzige Sohn.

Karoline Jetzt kann ich aber kein Eis mehr essen. *Ab mit dem Schürzinger.*

27. Szene

Speer Eine merkwürdige Jugend, diese heutige Jugend. Wir haben ja seinerzeit auch Sport getrieben, aber so merkwürdig wenig Interesse für die Reize des geistigen Lebens –

Rauch Eine eigentlich unsinnliche Jugend.

Speer *lächelt:* Es bleibt ihnen zwar manches erspart.

Rauch Ich hab immer Glück gehabt.

Speer Ich auch, außer einmal.

Rauch War sie wenigstens hübsch?

Speer In der Nacht sind alle Katzen grau.

Rauch *erhebt sein Glas:* Spezielles!

28. Szene

Karoline rutscht nun die Rinne herunter, gefolgt von dem Schürzinger, und Rauch und Speer können ihr unter die Röcke sehen.
Schürzinger erblickt Rauch, zuckt zusammen und grüßt überaus höflich, sogar gleich zweimal.

29. Szene

Rauch *dankt überrascht; zu Speer:* Wer ist denn das? Jetzt grüßt mich da der Kavalier von dem netten Popo –

30. Szene

Karoline *beschäftigt sich nun auch mit ihrem Büstenhalter:* **Wer ist denn das dort?**

Schürzinger **Das ist er selbst. Kommerzienrat Rauch. Mein Chef. Sie kennen doch die große Firma – vier Stock hoch und auch noch nach hinten hinaus.**

Karoline **Ach ja ja!**

Schürzinger **Er hat zwar im Juni eine GmbH aus sich gemacht, aber nur pro forma, von wegen der Steuer und so.**

31. Szene

Rauch *hatte sich mit Speer besprochen und nähert sich nun bereits etwas angetrunken dem Schürzinger:* **Verzeihen Sie, der Herr! Woher haben wir das Vergnügen?**

Schürzinger **Mein Name ist Schürzinger, Herr Kommerzienrat.**

Rauch **Schürzinger?**

Schürzinger **Kinderkonfektion. Abteilung Kindermäntel.**

Stille.

Rauch *zu Schürzinger:* **Das Fräulein Braut?**

Karoline **Nein.**

Stille.

Rauch *steckt dem Schürzinger eine Zigarre in den Mund:* **Sehr angenehm!** *Zu Karoline.* **Dürfen der Herr Kommerzienrat das Fräulein zu einem Kirsch bitten?**

Karoline **Nein danke. Ich kann keinen Kirsch vertragen. Ich möcht gern einen Samos.**

Rauch **Also einen Samos!** *Er tritt an die Hühnerbraterei.* **Einen Samos!** *Zu Karoline.* **Das ist mein bester Freund aus Erfurt in Thüringen – und ich stamme aus Weiden in der Oberpfalz. Auf Ihr Wohlsein, Fräulein! Und einen Kirsch für den jungen Mann da!**

Schürzinger **Verzeihung, Herr Kommerzienrat – aber ich nehme nie Alkohol zu mir.**

32. Szene

Kasimir erscheint und beobachtet.

33. Szene

Rauch	**Na wieso denn nicht?**
Schürzinger	**Weil ich ein Antialkoholiker bin, Herr Kommerzienrat.**
Speer	**Aus Prinzip?**
Schürzinger	**Wie man so zu sagen pflegt.**
Rauch	**Also derartige Prinzipien werden hier nicht anerkannt! Wir betrachten selbige als nichtexistent! Mit seinem Oberherrgott wird der junge Mann schon einen Kirsch kippen! Ex, Herr –**
Schürzinger	**Schürzinger.** *Er leert das Glas und schneidet eine Grimasse.*
Rauch	**Schürzinger! Ich hatte mal einen Erzieher, der hieß auch Schürzinger. War das ein Rhinozeros! Noch einen Samos! Und noch einen Kirsch für den Herrn Antialkoholiker – den haben wir jetzt entjungfert in Sachen Alkohol. Sie vielleicht auch, Fräulein?**
Karoline	**Oh nein! Ich trink nur nichts Konzentriertes, und das gemischte Zeug hab ich schon gar nicht gern –** *Sie erblickt Kasimir.*

34. Szene

Kasimir winkt sie zu sich heran.
Karoline folgt nicht.
Kasimir winkt deutlicher.
Karoline leert den Samos, stellt dann das Glas trotzig und umständlich hin und nähert sich langsam Kasimir.

35. Szene

Rauch	**Wer ist denn das? Don Quichotte?**
Schürzinger	**Das ist der Bräutigam von dem Fräulein.**
Speer	**Tableau!**
Schürzinger	**Sie möcht aber nichts mehr von ihm wissen.**
Rauch	**Schon wieder angenehmer!**

36. Szene

Karoline Was willst du denn schon wieder?

Stille.

Kasimir Was sind denn das dort für Leute?

Karoline Lauter alte Bekannte.

Kasimir Sei nicht boshaft bitte.

Karoline Ich bin nicht boshaft. Der Dicke dort ist der berühmte Kommerzienrat Rauch, der wo Alleininhaber ist. Und der andere kommt aus Norddeutschland. Ein Landgerichtsdirektor.

Kasimir Also lauter bessere Menschen. Du kannst mich jetzt nicht mehr aufregen.

Stille.

Karoline Was willst du noch?

Kasimir Ich hab dich um Verzeihung bitten wollen von wegen meinem Mißtrauen und daß ich zuvor so grob zu dir war. Nein, das war nicht schön von mir. Wirst du mir das verzeihen?

Karoline Ja.

Kasimir Ich danke dir. Jetzt geht es mir schon wieder anders –

Er lächelt.

Karoline Du verkennst deine Lage.

Kasimir Was für eine Lage?

Stille.

Karoline Es hat keinen Sinn mehr, Kasimir. Ich hab mir das überlegt und habe mich genau geprüft – *Sie wendet sich der Schnapsbude zu.*

Kasimir Aber das sind doch dort keine Menschen für dich! Die nützen dich doch nur aus zu ihrem Vergnügen!

Karoline So sei doch nicht so sentimental. Das Leben ist hart, und eine Frau, die wo etwas erreichen will, muß einen einflußreichen Mann immer bei seinem Gefühlsleben packen.

Kasimir Hast du mich auch dort gepackt?

Karoline Ja.

Stille.

Kasimir Das ist nicht wahr.

Karoline Doch.

Stille.

Kasimir Was willst du denn durch diese Herrschaften dort erreichen?

Karoline Eine höhere gesellschaftliche Stufe und so.

Kasimir Das ist aber eine neue Ansicht, die du da hast.

Karoline Nein, das ist keine neue Ansicht – aber ich habe mich von dir tyrannisieren lassen und habe es dir nachgesagt, daß eine Büroangestellte auch nur eine Proletarierin ist! Aber da drinnen in meiner Seele habe ich immer anders gedacht! Mein Herz und mein Hirn waren ja umnebelt, weil ich dir hörig war! Aber jetzt ist das aus.

Kasimir Aus?

Karoline Du sagst es.

Stille.

Kasimir So. Hm. Also das wird dann schon so sein. Der Kasimir ist halt abgebaut. So und nicht anders. Da gibt es keine Ausnahmen. Lächerlich.

Karoline Hast du mir noch etwas zu sagen?

Stille.

Kasimir Lang bin ich herumgeschlichen und hab es mir überlegt, ob ich dich nämlich um Verzeihung bitten soll – aber jetzt tut es mir leid. *Ab.*

37. Szene

Karoline sieht ihm nach und wendet sich dann wieder der Schnapsbude zu.
Dunkel.

38. Szene

Das Orchester spielt nun die letzte Rose.

39. Szene

Neuer Schauplatz:
Bei den Abnormitäten.
Drinnen im Zuschauerraum. Es ist gesteckt voll. Auch Rauch, Speer, Karoline und der Schürzinger sitzen drinnen.

40. Szene

Der Ausrufer **Als fünftes darf ich Ihnen nun vorstellen den Mann mit dem Bulldoggkopf!**
Der Mann mit dem Bulldoggkopf betritt die Bühne.
Johann, der Mann mit dem Bulldoggkopf, ist vorgestern sechzehn Jahre alt geworden. Wie Sie sehen, sind seine Unterkieferknochen abnorm stark ausgeprägt, so daß er mit seiner Unterlippe ohne weiteres bequem seine Nase bedecken kann. *Der Mann mit dem Bulldoggkopf tut es.*
Johann kann seinen Mund nicht öffnen und wird daher künstlich ernährt. Man könnte ihm zwar durch eine überaus schwierige Operation den Mund öffnen, aber dann hinwiederum könnte er seinen Mund nie schließen. Sie sehen hier, was die Natur für Spiele zu betreiben beliebt und welch seltsame Menschen auf unserer Erde hausen.
Der Mann mit dem Bulldoggkopf verbeugt sich und ab.

41. Szene

Der Ausrufer **Und nun, meine Herrschaften, kommen wir zur sechsten Nummer und damit zum Clou unserer Serie. Juanita, das Gorillamädchen!**
Juanita betritt die Bühne.
Juanita wurde in einem kleinen Dorfe bei Zwickau geboren. Wieso es gekommen war, daß sie in Hinsicht auf ihre körperliche Gestaltung nicht wie andere Menschenkinder das Licht der Welt erblickt hatte, das ist ein Rätsel der Wissenschaft. Wie sich die Herrschaften überzeugen können, ist Juanita am ganzen Leibe tierisch behaart, und auch die Anordnung der inneren Organe ist wie bei einem Tier –

42. Szene

Surren in der Luft, und zwar immer stärker und stärker; draußen Geheul und allgemeiner Musiktusch.

Rauch *schnellt empor:* **Der Zeppelin! Der Zeppelin!**
Ohrenbetäubendes Surren, die Zuschauer stürzen ins Freie – und nun beschreibt der Zeppelin einige Schleifen über der Oktoberfestwiese.

43. Szene

Juanita will auch hinaus.

Der Ausrufer **Zurück! Meschugge?**
Juanita **Aber der Zeppelin –**
Der Ausrufer **Aber ausgeschlossen! Unmöglich! Zurück!**

44. Szene

Der Mann mit dem Bulldoggkopf erscheint mit den übrigen Abnormitäten, der dicken Dame, dem Riesen, dem jungen Mädchen mit Bart, dem Kamelmenschen und den zusammengewachsenen Zwillingen.

Der Ausrufer **Ja wer hat euch denn gerufen?! Was nehmt ihr euch denn da heraus?!**
Die dicke Dame **Aber der Zeppelin –**

45. Szene

Der Liliputaner *erscheint auf der Bühne mit einer Hundepeitsche:* **Heinrich! Was gibts denn da?**
Der Ausrufer **Direktor! Die Krüppel sind wahnsinnig geworden! Sie möchten den Zeppelin sehen!**
Der Liliputaner *scharf:* **Sonst noch was fällig?!** *Stille.* **Auf die Plätze! Aber schleunigst, bitte! Was braucht ihr einen Zeppelin zu sehen – wenn man euch draußen sieht, sind wir pleite! Das ist ja Bolschewismus!**
Juanita **Also beschimpfen laß ich mich nicht!** *Sie weint. Der Mann mit dem Bulldoggkopf röchelt, wankt und faßt sich ans Herz.*
Die dicke Dame **Johann! Johann –**
Der Liliputaner **Raus mit euch! Marsch marsch!**
Die dicke Dame *stützt den Mann mit dem Bulldoggkopf:* **Der arme Johann – er hat doch so ein schwaches Herz -** *Sie zieht sich zurück mit den übrigen Abnormitäten, nur Juanita bleibt zurück.*

46. Szene

Der Liliputaner *plötzlich sanft:* Also nur nicht weinen, kleine Juanita – hier hast du Bonbons – schöne Pralinen –

Juanita Sie sollen mich nicht immer beschimpfen, Herr Direktor – das ist doch wirklich schon unchristlich.

Der Liliputaner Nichts für ungut. Da – *Er übergibt ihr die Pralinen und ab.*

47. Szene

Juanita verzehrt apathisch die Pralinen – inzwischen erscheinen Karoline und der Schürzinger wieder im Zuschauerraum und setzen sich in die hinterste Bankreihe.

48. Szene

Karoline Er sieht schön aus, der Zeppelin – auch in der Nacht, so beleuchtet. Aber wir fliegen ja nicht mit.

Schürzinger Bestimmt.

Karoline Sie schaun mich so komisch an.

Schürzinger Sie mich auch.

Stille.

Karoline Ich glaub, ich habe schon einen kleinen sitzen. Und Sie haben noch nie einen Alkohol getrunken?

Schürzinger Noch nie.

Karoline Und auch sonst sind der Herr so zurückhaltend?

Schürzinger Das wieder weniger eigentlich.

Karoline gibt ihm plötzlich einen kurzen Kuß.

Stille.

Jetzt kenn ich mich nicht mehr aus. Ist das jetzt der Alkohol oder – es geht nämlich etwas vor in mir, was ich nicht kontrollieren kann. Wenn man zum Beispiel Geld hätte –

Karoline *unterbricht ihn:* Geh sei doch nicht so fad!

Stille.

Schürzinger Sind wir jetzt per du?

Karoline Für diesen heutigen Abend –

Schürzinger Und für sonst?

Karoline Vielleicht!

Stille.

49. Szene

Rauch erscheint nun auch wieder im Zuschauerraum – er erblickt Karoline und Schürzinger, hält knapp beim Eingang und lauscht.

Karoline **Du heißt Eugen?**
Schürzinger **Ja.**
Karoline **Und ich heiße Karoline. Warum lachst du jetzt?**
Schürzinger **Weil ich mich freu.**
Rauch **Und ich heiße Konrad.**
Schürzinger zuckt zusammen und Karoline ebenfalls.
Stille.
Schürzinger erhebt sich.
Grinst und droht neckisch mit dem Zeigefinger. **Nanana, böses Karolinchen – wer sitzt denn da drinnen, während draußen der Zeppelin fliegt?**
Karoline **Oh, den Zeppelin, den kenne ich schon auswendig!**
Rauch *fixiert Schürzinger; verärgert:* **Ich gratuliere.**
Schürzinger verbeugt sich unangenehm berührt.
Grimmig. **Nur so weiter! Lassen Sie sich nur nicht stören in Ihrer angeregten Unterhaltung –**
Schürzinger **Herr Kommerzienrat! Angeregt ist anders, wie man so zu sagen pflegt –** *Er lächelt höflich und setzt sich wieder.*
Rauch **Anders?**

50. Szene

Speer *ist Rauch gefolgt:* **Ein widerlicher Bursche!**
Rauch **Ein Zyniker.**
Speer **Schmiert sich da an Karolinchen an, während wir dem Zepp folgen.**
Rauch **Es wird sich da bald ausgeschmiert haben.**

51. Szene

Das Orchester intoniert nun piano den Radetzkymarsch, und die Zuschauer betreten nun wieder den Zuschauerraum, weil der Zeppelin bereits unterwegs nach Friedrichshafen ist. Als alles wieder sitzt, bricht das Orchester ab, und zwar mitten im Takt.

52. Szene

Karoline Wie willst du das verstanden haben, daß du nicht angeregt bist?

Schürzinger Aber das war doch nur eine momentane Taktik.

Karoline Ich höre dich schon gehen. Du bist also ein berechnender Mensch. Auch in der Liebe?

Schürzinger Nein das ist ein krasses Mißverständnis, was du da nämlich jetzt denkst.

Karoline Ich denke ja gar nichts, ich sage es ja nur.

53. Szene

Der Ausrufer *schlägt auf den Gong:* Meine Damen und Herren! Wir waren dort stehen geblieben, daß Juanita auf dem ganzen Leibe tierisch behaart und daß auch die Anordnung ihrer inneren Organe wie bei einem Tiere ist. Trotzdem hat Juanita aber eine äußerst rege Phantasie. So spricht sie perfekt englisch und französisch, und das hat sie sich mit zähem Fleiß selbst beigebracht. Und nun wird sich Juanita erlauben, den Herrschaften eine Probe ihrer prächtigen Naturstimme zu geben! Darf ich bitten –

Auf einem ausgeleierten Piano ertönt die Barcarole aus ›Hoffmanns Erzählungen‹.

54. Szene

Juanita *singt – und während sie singt, legt Schürzinger seinen Arm um Karolines Taille, und auch ihre Waden respektive Schienbeine berühren sich:*

Schöne Nacht, du Liebesnacht
Oh stille mein Verlangen!
Süßer als der Tag uns lacht
Die schöne Liebesnacht.
Flüchtig weicht die Zeit unwiederbringlich unserer Liebe
Fern von diesem lauschigen Ort entweicht die flüchtige Zeit
Zephire lind und sacht
Die uns kosend umfangen
Zephire haben sacht

Sanfte Küsse gebracht –
Ach.
Schöne Nacht, du Liebesnacht
Oh stille mein Verlangen.
Süßer als der Tag uns lacht
Die schöne Liebesnacht –
Ach.

55. Szene

Schon während der letzten Strophen fiel der Vorhang. Nun hat Juanita ihr Lied beendet, und der Liliputaner geht vor dem Vorhang von rechts nach links über die Bühne. Er hält eine Tafel in den Händen, und auf dieser Tafel steht: ›Pause‹.

56. Szene

Pause.

57. Szene

Und wieder wird es dunkel im Zuschauerraum, und das Orchester spielt den bayerischen Defiliermarsch von Scherzer. Hierauf hebt sich wieder der Vorhang.

58. Szene

Schauplatz: Beim Wagnerbräu.
Mit der festlichen Blechmusikkapelle. Der Merkl Franz ist aufgeräumt und seine Erna mehr bescheiden, während Kasimir melancholisch daneben hockt.

59. Szene

Alles *außer Kasimir, singt zur Blechmusik:*
Solang der alte Peter
Am Petersbergerl steht
Solang die grüne Isar
Durchs Münchnerstadterl fließt
Solang am Platzl drunten
Noch steht das Hofbräuhaus
Solang stirbt die Gemütlichkeit
Zu München nimmer aus
Solang stirbt die Gemütlichkeit
Zu München nimmer aus!
Ein Prosit, ein Prosit der Gemütlichkeit!
Eins, zwei, drei – gsuffa!

60. Szene

Der Merkl Franz Prost, Kasimir! Sauf, damit du etwas wirst!

Kasimir Was soll ich denn schon werden? Vielleicht gar ein Kommerzienrat!

Der Merkl Franz So gründ doch eine neue Partei! Und werd Finanzminister!

Kasimir Wer den Schaden hat, hat auch den Spott.

Der Merkl Franz Wem nicht zu raten ist, dem ist auch nicht zu helfen.
Stille.

Kasimir Jetzt bin ich ein Kraftwagenführer und habe den Führerschein A drei und den Führerschein B drei.

Der Merkl Franz Sei nur froh, daß du deine Braut nicht mehr hast, diese arrogante Person!

Kasimir Das Fräulein sind halt eine Büroangestellte.

Der Merkl Franz Das ist noch kein Entschuldigungsgrund.

Kasimir Überhaupt sind alle Weiber minderwertige Subjekte – Anwesende natürlich ausgenommen. Sie verkaufen ihre Seele und verraten in diesem speziellen Falle mich wegen einer Achterbahn.

Erna Wenn ich ein Mann wär, dann tät ich keine Frau anrühren. Ich vertrag schon den Geruch nicht von einer Frau. Besonders im Winter.

61. Szene

Alles *außer Kasimir, singt nun wieder zur Blechmusik:*
Ich schieß den Hirsch im wilden Forst
Im dunklen Wald das Reh
Den Adler auf der Klippe Horst
Die Ente auf dem See.
Kein Ort, der Schutz gewähren kann
Wenn meine Büchse knallt –
Und dennoch hab ich harter Mann
die Liebe schon gespürt.
Plötzlich Stille.

62. Szene

Kasimir Und dennoch hab ich harter Mann die Liebe schon gespürt – und die ist ein Himmelslicht und macht deine Hütte zu einem Goldpalast – und sie höret nimmer auf, solang du nämlich nicht arbeitslos wirst. Was sind denn das schon überhaupt für Ideale von wegen dem seelischen Ineinanderfließen zweier Menschen? Adam und Eva! Ich scheiß dir was auf den Kontakt – da hab ich jetzt noch ein Kapital von rund vier Mark, aber heut sauf ich mich an und dann häng ich mich auf – und morgen werden die Leut sagen: Es hat einmal einen armen Kasimir gegeben –

Der Merkl Franz Einen Dreck werden die Leut sagen! Da sterben ja täglich Tausende – und sind schon vergessen, bevor daß sie sterben! Vielleicht, daß wenn du ein politischer Toter wärst, nachher tätst noch mit einem Pomp begraben werden, aber schon morgen vergessen – vergessen!

Kasimir Ja, man ist ziemlich allein.

Der Merkl Franz Prost, Arschloch!

63. Szene

Alles *außer Kasimir, singt nun abermals zur Blechmusik:*
Trink, trink, Brüderlein trink
Lasse die Sorgen zuhaus
Deinen Kummer und deinen Schmerz
Dann ist das Leben ein Scherz

Deinen Kummer und deinen Schmerz
Dann ist das Leben ein Scherz.
Plötzlich Stille.

64. Szene

Kasimir *erhebt sich:* So. Jetzt werd ich aber elementar. Eigentlich sollt ich jetzt zur Karoline nach Hause gehen und ihr alle Kleider aus ihrem Kleiderschrank herausreißen und zerreißen, bis die Fetzen fliegen! Jetzt werd ich aber ganz ekelhaft! *Wankend ab.*

65. Szene

Erna Wo geht denn der da hin?
Der Merkl Franz Wenn er nicht hineinfallt, kommt er wieder heraus.
Erna Ich hab nämlich direkt Angst –
Der Merkl Franz Der tut sich doch nichts an.
Erna Aber ich glaub es nicht, daß der eine robuste Natur ist. Der ist mehr empfindsam.
Der Merkl Franz Du hast ja eine scharfe Beobachtungsgabe.
Stille.
Erna Du, Franz – laß ihn doch laufen bitte.
Der Merkl Franz Wen?
Erna Den Kasimir.
Der Merkl Franz Wieso laufen lassen?
Erna Der paßt doch nicht zu uns, das hab ich jetzt direkt im Gefühl. Beeinflusse ihn nicht, bitte.
Der Merkl Franz Und warum nicht?
Erna Weil das ist ja auch nichts, was wir da treiben.
Der Merkl Franz Seit wann denn?
Stille.
Erna Geh so tu doch deine Finger aus meinem Bier!
Der Merkl Franz Du hast eine scharfe Beobachtungsgabe.
Erna So tu doch die Finger da raus –
Der Merkl Franz Nein. Das kühlt mich so angenehm. Mein heißes Blut. *Erna reißt plötzlich seine Hand aus ihrem Bierkrug. Der Merkl Franz grinst perplex.*

66. Szene

Alles *außer Erna und dem Merkl Franz singt nun wieder zur Blechmusik; Rauch, Speer, Karoline und Schürzinger gehen vorüber, mit dem Maßkrug in der Hand, Papiermützen auf dem Kopf und Scherzartikel in der Hand – auch sie singen natürlich mit:*
Trink, trink, Brüderlein trink
Lasse die Sorgen zuhaus
Deinen Kummer und deinen Schmerz
Dann ist das Leben ein Scherz!
Deinen Kummer und deinen Schmerz
Dann ist das Leben ein Scherz!
Plötzlich Stille.

67. Szene

Kasimir *erscheint mit Elli und Maria – er hält beide umarmt:* Darf ich bekannt machen! Wir drei Hübschen haben uns gerade soeben vor der Toilette kennengelernt! Merkl, kannst du mir das Phänomen erklären, warum daß die Damenwelt immer zu zweit verschwindet?

Maria Pfui!

Der Merkl Franz Hier gibt es kein Pfui, Fräulein!

Kasimir Wir sind alles nur Menschen! Besonders heute! *Er setzt sich und läßt Elli auf seinem Schoß Platz nehmen.*

Elli *zum Merkl Franz:* Stimmt das jetzt, daß dieser Herr einen Kompressor besitzt?

Der Merkl Franz Natürlich hat der einen Kompressor! Und was für einen!

Maria *zu Elli:* Geh so lasse dich doch nicht so anschwindeln! Der und ein Kompressor!

Kasimir *zu Maria:* Wenn der Kasimir sagt, daß er einen Kompressor hat, dann hat er aber auch einen Kompressor – merk dir das, du Mißgeburt!

Elli *zu Maria:* So sei doch auch schon still.

Kasimir *streichelt Elli:* Du bist ein anständiges Wesen, du gefällst mir jetzt. Du hast so schöne weiche Haare und einen glatten Teint.

Elli Ich möcht gern was zum trinken.

Kasimir Da! Sauf!

Elli Da ist ja kein Tropfen mehr drinnen.

Kasimir Bier her!

Kellnerin *geht gerade vorbei und stellt ihm eine Maß hin:* Gleich zahlen bitte!

Kasimir *kramt in seinen Taschen:* Zahlen bitte, zahlen bitte – ja Herrgottsackelzement, hab ich denn jetzt da schon das ganze Geld weg –

Kellnerin nimmt die Maß wieder mit.

Elli erhebt sich.

Maria Und so etwas möchte einen Kompressor haben? Ich hab es dir ja gleich gesagt, daß so etwas im besten Falle ein Fahrrad hat. Auf Abzahlung.

Kasimir *zu Elli:* Komm, geh her –

Elli *winkt:* Grüß dich Gott, Herr Kompressor – *Ab mit Maria.*

68. Szene

Kasimir Zahlen bitte – oh, du mein armer Kasimir! Ohne Geld bist du halt der letzte Hund!

Der Merkl Franz Kasimir, der Philosoph.

Kasimir Wenn man nur wüßt, was daß man für eine Partei wählen soll –

Der Merkl Franz Kasimir, der Politiker.

Kasimir Leck mich doch du am Arsch, Herr Merkl!

Stille.

Der Merkl Franz Schau mich an.

Kasimir schaut ihn an.

Es gibt überhaupt keine politische Partei, bei der ich noch nicht dabei war, höchstens Splitter. Aber überall markieren die anständigen Leut den blöden Hund! In einer derartigen Weltsituation muß man es eben derartig machen, wie zum Beispiel ein gewisser Merkl Franz.

Kasimir Wie?

Der Merkl Franz Einfach.

Stille.

Zum Beispiel habe ich mich in letzter Zeit spezialisiert – auf einen gewissen Paragraphen.

Kasimir Also mit Paragraphen soll man sich nicht einlassen.

Der Merkl Franz Du Rindvieh. *Er hält dem Kasimir Zehnmarkscheine unter die Nase.*

Stille.

Kasimir Nein. So private Aktionen haben wenig Sinn.

Erna Dort drüben sitzt die Karoline.

Kasimir *erhebt sich:* Wo?

Stille.

Der Merkl Franz Sie hat dich erblickt.

Kasimir Aber sie geht nicht her.

Stille.

69. Szene

Kasimir *hält nun eine Rede an die ferne Karoline:* Fräulein Karoline. Du mußt keineswegs hergehen, weil es halt jetzt ganz aus ist mit unseren Beziehungen, auch mit den menschlichen. Du kannst ja auch nichts dafür, dafür kann ja nur meine Arbeitslosigkeit etwas, und das ist nur logisch, du Schlampen, du elendiger! Aber wenn ich jetzt dem Merkl Franz folgen täte, dann wärest aber nur du daran schuld – weil ich jetzt innerlich leer bin. Du hast in mir drinnen gewohnt und bist aber seit heute ausgezogen aus mir – und jetzt stehe ich da wie das Rohr im Winde und kann mich nirgends anhalten – *Er setzt sich.*

70. Szene

Stille.

Der Merkl Franz Also?

Kasimir Leergebrannt ist die Stätte.

Der Merkl Franz Kasimir. Zum letztenmal: wem nicht zu raten ist, dem ist nicht zu helfen.

Kasimir Das weiß ich jetzt noch nicht.

Der Merkl Franz *streckt ihm seine Hand hin:* Das liegt in deiner Hand –

Kasimir *Stiert abwesend vor sich hin:* Ich weiß das jetzt noch nicht.

Erna So lasse ihn doch, wenn er nicht mag.

Stille.

Der Merkl Franz fixiert Erna grimmig – plötzlich schüttet er ihr sein Bier in das Gesicht.

Erna schnellt empor.

Der Merkl Franz *drückt sie auf ihren Platz zurück:* Da bleibst! Sonst tritt ich dir in das Gesicht!

71. Szene

Alles *außer Kasimir, Erna und dem Merkl Franz singt:*
Und blühn einmal die Rosen
Ist der Winter vorbei
Nur der Mensch hat alleinig
Einen einzigen Mai
Und die Vöglein, die ziehen
Und fliegen wieder her
Nur der Mensch, bald er fortgeht
Nachher kommt er nicht mehr.
Dunkel.

72. Szene

Nun spielt das Orchester die Petersburger Schlittenfahrt.

73. Szene

Neuer Schauplatz: Im Hippodrom.
Rauch, Speer, Karoline und Schürzinger betreten es.

74. Szene

Rauch *zu Karoline:* **Na wie wärs mit einem kühnen Ritt? Wir sind doch hier im Hippodrom!**
Karoline **Fein! Aber nur keinen Damensattel – von wegen dem festeren Halt.**
Rauch **Schneidig!**
Speer **Das Fräulein denkt kavalleristisch.**
Karoline **Wenn ich einmal reit, möcht ich aber gleich zweimal reiten –**
Rauch **Auch dreimal!**
Karoline **Fein!** *Ab in die Manege.*

75. Szene

Speer *ruft ihr nach:* Auch viermal!

Rauch Auch ixmal! *Er setzt sich mit Speer an ein Tischchen auf der Estrade und läßt Flaschenwein auffahren.*

Schürzinger bleibt aber drunten stehen und stiert Karoline ständig nach; jetzt wird ein altes lahmes Pferd mit einem Damensattel, in dem ein zehnjähriges kurzsichtiges Mädchen sitzt, an der Estrade vorbei in die Manege geführt – gleich darauf ertönt Musik, die wo dann immer wieder mitten im Takt abbricht, wenn nämlich einige Runden vorbei sind und man neu bezahlen muß; auch Peitschengeknalle ist zu vernehmen; Schürzinger stellt sich auf einen Stuhl, um besser zusehen zu können; auch Rauch und Speer sehen natürlich zu.

76. Szene

Rauch Wacker! Prima!

Speer Eine Amazone!

Rauch Ein Talent! Da wackelt der Balkon! Radfahrende Mädchen erinnern von hinten an schwimmende Enten.

Speer *wendet sich wieder dem Flaschenwein zu:* Mensch, Rauch! Wie lange habe ich keinen Gaul mehr unter mir gehabt!

Rauch Tatsächlich?

Speer 1912 – da konnt ich mir noch zwei Pferde halten. Aber heute? Ein armer Richter. Wo sind die Zeiten! Das waren zwei Araber. Stuten. Rosalinde und Yvonne.

Rauch *hat sich nun auch wieder dem Flaschenwein zugewandt:* Du hast doch auch spät geheiratet?

Speer Immer noch früh genug.

Rauch Das sowieso. *Er hebt sein Glas.* Spezielles!

Stille.

Ich hab mein Weib nach Arosa und überallhin – der Junge ist ja kerngesund.

Speer Wann macht er denn seinen Doktor?

Rauch Nächstes Semester. Wir werden alt.

Stille.

Speer Ich bin schon zweimal Großpapa. Es bleibt immer etwas von einem zurück. Ein Körnchen.

77. Szene

Karoline erscheint nun wieder und möchte an dem Schürzinger vorbei, der noch immer auf dem Stuhle steht.

Schürzinger *gedämpft:* Halt! In deinem Interesse.
Karoline Auweh.
Schürzinger Wieso auweh?
Karoline Weil, wenn ein Mann so anfangt, dann hat er Hintergedanken.
Schürzinger *steigt langsam vom Stuhl herab und tritt dicht an Karoline heran:* Ich habe keine Hintergedanken. Ich bin jetzt nämlich wieder etwas nüchterner geworden. Bitte trinke keinen Alkohol mehr.
Karoline Nein. Heut trink ich, was ich will.
Schürzinger Du kannst es dir nicht ausmalen in deiner Phantasie, was die beiden Herrschaften dort über dich reden.
Karoline Was reden sie denn über mich?
Schürzinger Sie möchten dich betrunken machen.
Karoline Oh, ich vertrag viel.
Stille.
Schürzinger Und dann sagt er es ganz offen heraus, der Herr Kommerzienrat.
Karoline Was?
Schürzinger Daß er dich haben möcht. Erotisch. Noch heute nacht.
Stille.
Karoline So. Also haben möchte er mich –
Schürzinger Er sagt es vor mir, als wäre ich ein Nichts. So etwas ist doch keine Gesellschaft für dich. Das ist doch unter deiner Würde. Komm, empfehlen wir uns jetzt auf französisch –
Karoline Wohin?
Stille.
Schürzinger Wir können auch noch einen Tee trinken. Vielleicht bei mir.
Stille.
Karoline Du bist auch nur ein Egoist. Akkurat der Herr Kasimir.
Schürzinger Jetzt sprichst du spanisch.
Karoline Jawohl, Herr Kasimir.
Schürzinger Ich heiße Eugen.
Karoline Und ich heiße Karoline.
Stille.

Schürzinger Ich bin nämlich ein schüchterner Mensch. Und zuvor bei den Abnormitäten, da habe ich über eine gemeinsame Zukunft geträumt. Aber das war eben nur eine momentane Laune von einem gewissen Fräulein Karoline.

Karoline Jawohl, Herr Eugen.

Schürzinger Oft verschwendet man seine Gefühle –

Karoline Menschen ohne Gefühl haben es viel leichter im Leben. *Sie läßt ihn stehen und wendet sich der Estrade zu; Schürzinger setzt sich nun auf den Stuhl.*

78. Szene

Rauch Ich gratuliere!

Speer Sie sind talentiert. Das sage ich Ihnen als alter Ulan.

Karoline Ich dachte, der Herr wär ein Richter.

Speer Haben Sie schon mal einen Richter gesehen, der kein Offizier war? Ich nicht!

Rauch Es gibt schon einige –

Speer Juden!

Karoline Also nur keine Politik, bitte!

Speer Das ist doch keine Politik!

Rauch Ein politisch Lied, ein garstig Lied – *Er prostet mit Karoline.* Auf unseren nächsten Ritt!

Karoline Ich möchte ja sehr gerne noch reiten. Die dreimal waren so schnell herum.

Rauch Also noch einmal dreimal!

Speer *erhebt sein Glas:* Rosalinde und Yvonne! Wo seid ihr jetzt? Ich grüße euch im Geiste! Was ist ein Kabriolett neben einem Gaul!

Karoline Oh, ein Kabriolett ist schon auch etwas Feudales!

Speer *Wehmütig:* Aber man hat doch nichts Organisches unter sich –

Rauch *leise:* Darf ich Ihnen eröffnen, daß ich ein feudales Kabriolett besitze. Ich hoffe, Sie fahren mit.

Stille.

Karoline Wohin?

Rauch Nach Altötting.

Karoline Nach Altötting ja – *Ab wieder in die Manege – an dem Schürzinger vorbei, der nun einen seiner Mitesser in seinem Taschenspiegel aufmerksam betrachtet.*

79. Szene

Rauch ist nun bereits ziemlich betrunken – selig dirigiert er vor sich hin, als wäre er der Kapellmeister der Hippodrommusik; die spielt gerade einen Walzer.

Speer *ist noch betrunkener:* **Altötting? Wo liegt denn Altötting?**
Rauch *singt nach den Walzerklängen:* **In meinem Kämmerlein – eins, zwei, drei – in meinem Bettelein – eins, zwei, drei –** *Er summt.*
Speer *boshaft:* **Und dein Herr Angestellter dort?**
Die Musik bricht ab mitten im Takt.
Rauch schlägt mit der Hand auf den Tisch und fixiert Speer gehässig.
Jetzt spielt die Musik wieder, und zwar ein Marschlied.
Rauch *singt grimmig mit und fixiert den Speer noch immer dabei:*
Ja wir sind Zigeuner
Wandern durch die Welt
Haben fesche Weiber
Die verdienens Geld
Dort auf jener Wiese
Hab ich sie gefragt
Ob sie mich mal ließe
»Ja« hat sie gelacht!
Die Musik bricht wieder plötzlich ab.
Speer *noch boshafter:* **Und Ihr Herr Angestellter dort?**
Rauch *brüllt ihn an:* **Nur kein Neid!** *Er erhebt sich und torkelt zu dem Schürzinger.*

80. Szene

Rauch **Herr –**
Schürzinger *ist aufgestanden:* **Schürzinger.**
Rauch **Stimmt. Auffallend!** *Er steckt ihm abermals eine Zigarre in den Mund.* **Noch eine Zigarre – ein gelungener Abend.**
Schürzinger **Sehr gelungen, Herr Kommerzienrat.**
Rauch **Apropos gelungen: Kennen Sie die historische Anekdote von Ludwig dem Fünfzehnten, König von Frankreich – Hören Sie her: Ludwig der Fünfzehnte ging eines Abends mit seinem Leutnant und dessen Braut in das Hippodrom. Und da hat sich jener Leutnant sehr bald verabschiedet, weil er sich überaus geehrt gefühlt hat, daß sein Monarch**

sich für seine Braut so irgendwie interessiert – Geehrt hat er sich gefühlt! Geehrt!

Stille.

Schürzinger Ja, diese Anekdote ist mir nicht unbekannt. Jener Leutnant wurde dann bald Oberleutnant –

Rauch So? Das ist mir neu.

Stille.

Schürzinger Darf ich mich empfehlen, Herr Kommerzienrat – *Ab.*

81. Szene

Speer *nähert sich Rauch; er ist nun total betrunken:* Herr Kommerzienrat. Sie sind wohl wahnsinnig geworden, daß Sie mich so anbrüllen – Sie wissen wohl nicht, wen Sie vor sich haben! Speer! Landgerichtsdirektor!

Rauch Freut mich!

Speer Sie mich auch!

Stille.

Rauch Lieber Werner, mir scheint, du bist besoffen.

Speer Ist das dein Ernst, Konrad?

Rauch Absolut.

Stille.

Speer Das Gericht zieht sich zur Beratung zurück. Das Gericht erklärt sich für nicht befangen. Keine Bewährungsfrist. Versagung mildernder Umstände. Keine Bewährungsfrist!

Rauch *boshaft:* Gibts denn in Erfurt keine Mädchen?

Speer Kaum.

Rauch *grinst:* Ja was machen denn da die Erfurter?

Speer fixiert ihn grimmig – plötzlich versetzt er ihm einen gewaltigen Stoß und tritt sogar nach ihm, erwischt ihn aber nicht.

Stille.

Soll eine vierzigjährige Freundschaft so zerbrechen?

Speer Im Namen des Königs – *Er hebt die Hand zum Schwur.* Bei dem Augenlichte meiner Enkelkinder schwör ich es dir, jetzt sind wir zwei getrennt – von Tisch und Bett!

Er torkelt ab.

82. Szene

Rauch *sieht ihm nach:* **Traurig, aber wahr – auch ein Reptil. Ein eifersüchtiges Reptil. Aber der Konrad Rauch, der stammt aus einem alten markigen Bauerngeschlecht, und solche Paragraphen sind für ihn Papier! Trotz seiner zweiundsechzig Jahr! Au –** *Er windet sich plötzlich und setzt sich auf Schürzingers Stuhl.* **Was war denn jetzt das? – Hoffentlich werd ich heut nacht nicht wieder schwindlig – der Joseph hat ja einen Blutsturz gehabt – Achtung, Konrad Rauch! Achtung!**

83. Szene

Karoline erscheint und sieht sich um.
Stille.

Karoline **Wo ist denn der Herr Schürzinger?**
Rauch **Er läßt sich bestens empfehlen.**
Stille.
Karoline **Und der Herr Ulanenoffizier ist auch fort?**
Rauch **Wir sind allein.**
Stille.
Karoline **Fahren wir wirklich nach Altötting?**
Rauch **Jetzt.** *Er versucht aufzustehen, muß sich aber gleich wieder setzen, und zwar schmerzverzerrt.* **Was verdienen Sie monatlich?**
Stille.
Karoline **Fünfundfünfzig Mark.**
Rauch **Schön.**
Karoline **Ich bin auch froh, daß ich das habe.**
Rauch **In der heutigen Zeit.**
Karoline **Nur hat man so gar keinen Zukunftsblick. Höchstens, daß ich mich verdreifache. Aber dann bin ich schon grau.**
Rauch **Zukunft ist eine Beziehungsfrage –** *jetzt erhebt er sich –* **und Kommerzienrat Konrad Rauch ist eine Beziehung. Auf nach Altötting!**
Musiktusch.
Dunkel.

Der Merkl Franz

84. Szene

Nun spielt das Orchester das Mailüfterl.

85. Szene

Neuer Schauplatz: Auf dem Parkplatz für die Privatautos hinter der Oktoberfestwiese.
Im Vordergrund eine Bank. Der Merkl Franz taucht auf mit seiner Erna und Kasimir.

86. Szene

Der Merkl Franz **Alsdann hier hätten wir es. Es treibt sich da nämlich nur der bewußte eine Parkwächter herum – und der steht meistens dort drüben, weil man von dort die schönere Aussicht auf die Festwiese hat. Erna! Jetzt werd aber endlich munter!**

Erna **Ich bin noch naß von dem Bier.**

Der Merkl Franz **Das war doch nur halb so tragisch gemeint.**

Erna **Tut es dir leid?**

Stille.

Der Merkl Franz **Nein.**

In der Ferne ertönt ein Pfiff.

Die drei Leut lauschen.

Kriminaler?

Erna **Gib nur acht, Franz!**

Der Merkl Franz **Apriori habt ihr das hier zu tun – wenn sich was Unrechts rühren sollte. Heut parken ja da allerhand hochkapitalistische Limousinen. Lauter Steuerhinterzieher –** *Er verschwindet zwischen den Limousinen.*

87. Szene

Kasimir *wie zu sich:* **Auf Wiedersehen!**

88. Szene

Erna Der Merkl hat doch eine komische Natur. Zuerst bringt er einen um, und dann tut es ihm leid.

Kasimir Er ist halt kein durchschnittlicher Mensch.

Erna Weil er sehr intelligent ist. Der drückt so ein Autotürerl auf und ein Fensterscheiberl ein – da hörst aber keinen Laut.

Kasimir Es bleibt einem ja nichts anderes übrig.

Erna Das schon, vielleicht.

Stille.

Kasimir Vorgestern, da hätt ich dem noch das Kreuz abgeschlagen und die Gurgel hergedruckt, der es sich herausgenommen hätte, sich etwas aus meinem Kabriolett herauszuholen – und heute ist das umgekehrt. So ändert man sich mit dem Leben.

Erna Heute seh ich so schlecht. Ich bin noch geblendet durch das Licht.

Kasimir Ich weniger.

Stille.

Erna Oft male ich mir eine Revolution aus – dann seh ich die Armen durch das Siegestor ziehen und die Reichen im Zeiserlwagen, weil sie alle miteinander gleich soviel lügen über die armen Leut – Sehens, bei so einer Revolution, da tät ich gerne mit der Fahne in der Hand sterben.

Kasimir Ich nicht.

Erna Meinen Bruder, den haben sie in einer Kiesgrube erschossen – Wissens, seinerzeit, nachdem damals der Krieg aus war – 1919.

Kasimir Das ist auch nichts.

Erna Aber mein Bruder hat sich doch aufgeopfert.

Kasimir Das wird ihm halt mehr Vergnügen gemacht haben, daß er sich aufgeopfert hat.

Erna Geh redens doch nicht so saudumm daher! Da hat ja noch selbst der Merkl Franz eine Achtung vor meinem toten Bruder!

Stille.

Kasimir Dann bin ich halt schlechter als wie der Merkl Franz.

Erna Weil Sie halt auch sehr verbittert sind.

Kasimir Ich glaub es aber nicht, daß ich gut bin.

Erna Aber die Menschen wären doch gar nicht so schlecht, wenn es ihnen nicht schlecht gehen tät. Es ist das eine himmelschreiende Lüge, daß der Mensch schlecht ist.

89. Szene

Der Merkl Franz *kommt mit einer Aktentasche zwischen den Limousinen hervor und nähert sich drohend Erna:* **Was soll da jetzt eine himmelschreiende Lüge sein?**

Erna **Daß der Mensch schlecht ist.**

Der Merkl Franz **Ach so.**

Stille.

Erna **Es gibt überhaupt keine direkt schlechten Menschen.**

Der Merkl Franz **Daß ich nicht lache.**

Kasimir **Der Mensch ist halt ein Produkt seiner Umgebung.**

Der Merkl Franz **Da. Eine Aktentasche –** *Er holt aus ihr ein Buch heraus und entziffert den Titel.* **›Der erotische Komplex‹ – und ein Kuvert: Herrn Kommerzienrat Konrad Rauch – Ich meine, daß wir diese Bibliothek dem Herrn Kommerzienrat wieder zurückschenken könnten –** *Zu Erna.* **Oder hast du vielleicht Interesse an diesem erotischen Komplex?**

Erna **Nein.**

Der Merkl Franz **Drum.**

Kasimir **Ich auch nein.**

Der Merkl Franz **Brav. Sehr brav – Aber ihr müßt doch da so hin und her zum Scheine – das fällt doch auf, wenn ihr da so festgewurzelt herumsteht –** *Er verschwindet wieder zwischen den Limousinen.*

90. Szene

Erna **Also kommens hin und her –**

Kasimir **Verzeihen Sie mir bitte.**

Erna **Was denn?**

Kasimir **Nämlich, das habe ich mir jetzt überlegt. Ja das war pfeilgerade pietätlos von mir – diese Anspielung zuvor mit Ihrem toten Bruder.**

Stille.

Erna **Das hab ich gewußt von Ihnen, Herr Kasimir.** *Ab mit ihm.*

91. Szene

Nun spielt das Orchester den Militärmarsch 1822 von Schubert, und es ist eine Zeit lang kein Mensch zu sehen; dann kommt Speer mit Elli und Maria; er ist wieder etwas nüchterner geworden, aber noch immer betrunken; das Orchester bricht mitten im Takt ab.

92. Szene

Maria **Nein, das sind hier nur Privatautos, die Mietautos stehen dort vorne ganz bei der Sanitätsstation.**
Elli bleibt plötzlich zurück.

Speer **Na was hat sie denn, das blonde Gift –**

Maria **Ich weiß nicht, was sie hat. Das hat sie nämlich oft, daß sie plötzlich so streikt –** *Sie ruft.* **Elli!**
Elli gibt keine Antwort.
Elli! So komm doch her!
Elli rührt sich nicht.

Speer **Im Namen des Volkes!**

Maria **Ich werd sie schon holen –** *Sie nähert sich Elli.*

93. Szene

Maria *zu Elli:* **So sei doch nicht so damisch!**

Elli **Nein. Ich tue da nicht mit.**
Speer lauscht, hört aber nichts.

Maria **Das habe ich gern – zuerst bist frech und herausfordernd zu den Herren der Schöpfung, aber dann ziehst du den Schwanz ein! So sei doch nicht so feig. Wir kriegen ja zehn Mark. Du fünf und ich fünf. Denk doch auch ein bißchen an deine Zahlungsbefehle.**
Stille.

Elli **Aber der alte Sauhund ist doch ganz pervers.**

Maria **Geh, das ist doch nur Munderotik!**

Speer *senil:* **Elli! Elli! Ellile – Ellile –**

Maria **Komm, sei friedlich –** *Sie führt Elli zu Speer und ab.*

94. Szene

Nun ist wieder eine Zeit lang kein Mensch zu sehen, und das Orchester fährt fort mit dem Militärmarsch 1822 von Schubert; dann kommt Rauch mit Karoline; sie halten vor seinem feudalen Kabriolett, und er sucht den Schlüssel; und das Orchester bricht wieder mitten im Takt ab.

95. Szene

Karoline **Das ist doch da ein Austro-Daimler?**

Rauch **Erraten! Bravo!**

Karoline **Mein ehemaliger Bräutigam hat auch einen Austro-Daimler gefahren. Er war nämlich ein Chauffeur. Ein komischer Mensch. Zum Beispiel vor drei Monaten, da wollten wir zwei eine Spritztour machen hinaus in das Grüne – und da hat er einen Riesenkrach mit einem Kutscher bekommen, weil der seinen Gaul geprügelt hat. Denkens, wegen einem Gaul! Und dabei ist er selbst doch ein Chauffeur. Man muß das schon zu würdigen wissen.**

Rauch *hat endlich seinen Schlüssel gefunden und öffnet nun die Wagentüre:* **Darf man bitten, Gnädigste –**

96. Szene

Kasimir kommt mit Erna wieder vorbei; er erblickt Karoline – sie erkennen und fixieren sich.

97. Szene

Karoline *läßt Rauch stehen und hält dicht vor Kasimir:* **Lebe wohl, Kasimir.**

Kasimir **Lebe wohl.**

Karoline **Ja. Und viel Glück.**

Kasimir **Prost.**

Stille.

Karoline **Ich fahre jetzt nach Altötting.**

Kasimir **Mahlzeit.**

Stille.

Das ist ein schönes Kabriolett dort. Akkurat so ein ähnliches bin ich auch einmal gefahren. Noch vorgestern.

Rauch **Darf man bitten, Gnädigste!**

Karoline läßt Kasimir stehen und steigt mit Rauch ein – und bald ist kein Kabriolett mehr zu sehen.

98. Szene

Kasimir *sieht dem verschwundenen Kabriolett nach; er imitiert Rauch:* **Darf man bitten, Gnädigste –**

Dunkel.

99. Szene

Und wieder setzt das Orchester mit dem Militärmarsch 1822 von Schubert ein und spielt ihn zu Ende.

100. Szene

Neuer Schauplatz:
Vor der Sanitätsstation auf der Oktoberfestwiese.
Ein Sanitäter bemüht sich um Rauch, der auf einer Bank vor der Sanitätsbaracke sitzt und umständlich zwei Pillen mit Wasser schluckt. Karoline ist auch dabei.
Und die Luft ist noch immer voll Wiesenmusik.

101. Szene

Karoline *beobachtet Rauch:* **Geht es Ihnen schon besser?** *Rauch gibt keine Antwort, sondern legt sich rücklings auf die Bank.*

Der Sanitäter **Es geht ihm noch nicht besser, Fräulein.**

Stille.

Karoline **Eigentlich haben wir ja nur nach Altötting fahren wollen, aber dann ist es ihm plötzlich schlecht geworden, dem Herrn Kommerzienrat – der Speichel ist ihm aus dem Munde heraus, und wenn ich nicht im letzten Moment gebremst hätte, dann wären wir jetzt vielleicht schon hinüber.**

Der Sanitäter **Alsdann verdankt er Ihnen sein Leben.**

Karoline Wahrscheinlich.
Der Sanitäter Logischerweise. Indem daß Sie gebremst haben.
Karoline Ja, ich kenne mich aus mit der Fahrerei, weil mein ehemaliger Bräutigam ein Chauffeur gewesen ist.

102. Szene

Nun intoniert das Orchester piano den Walzer ›Bist du's, lachendes Glück?‹, und aus der Sanitätsbaracke treten Oktoberfestbesucher mit verbundenen Köpfen und Gliedmaßen, benommen und humpelnd – auch der Liliputaner und der Ausrufer befinden sich unter ihnen. Alle verziehen sich nach Hause, und dann bricht das Orchester den Walzer wieder ab, und zwar mitten im Takt.

103. Szene

Karoline *leise:* Herr Sanitäter. Was ist denn passiert? Eine Katastrophe?
Der Sanitäter Warum?
Karoline Ist denn die Achterbahn eingestürzt?
Der Sanitäter Weit gefehlt! Nur eine allgemeine Rauferei hat stattgefunden.
Karoline Wegen was?
Der Sanitäter Wegen nichts.
Stille.
Karoline Wegen nichts. Die Menschen sind halt wilde Tiere.
Der Sanitäter Sie werden sie nicht ändern.
Karoline Trotzdem.
Stille.
Der Sanitäter Angeblich hat da so ein alter Casanova mit zwei Fräuleins in ein Mietauto einsteigen wollen und dabei ist er von einigen Halbwüchsigen belästigt worden. Angeblich soll der eine Halbwüchsige seinen Schuh ausgezogen haben und selben dem alten Casanova unter die Nase gehalten haben, damit daß der daran riechen soll – aber der hat halt nicht riechen wollen, und da soll ihm ein anderer Halbwüchsiger einen Schlag in das Antlitz versetzt haben. Das Resultat war halt, daß in Null Komma Null hundert Personen gerauft haben, keiner hat mehr gewußt, was los ist, aber ein jeder hat nur um sich geschlagen. Die Leut sind halt alle nervös und vertragen nichts mehr.

104. Szene

Der Arzt *erscheint in der Türe der Sanitätsbaracke:* Sind die Tragbahren noch nicht da?

Der Sanitäter Noch nicht, Herr Doktor.

Der Arzt Also wir haben sechs Gehirnerschütterungen, einen Kieferbruch, vier Armbrüche, davon einer kompliziert, und das andere sind Fleischwunden. Ein schöner Saustall sowas! Deutsche gegen Deutsche! *Ab.*

105. Szene

Karoline Kieferbruch – oh, das muß weh tun.

Der Sanitäter Heutzutag ist das halb so schlimm in Anbetracht unserer Errungenschaften.

Karoline Aber gezeichnet bist du für dein ganzes Leben, als hätte man dir ein Ohr abgeschnitten. Besonders als Frau.

Der Sanitäter Das ist aber keine Frau, dem sie da den Kiefer zerschlagen haben, sondern das ist akkurat besagter alter Casanova.

Karoline Dann ist es schon gut.

Der Sanitäter Es ist das sogar ein hoher Justizmann. Aus Norddeutschland. Ein gewisser Speer.

Rauch *hatte gehorcht und brüllt nun:* Was?! *Er erhebt sich.* Speer? Casanova? Justiz!? *Er faßt sich an das Herz.*

Stille.

Karoline Regens Ihnen nur nicht auf, Herr Kommerzienrat –

Rauch *fährt sie an:* Was stehens denn da noch herum, Fräulein? Leben Sie wohl! Habe die Ehre! Adieu!

Stille.

Kieferbruch. Armer alter Kamerad – Diese Sauweiber. Nicht mit der Feuerzange. Dreckiges Pack. Ausrotten. Ausrotten – alle!

Karoline Das habe ich mir nicht verdient um Sie, Herr Kommerzienrat –

Rauch Verdient? Das auch noch?

Stille.

Karoline Ich habe Ihnen das Leben gerettet.

Rauch Das Leben?

Stille.

Grinst. Tät Ihnen so passen –

Stille.

Adieu. *Zum Sanitäter:* **Wo liegt er denn, der Herr Landgerichtsdirektor? Noch da drinnen?**

Der Sanitäter **Zu Befehl, Herr Kommerzienrat!**

106. Szene

Rauch nähert sich langsam der Sanitätsbaracke – da erscheinen Elli und Maria in der Türe, und zwar Maria mit dem Arm in der Schlinge und Elli mit dick verbundenem Auge. Maria erkennt Rauch und fixiert ihn – auch Rauch erkennt sie und hält momentan.

107. Szene

Maria *grinst:* **Ah, der Herr Nachttopf – Schau Elli, schau –**

Elli *hebt den Kopf und versucht zu schauen:* **Au, mein Auge!**

Stille.

Rauch richtet seine Krawatte und geht an Elli und Maria vorbei in die Sanitätsbaracke.

Karoline *kreischt plötzlich:* **Auf Wiedersehen, Herr Nachttopf!**

Dunkel.

108. Szene

Nun spielt das Orchester den Walzer ›Bist du's, lachendes Glück?‹

109. Szene

Neuer Schauplatz:
Wieder auf dem Parkplatz, aber an einer anderen Stelle, dort, wo die Fahnen der Ausstellung schon sichtbar werden. Kasimir und Erna gehen noch immer auf und ab – plötzlich hält Kasimir. Und Erna auch.

110. Szene

Kasimir Wo steckt denn der Merkl?

Erna Der wird schon irgendwo stecken.

Stille.

Kasimir Und wo das Fräulein Karoline jetzt steckt, das ist mir wurscht.

Erna Nein, das wäre keine Frau für Sie. Ich habe mir dafür einen Blick erworben.

Kasimir So ein Weib ist ein Auto, bei dem nichts richtig funktioniert – immer gehört es repariert. Das Benzin ist das Blut und der Magnet das Herz – und wenn der Funke zu schwach ist, entsteht eine Fehlzündung – und wenn zuviel Öl drin ist, dann raucht er und stinkt er –

Erna Was Sie für eine Phantasie haben! Das haben nämlich nur wenige Männer. Zum Beispiel der Merkl hat keine. Überhaupt haben Sie schon sehr recht, wenn Sie das sagen, daß der Merkl mich ungerecht behandelt – Nein! Das laß ich mir auch nicht weiter bieten – *Sie schreit plötzlich unterdrückt auf.* Jesus, Maria, Josef! Merkl! Franz! Jesus, Maria – *Sie hält sich selbst den Mund zu und wimmert.*

Kasimir Was ist denn los?

Erna Dort – sie haben ihn. Franz! Sehens die beiden Kriminaler – Verzeih mir das, Franz! – Nein, ich schimpfe nicht, ich schimpfe nicht –

Stille.

Kasimir An allem ist nur dieses Luder schuld. Diese Schnallen. Dieses Fräulein Karoline!

Erna Er wehrt sich gar nicht – geht einfach mit – *Sie setzt sich auf die Bank.* Den seh ich nimmer.

Kasimir Geh, den werdens doch nicht gleich hinrichten!

Erna Das kommt auf dasselbe hinaus. Weil er doch schon oft vorbestraft ist – da hauns ihm jetzt fünf Jahr Zuchthaus hinauf wie nichts – und dann kommt er nicht mehr heraus, weil er sich ja während seiner Vorstrafen schon längst eine Tuberkulose geholt hat – Der kommt nicht mehr heraus!

Stille.

Kasimir Sind Sie auch vorbestraft?

Erna Ja.

Kasimir setzt sich neben Erna.

Stille.

Was glauben Sie, wie alt daß ich bin?

Kasimir Fünfundzwanzig.

Erna Zwanzig.

Kasimir Wir sind halt heutzutag alle älter als wie wir sind.

Stille.

Dort kommt jetzt der Merkl.

Erna *zuckt zusammen:* Wo?

Stille.

111. Szene

Der Merkl Franz geht nun mit einem Kriminaler vorbei, an dessen Handgelenk er gefesselt ist – er wirft noch einen letzten Blick auf Erna.

112. Szene

Stille.

Erna Der arme Franz. Der arme Mensch –

Kasimir So ist das Leben.

Erna Kaum fängt man an, schon ist es vorbei.

Stille.

Kasimir Ich habe es immer gesagt, daß so kriminelle Aktionen keinen Sinn haben – Mir scheint, ich werde mir den armen Merkl Franz als warnendes Beispiel vor Augen halten.

Erna Lieber stempeln.

Kasimir Lieber hungern.

Erna Ja.

Stille.

Ich hab es ja dem armen Franz gesagt, daß er Sie in Ruhe lassen soll, weil ich das gleich im Gefühl gehabt habe, daß Sie anders sind – Darum hat er mir ja auch das Bier in das Gesicht geschüttet.

Kasimir Darum?

Erna Ja. Wegen Ihnen.

Kasimir Das ist mir neu. Daß Sie da wegen mir – Verdiene ich denn das überhaupt?

Erna Das weiß ich nicht.

Stille.

Kasimir Ist das jetzt der Große Bär dort droben?

Erna Ja. Und das dort ist der Orion.

Kasimir Mit dem Schwert.

Erna *lächelt leise:* Wie Sie sich das gemerkt haben –

Stille.

Kasimir *starrt noch immer in den Himmel:* Die Welt ist halt unvollkommen.

Erna Man könnt sie schon etwas vollkommener machen.

Kasimir Sind Sie denn auch gesund? Ich meine jetzt, ob Sie nicht auch etwa die Tuberkulose haben von diesem armen Menschen?

Erna Nein. Soweit bin ich ganz gesund.

Stille.

Kasimir Ich glaub, wir sind zwei verwandte Naturen.

Erna Mir ist es auch, als täten wir uns schon lange kennen.

Stille.

Kasimir Wie hat er denn geheißen, Ihr toter Bruder?

Erna Ludwig. Ludwig Reitmeier.

Stille.

Kasimir Ich war mal Chauffeur, bei einem gewissen Reitmeier. Der hat ein Wollwarengeschäft gehabt. En gros. *Er legt seinen Arm um ihre Schultern.*

Erna *legt ihren Kopf an seine Brust:* Dort kommt jetzt die Karoline.

113. Szene

Karoline *kommt und sieht sich suchend um – erblickt Kasimir und Erna, nähert sich langsam und hält dicht vor der Bank:* Guten Abend, Kasimir.

Stille.

So schau doch nicht so ironisch.

Kasimir Das kann jede sagen.

Stille.

Karoline Du hast schon recht.

Kasimir Wieso hernach?

Karoline Eigentlich hab ich ja nur ein Eis essen wollen – aber dann ist der Zeppelin vorbeigeflogen und ich bin mit der Achterbahn gefahren. Und dann hast du gesagt, daß ich dich automatisch verlasse, wenn du arbeitslos bist. Automatisch, hast du gesagt.

Kasimir Jawohl, Fräulein.

Stille.

Karoline Ich habe es mir halt eingebildet, daß ich mir einen rosigeren Blick in die Zukunft erringen könnte – und einige Momente habe ich mit allerhand Gedanken gespielt. Aber ich müßt so tief unter mich hinunter, damit ich höher hinauf kann. Zum Beispiel habe ich dem Herrn Kommerzienrat das Leben gerettet, aber er hat nichts davon wissen wollen.

Kasimir Jawohl, Fräulein.

Stille.

Karoline Du hast gesagt, daß der Herr Kommerzienrat mich nur zu seinem Vergnügen benützen möchte und daß ich zu dir gehöre – und da hast du schon sehr recht gehabt.

Kasimir Das ist mir jetzt wurscht! Jetzt bin ich darüber hinaus, Fräulein! Was tot ist, ist tot, und es gibt keine Gespenster, besonders zwischen den Geschlechtern nicht!

Stille.

Karoline gibt ihm plötzlich einen Kuß.

Zurück! Brrr! Pfui Teufel! *Er spuckt aus.* Brrr!

Erna Ich versteh das gar nicht, wie man als Frau so wenig Feingefühl haben kann.

Karoline *zu Kasimir:* Ist das die neue Karoline?

Kasimir Das geht dich einen Dreck was an, Fräulein!

Karoline Und den Merkl Franz betrügen, ist das vielleicht ein Feingefühl?!

Erna Der Merkl Franz ist tot, Fräulein.

Stille.

Karoline Tot? *Sie lacht – verstummt aber plötzlich; gehässig zu Erna.* Und das soll ich dir glauben, du Zuchthäuslerin?

Kasimir Geh halts Maul und fahr ab.

Erna *zu Kasimir:* So lasse sie doch. Sie weiß ja nicht, was sie tut.

Stille.

114. Szene

Karoline *vor sich hin:* Man hat halt oft so eine Sehnsucht in sich – aber dann kehrt man zurück mit gebrochenen Flügeln, und das Leben geht weiter, als wär man nie dabei gewesen –

115. Szene

Schürzinger *erscheint, und zwar aufgeräumt – mit einem Luftballon an einer Schnur aus seinem Knopfloch; er erblickt Karoline:* Ja wen sehen denn meine entzündeten Augen? Das ist aber schon direkt Schicksal, daß wir uns wiedertreffen. Karoline! Übermorgen wird der Leutnant Eugen Schürzinger ein Oberleutnant Eugen Schürzinger sein – und zwar in der Armee Seiner Majestät Ludwigs des Fünfzehnten – und das verdanke ich dir.

Karoline Aber das muß ein Irrtum sein.

Schürzinger Lächerlich!

Stille.

Karoline Eugen. Ich habe dich vor den Kopf gestoßen, und das soll man nicht, weil man alles zurückgezahlt bekommt –

Schürzinger Du brauchst einen Menschen, Karoline –

Karoline Es ist immer der gleiche Dreck.

Schürzinger Pst! Es geht immer besser und besser.

Karoline Wer sagt das?

Schürzinger Coué.

Stille.

Also los. Es geht besser –

Karoline *sagt es ihm tonlos nach:* Es geht besser –

Schürzinger Es geht immer besser, immer besser –

Karoline Es geht immer besser, besser – immer besser –

Schürzinger umarmt sie und gibt ihr einen langen Kuß. Karoline wehrt sich nicht.

Schürzinger Du brauchst wirklich einen Menschen.

Karoline *lächelt:* Es geht immer besser –

Schürzinger Komm – *Ab mit ihr.*

116. Szene

Kasimir Träume sind Schäume.

Erna Solange wir uns nicht aufhängen, werden wir nicht verhungern.

Stille.

Kasimir Du, Erna –

Erna Was?

Kasimir Nichts.

Stille.

117. Szene

Erna *singt leise – und auch Kasimir singt allmählich mit:*
**Und blühen einmal die Rosen
Wird das Herz nicht mehr trüb
Denn die Rosenzeit ist ja
Die Zeit für die Lieb
Jedes Jahr kommt der Frühling
Ist der Winter vorbei
Nur der Mensch hat alleinig
Einen einzigen Mai.**

Glaube Liebe Hoffnung

Ein kleiner Totentanz in fünf Bildern

Dieses Theaterstück wurde unter Mitarbeit von Lukas Kristl verfaßt.

Personen **ELISABETH Ein Schupo (Alfons Klostermeyer) Oberpräparator Präparator Vizepräparator Der Baron mit dem Trauerflor IRENE PRANTL Frau Amtsgerichtsrat Er selbst, der Herr Amtsgerichtsrat Ein Invalider Eine Arbeiterfrau Ein Buchhalter MARIA Ein Kriminaler Der Oberinspektor Ein zweiter Schupo Ein dritter Schupo JOACHIM, der tollkühne Lebensretter**

Randbemerkung

Februar 1932 traf ich auf der Durchreise in München einen Bekannten namens Lukas Kristl, der schon seit einigen Jahren Gerichtssaalberichterstatter ist. Er sagte mir damals ungefähr folgendes: Ich (Kristl) verstehe die Dramatiker nicht, warum nämlich diese Dramatiker, wenn sie Tatbestand und Folgen eines Verbrechens dramatisch bearbeiten, fast immer nur sogenannte Kapitalverbrechen bevorzugen, die doch relativ selten begangen werden – und warum sich also diese Dramatiker fast niemals um die kleinen Verbrechen kümmern, denen wir doch landauf, landab tausendfach und tausendmal begegnen, und deren Tatbestände ungemein häufig nur auf Unwissenheit basieren und deren Folgen aber trotzdem fast ebenso häufig denen des lebenslänglichen Zuchthauses mit Verlust der bürgerlichen Ehrenrechte, ja selbst der Todesstrafe ähneln.
Und Kristl erzählte mir einen Fall aus seiner Praxis – und aus diesem alltäglichen Fall entstand der kleine Totentanz ›Glaube Liebe Hoffnung‹. Die Personen Elisabeth, den Schupo (Alfons Klostermeyer), die Frau Amtsgerichtsrat und den Oberinspektor hat Kristl persönlich gekannt. Es ist mir ein Bedürfnis, ihm auch an dieser Stelle für die Mitteilung seiner Materialkenntnisse und für manche Anregung zu danken.
Kristls Absicht war, ein Stück gegen die bürokratisch-verantwortungslose Anwendung kleiner Paragraphen zu schreiben – aber natürlich in der Erkenntnis, daß es kleine Paragraphen immer geben wird, weil es sie in jeder wie auch immer gearteten sozialen Gemeinschaft geben muß. Zu guter Letzt war also Kristls Absicht die Hoffnung, daß man jene kleinen Paragraphen vielleicht (verzeihen Sie bitte das harte Wort!) humaner anwenden könnte.
Und dies war auch meine Absicht, allerdings war ich mir jedoch dabei im klaren, daß dieses ›gegen kleine Paragraphen‹ eben nur das Material darstellt, um wieder mal den gigantischen Kampf zwischen Individuum und Gesellschaft zeigen zu können, diese ewige Schlachten, bei dem es zu keinem Frieden kommen soll – höchstens, daß mal ein Individuum für einige Momente die Illusion des Waffenstillstandes genießt.
Wie bei allen meinen Stücken habe ich mich auch bei die-

sem kleinen Totentanz befleißigt, es nicht zu vergessen, daß dieser aussichtslose Kampf des Individuums auf bestialischen Trieben basiert, und daß also die heroische und feige Art des Kampfes nur als ein Formproblem der Bestialität, die bekanntlich weder gut ist noch böse, betrachtet werden darf.

Wie in allen meinen Stücken habe ich auch diesmal nichts beschönigt und nichts verhäßlicht. Wer wachsam den Versuch unternimmt, uns Menschen zu gestalten, muß zweifellos (falls er die Menschen nicht indirekt kennengelernt hat) feststellen, daß ihre Gefühlsäußerungen verkitscht sind, das heißt: verfälscht, verniedlicht und nach masochistischer Manier geil auf Mitleid, wahrscheinlich infolge geltungsbedürftiger Bequemlichkeit – wer also ehrlich Menschen zu gestalten versucht, wird wohl immer nur Spiegelbilder gestalten können, und hier möchte ich mir nur erlauben, rasch folgendes zu betonen: Ich habe und werde niemals Juxspiegelbilder gestalten, denn ich lehne alles Parodistische ab.

Wie in allen meinen Stücken versuchte ich auch diesmal, möglichst rücksichtslos gegen Dummheit und Lüge zu sein, denn diese Rücksichtslosigkeit dürfte wohl die vornehmste Aufgabe eines schöngeistigen Schriftstellers darstellen, der es sich manchmal einbildet, nur deshalb zu schreiben, damit die Leut sich selbst erkennen. Erkenne dich bitte selbst! Auf daß du dir jene Heiterkeit erwirbst, die dir deinen Lebens- und Todeskampf erleichtert, indem dich nämlich die liebe Ehrlichkeit gewiß nicht über dich (denn das wäre Einbildung), doch neben und unter dich stellt, so daß du dich immerhin nicht von droben, aber von vorne, hinten, seitwärts und von drunten betrachten kannst! –

›Glaube Liebe Hoffnung‹ könnte jedes meiner Stücke heißen. Und jedem meiner Stücke hätte ich auch folgende Bibelstelle als Motto voraussetzen können, nämlich:

Und der HERR roch den lieblichen Geruch und sprach in seinem Herzen: Ich will hinfort nicht mehr die Erde verfluchen um der Menschen willen, denn das Trachten des menschlichen Herzens ist böse von Jugend auf; und ich will hinfort nicht mehr schlagen alles, was da lebet, wie ich getan habe. So lange die Erde stehet, soll nicht aufhören Samen und Ernte, Frost und Hitze, Sommer und Winter, Tag und Nacht. Mos. I. 8, 21

Erstes Bild

Szene Nummer 1

Schauplatz: Vor dem Anatomischen Institut mit Milchglasfenstern. Elisabeth will es betreten und sieht sich noch einmal fragend um, aber es ist nirgends eine Seele zu sehen.
In der Ferne intoniert ein Orchester den beliebten Trauermarsch von Chopin, und nun geht ein junger Schupo (Alfons Klostermeyer) langsam an Elisabeth vorbei und beachtet sie scheinbar kaum. Es ist Frühling.

Szene Nummer 2

Elisabeth *spricht den Schupo plötzlich an, während der Trauermarsch in der Ferne verhallt:* **Entschuldigens bitte – aber ich suche nämlich die Anatomie.**
Schupo **Das Anatomische Institut?**
Elisabeth **Dort, wo man halt die Leichen zersägt.**
Schupo **Das dort ist das hier.**
Elisabeth **Dann ist es schon gut.**
Stille.
Schupo *lächelt:* **Gebens nur acht, Fräulein – da drinnen stehen die Köpf in Reih und Glied.**
Elisabeth **Ich habe keine Angst vor den Toten.**
Schupo **Ich auch nicht.**
Elisabeth **Mir graust es noch lange vor nichts.**
Schupo **In diesem Sinne –** *Er salutiert leger und ab.*

Szene Nummer 3

Elisabeth sieht dem Schupo spöttisch nach – dann faßt sie sich ein Herz und drückt auf den Klingelknopf des Anatomischen Instituts. Man hört es drinnen klingeln, und schon erscheint der Präparator in weißem Mantel. Er steht in der Türe und fixiert die anscheinend unschlüssige Elisabeth.

Szene Nummer 4

Präparator Sie wünschen?
Elisabeth Ich möchte hier jemand Zuständigen sprechen.
Präparator In was für einer Angelegenheit?
Elisabeth In einer dringenden Angelegenheit.
Präparator Haben Sie einen angehörigen Toten bei uns?
Elisabeth Es dreht sich um keinen angehörigen Toten, es dreht sich um mich selbst persönlich.
Präparator Wieso denn das hernach?
Elisabeth Sind der Herr hier eine zuständige Instanz?
Präparator Ich bin der Präparator. Sie können sich mir ruhig anvertraun.
Stille.
Elisabeth Man hat mich nämlich extra darauf aufmerksam gemacht, daß man hier seinen Körper verkaufen kann – das heißt: wenn ich einmal gestorben sein werde, daß dann die Herren da drinnen mit meiner Leiche im Dienste der Wissenschaft machen können, was die Herren nur wollen – daß ich aber dabei das Honorar gleich ausbezahlt bekomme. Schon jetzt.
Präparator Das ist mir neu.
Elisabeth Man hat mich aber extra darauf aufmerksam gemacht.
Präparator Wer denn?
Elisabeth Eine Kollegin.
Präparator Was sind Sie denn von Beruf?
Elisabeth Jetzt habe ich eigentlich nichts. Es soll ja noch schlechter werden. Aber ich lasse den Kopf nicht hängen.
Stille.
Präparator Seine eigene Leiche verkaufen – auf was die Leut noch alles kommen werden?
Elisabeth Man möchte doch nicht immer so weiter.
Präparator Ein krasser Irrtum – *Er holt aus seiner Tasche eine Tüte Vogelfutter und füttert damit die Tauben, die vom Dache des Anatomischen Instituts herabfliegen – die Tauben kennen den Präparator gut und setzen sich auf seine Schulter und fressen ihm aus der Hand.*

Elisabeth

Szene Nummer 5

Jetzt begleitet der Oberpräparator einen Baron mit Trauerflor aus dem Anatomischen Institut ins Freie.

Oberpräparator Wird prompt erledigt, Herr Baron, und abermals mein innigstes Beileid.

Baron Danke, Herr Oberpräparator. Ich mache mir die heftigsten Vorwürfe.

Oberpräparator Aber die staatsanwaltschaftlichen Erhebungen haben doch die völlige Haltlosigkeit der gegen Herrn Baron erhobenen etwaigen Beschuldigungen ergeben! Wir alle sind in Gottes Hand.

Baron Trotzdem! Ich stand vor Verdun und an der Somme, aber nichts hat mich so erschüttert wie diese Katastrophe gestern. Wir waren ja erst seit drei Monaten verheiratet, und ich steuerte den Unglückswagen – in der Unglückskurve. Zwischen Lechbruck und Steingaden. Nur gut, daß der Leichnam freigegeben ist.

Oberpräparator *entdeckt inzwischen den Präparator:* Augenblick, bitte! *Er nähert sich dicht dem Präparator und schreit ihn an.* Sie füttern schon wieder die Tauben? Was bilden Sie sich denn ein? Saustall, so was! Drinnen liegen die Finger und die Gurgeln nur so herum, daß es eine wahre Freud ist! Tuns die beiden Herzen und die halberte Milz gefälligst in die Schublad! Kreuzkruzifix, ist das aber eine Schlamperei!

Präparator Aber das Fräulein dort wollte doch ihre Leiche verkaufen, Herr Oberpräparator –

Oberpräparator Ihre Leiche? Schon wieder?

Stille.

Baron Beispiellos.

Oberpräparator Wir haben es zwar schon weiß Gott wie oft dementiert, daß wir keine solchen lebendigen Toten kaufen, aber die Leut glauben halt den amtlichen Verlautbarungen nichts! Die bilden sich gar ein, daß der Staat für ihren Corpus noch etwas draufzahlen wird – gar so interessant kommen sie sich vor! Immer soll nur der Staat helfen, der Staat!

Baron Eine völlig beispiellose Ansicht über die Pflichten des Staates.

Oberpräparator Wird schon noch anders werden, Herr Baron.

Baron Hoffentlich.

Szene Nummer 6

Der Vizepräparator *erscheint mit dem Hute des Oberpräparators rasch in der Tür des Anatomischen Instituts:* Telephon, Herr Oberpräparator!
Oberpräparator Wer? Ich?
Vizepräparator Es dreht sich etwas um das Gutachten in Sachen Leopoldine Hackinger aus Brünn. Herr Oberpräparator sollen sofort in die Klinik zum Professor – *Er überreicht ihm seinen Hut.*
Oberpräparator Sofort! *Er zieht hastig seinen weißen Mantel aus und übergibt ihn dem Vizepräparator, der wieder im Anatomischen Institut verschwindet. Zum Baron:* Pardon, Baron! Die Kapazitäten kriegens mir scheint nicht heraus, an was daß diese Sudetendeutsche gestorben ist. Die Pflicht ruft –
Baron Oh bitte!
Oberpräparator – und abermals mein innigstes Beileid!
Baron Oh danke!
Oberpräparator Habe die Ehre, Herr Baron! *Rasch ab nach rechts.*
Baron Wiedersehen – *Langsam ab nach links, und wieder ertönen in weiter Ferne einige Takte des Chopinschen Trauermarsches. Langsam fängt es an zu dämmern, denn es ist bereits spät am Nachmittag.*

Szene Nummer 7

Präparator *sieht dem Oberpräparator nach:* Ein schlechter Mensch. Die armen Tauben. Glaubens mir, Fräulein: das beste ist, Sie springen zum Fenster hinaus.
Elisabeth Sie sind aber ein sehr freundlicher Mann, Herr Präparator.
Präparator Ich mein es gut mit Ihnen. Wer kauft eine Leiche? Heutzutag!
Elisabeth Morgen ist auch ein Tag.
Präparator Es wird nicht anders.
Elisabeth Das glaub ich nicht.
Präparator Sondern vielleicht?
Stille.
Elisabeth *lächelt:* Nein – das lasse ich mir auch von Ihnen nicht nehmen, daß ich noch einmal Glück haben werde. Sehens zum Beispiel, wenn ich jetzt meine Leiche hätt verkaufen können, nämlich um hundertfünfzig Mark –
Präparator *unterbricht sie:* Hundertfünfzig Mark?

Elisabeth Jawohl.

Stille.

Präparator *grinst:* Sie, Kind –

Elisabeth Wie belieben?

Präparator Was ist denn Ihr Vater von Beruf?

Elisabeth Ein Inspektor.

Präparator Inspektor? Respekt!

Elisabeth Aber er kann mir halt auch nicht unter die Arme greifen, weil meine Mama im März das Zeitliche gesegnet hat, und da hat er gleich soviel Ausgaben gehabt damit.

Präparator Was ist schon so ein lumpiger Oberpräparator neben einem Inspektor? Respekt, Fräulein!

Elisabeth Sehens, wenn ich jetzt hundertfünfzig Mark hätt, dann könnt ich jetzt meinen Wandergewerbeschein haben und dann würde sich mir die Welt wieder öffnen – weil ich mit einem Wandergewerbeschein schon morgen eine sozusagen fast selbständige Position bekommen tät in meiner ursprünglichen Branche, aus der ich herausgerissen worden bin durch die Zeitumstände.

Stille.

Präparator Was war denn das für eine Branche?

Elisabeth Hüftgürtel, Korsett. En gros. Auch Büstenhalter und dergleichen.

Präparator Interessant.

Stille.

Elisabeth Wo bist du, goldene Zeit?

Stille.

Präparator *kramt aus seiner Brieftasche eine Photographie hervor:* Da schauns mal her –

Elisabeth *betrachtet die Photographie:* Ein netter Hund.

Präparator Mein Rehpinscher –

Elisabeth Aufgeweckt.

Präparator Und scharf! Leider ist er mir verreckt.

Elisabeth Schade.

Präparator *pfeift:* Das war sein Pfiff. Da ist er dann immer gekommen. *Er spricht nun mit der Photographie.* Burschi, Burschi, jetzt bist hin – aus ist es mit dem Gassi-Gassi – *Er steckt die Photographie wieder ein. Zu Elisabeth:* Aber das freut mich von Ihnen, daß Sie mit dem armen Burschi sympathisieren. Wie heißen denn Sie mit dem Vornamen?

Elisabeth Elisabeth.

Oberpräparator

Präparator: **Die Kaiserin Elisabeth von Österreich, das war auch ein braves Weiberl – aber trotzdem ist sie halt einem ruchlosen Attentat zum Opfer gefallen. In Genf. Überhaupt der Völkerbund – alles ruchlos! Jetzt hab ich halt noch meine Schmetterlingssammlung und den Kanari, und gestern ist mir eine Katz zugelaufen. – Interessiert Ihnen ein Aquarium?**

Elisabeth: **Wie belieben?**

Präparator: **Ich hätte auch ein Terrarium.**

Elisabeth: **Terrarium eher.**

Präparator: **Also dann kommens halt mal zu mir, Sie Fräulein Inspektor.**

Elisabeth: **Vielleicht.**

Szene Nummer 8

Jetzt kehrt der Oberpräparator aus der Klinik zurück, und zwar überraschend. (Sein Zeigefinger ist dick verbunden.) Er erblickt den Präparator, stutzt empört und fixiert ihn, der retirieren möchte, während Elisabeth sich zurückzieht.

Szene Nummer 9

Oberpräparator: *nähert sich langsam dem Präparator und hält dicht vor ihm:* **Schon wieder? Sie füttern schon wieder die Tauben?** *Er fährt ihn plötzlich an.* **Jetzt schauens aber, daß Sie verschwinden!** *Zu Elisabeth.* **Verstanden!**

Elisabeth: **Gewiß.** *Ab.*

Szene Nummer 10

Oberpräparator: *sieht Elisabeth nach:* **Na das sind ja saubere Zustände. Statt die Tumors endlich zu katalogisieren, treiben Sie sich da mit dem schönen Geschlecht herum!**

Präparator: **Irrtum, Herr Oberpräparator! Das Fräulein ist eine verarmte Zollinspektortochter.**

Oberpräparator: **Zollinspektor?**

Präparator: **Jawohl. Und wenn jetzt diese Zollinspektortochter hundertfünfzig Mark hätte, dann hätte sie auch ihren Wandergewerbeschein, und die Welt würde sich ihr wieder öffnen – Ich** weiß, daß Sie mich für unfähig halten, Herr Oberpräparator, weil ich ein Aquarium habe und weil ich die Tauben füttere und weil ich ein gutes Herz habe –

Oberpräparator Zur Sache!

Präparator Zur Sache: Ich werde dieser Zollinspektortochter unter die Arme greifen. Das steht bei mir felsenfest. Hundertfünfzig Mark.

Oberpräparator Hundertfünfzig?

Präparator Das Fräulein wird es mir schon zurückerstatten.

Oberpräparator Mir scheint, Sie glauben noch an Wunder, Sie leichtsinniger Patron. Sie sollten meine Frau sein, Sie schlaget ich ja tot –
Er droht ihm neckisch mit seinem dickverbundenen Zeigefinger.

Präparator Was haben Sie denn da mit dem Finger? Verletzt?

Oberpräparator Infiziert.

Präparator Doch nicht an einem Leichnam?

Oberpräparator Natürlich. Eben zuvor. An diesem komplizierten Fall aus Brünn.

Präparator Passens nur auf, Herr Oberpräparator!
Stille.

Oberpräparator *betrachtet seinen dickverbundenen Zeigefinger:* Es tut nicht weh, das ist verdächtig –

Präparator Wenn ich mir zum Beispiel meine Schmetterlingssammlung betrachte, dann denk ich immer, es dreht sich halt alles nach einer höheren Ordnung.

Oberpräparator Zur Sache: Kommens, die Pflicht ruft! *Ab mit dem Präparator in das Anatomische Institut.*

Zweites Bild

Szene Nummer 1

Schauplatz: Kontor der Firma Irene Prantl.
Die Prantl ist besonders in ihrem geschäftlichen Leben eine geschwätzige Person. Jetzt hantiert sie auf ihrem Schreibtisch mit Abrechnungen, und zwar hat sie es recht wichtig. Vor ihr sitzt eine Frau Amtsgerichtsrat. Im Hintergrunde stehen Wachspuppen mit Korsett, Hüfthalter, Büstenhalter und dergleichen – in Reih und Glied, ähnlich wie die Köpf im Anatomischen Institut.

Die Prantl Allerhand, Hochachtung, Frau Amtsgerichtsrat! Sieben Hüfthalter, sechs Korsetts, elf Paar Straps in knapp drei Tagen – gratuliere, gratuliere! Sie haben es los! Besser als manche Berufsverkäuferin! Ein Talent!

Frau Amtsgerichtsrat Mein Gott, unsereins hat halt so seine bestimmten gesellschaftlichen Bekanntenkreise, die wo einer Frau Amtsgerichtsrat kaum einen Korb geben wollen –

Die Prantl Zu bescheiden, zu bescheiden! Das Verkaufen ist heutzutage kein Kinderspiel, die Leut schlagen einem die Tür vor der Nase zu!

Frau Amtsgerichtsrat Aber es bleibt doch dabei: Wenn jemand fragen sollte, dann sagen Sie selbstredend, ich verkaufe das nur von wegen persönlicher Zerstreuung und so –

Die Prantl Ist doch sonnenklar, wollte sagen: bleibt unter uns!

Frau Amtsgerichtsrat Bei diesen schweren Zeiten muß man auch dem eigenen Manne unter die Arme greifen, der verdient jetzt noch ganze sechshundert Mark. Da wird abgebaut und abgebaut, aber die Herren Landgerichtsdirektoren und Ministerialräte – *Sie stockt, da das Telephon klingelt.*

Die Prantl *am Telephon:* Ja. Soll nur gleich herein! – Nur eine Sekunde, Frau Amtsgerichtsrat, wir sind gleich quitt!

Szene Nummer 2

Elisabeth tritt ein.

Die Prantl Grüß Gott, tritt ein, zeigens her – habens Ihr Pensum hinter sich?

Elisabeth Hier – *Sie überreicht der Prantl ihr Bestellbuch.*

Die Prantl *blättert:* Was? Zwei Paar Straps, einen Hüfthalter und ein Korsett, das ist doch radikal nichts!

Elisabeth Das Verkaufen ist heutzutage kein Kinderspiel, die Leut schlagen einem die Türe vor der Nase zu.

Die Prantl Also nur keine Gemeinplätze! Sie als Vertreterin müssen bei der Kundschaft den Schönheitssinn entwickeln! Jetzt, wo das ganze Volk Gymnastik treibt und wo man überall nackerte Weiber sieht, das ist doch für unsere Branche die beste Reklame! Sie müssen Ihnen halt mehr an die Herren der Schöpfung halten, mir ist noch kein Mannsbild begegnet, das wo keinen Sinn für Strapsgürtel gehabt hätte! Wie war es denn in Kaufbeuren?

Elisabeth In Kaufbeuren war nichts.

Die Prantl Wieso hernach nichts? Kaufbeuren war doch immer phänomenal!

Elisabeth Ich war aber nicht in Kaufbeuren.

Die Prantl Sondern?

Elisabeth Ich wollte nämlich Zeit sparen und bin mit einem Auto gefahren, und zwar direkt in der Luftlinie – aber plötzlich hat die Ölzufuhr ausgesetzt, und ich habe in einer Scheune im Walde übernachtet.

Die Prantl *fährt sie an:* Im Wald?! Meinens ich zahl umsonst?! Wenn Sie da mit derartigen Luftlinien weitermachen, da haben Sie ja bis zum Jüngsten Gericht die hundertfünfzig Mark noch nicht hereingearbeitet, die wo ich Ihnen für Ihren Wandergewerbeschein vorgestreckt habe!

Elisabeth Aber das war doch eine höhere Gewalt.

Die Prantl Wenn die Angestellten jetzt auch noch mit der höheren Gewalt anfangen, dann höre ich auf! Dann bring ich mich um! Eine Blutvergiftung oder von der Trambahn herausfallen und einen Haxen brechen, das laß ich mir noch gefallen, aber den Luxus von einer höheren Gewalt habe ich, Irene Prantl, mir noch nicht geleistet!

Elisabeth Ich kann doch schließlich nichts dafür.

Die Prantl Schauns nur nicht gar so geschmerzt, Sie Fräulein höhere Gewalt! Schauns doch nur die Frau Amtsgerichtsrat an! Frau Amtsgerichtsrat hätten es gar nicht so notwendig und machen es aus purer Zerstreuung und haben den vierfachen Umsatz!

Szene Nummer 3

Der Präparator stürzt herein und fährt sogleich auf Elisabeth los. Er ist außer Rand und Band.

Präparator Da sind Sie ja, Sie Betrügerin, Sie! Sie Hochstaplerin, Sie! Ihr Vater ist ja gar kein Zollinspektor. Wenn Sie mir das gleich gesagt hätten, daß der kein Zollinspektor ist, sondern bloß ein Versicherungsinspektor, ja glaubens denn, ich hätte Ihnen hernach eine Existenz verschafft?

Elisabeth Aber das hab ich doch niemals behauptet –

Präparator *unterbricht sie:* Jawohl haben Sie das behauptet!

Elisabeth Nein! Nie!

Präparator *schlägt mit seinem Spazierstock auf der Prantl ihren Schreibtisch, daß die Geschäftspapiere nur so herumflattern, und brüllt:* Zollinspektor! Zollinspektor! Zollinspektor!

Die Prantl *rettet ihre Geschäftspapiere und kreischt:* Halt! Halt!

Stille.

Präparator *verbeugt sich chevaleresk zur Prantl und zur Frau Amtsgerichtsrat hin:* Entschuldigens, meine Herrschaften, daß ich aus so heiterem Himmel, aber neben einem Versicherungsinspektor ist ja sogar noch ein lumpiger Oberpräparator eine Kapazität, und diese gefährliche Person dort hat mir mein gutes bares Geld herausgelockt.

Elisabeth *unterbricht ihn:* Ist ja gar nicht wahr!

Die Prantl Ruhe!

Präparator Ruhe!

Die Prantl *droht mit dem Zeigefinger:* Fräulein, Fräulein – wer schreit, hat unrecht.

Präparator *schreit:* Unrecht! Jawohl!!

Stille.

Elisabeth Jetzt sage ich kein Wort mehr.

Präparator *gehässig:* Tät Ihnen so passen –

Die Prantl *zum Präparator:* Nehmen Sie Platz bitte!

Präparator Danke – *Er setzt sich.* Ich bin nämlich ein herzensguter Mensch, aber ich vertrag es halt nicht, daß man mich belügen tut.

Elisabeth Ich habe nicht gelogen.

Die Prantl Geh so haltens doch endlich den Mund, Fräulein –

Präparator Bitte ich mir aus –

Die Prantl *bietet nun dem Präparator Zigaretten an:* Bitte –

Präparator Ich bin so frei – *Er steckt sich eine an, lehnt sich bequem zurück und bläst genießerisch den Rauch von sich.* Alsdann, meine Herrschaften – kommt diese Person da zu mir in die Wohnung, schleicht sich in meine väterlichen Gefühle hinein, und ich zeig ihr mein Aquarium und habe ihr ein Buch über Tibet geliehen und obendrein kauf ich ihr auch noch einen Wandergewerbeschein – und derweil ist der ihr Vater gar kein Zollinspektor! Ich habe mich nämlich erkundigt, schon wegen meiner inneren Sicherheit als Mensch, weil sich meine Umgebung immer lustig gemacht hat über mein weiches Herz.

Die Prantl Wandergewerbeschein? Was denn für Wandergewerbeschein? Den hat doch die dort von mir.

Präparator Was?! Von Ihnen auch?!

Die Prantl Das ist doch der Usus im Betrieb. Die Firma streckt den Angestellten die Möglichkeit zum Arbeiten vor, und die Angestellten arbeiten es ab. Hundertfünfzig Mark.

Präparator *außer sich:* Hundertfünfzig Mark!

Stille.

Die Prantl Das ist Betrug.

Elisabeth *fährt plötzlich los:* Ich bin doch keine Betrügerin!

Frau Amtsgerichtsrat Darauf kommt es auch nicht an, Fräulein! Sondern ob der Tatbestand des Betruges erfüllt ist, darauf kommt es an! Sonst würd sich ja die ganze Justiz aufhören!

Die Prantl Richtig!

Frau Amtsgerichtsrat Mich geht es ja nichts an, und ich persönlich habe mit dem Gericht gottlob nur insoferner etwas zu tun gehabt, als wie daß ich mit einem Richter verheiratet bin. Aber Sie haben ja Ihren Wandergewerbeschein nicht um das Geld dieses Herrn da gekauft, also – ich höre meinen August schon sagen: Vorspiegelung falscher Tatsachen – Tatbestand des Betruges!

Präparator *ist verzweifelt in sich zusammengesunken; weinerlich:* Ich bin doch ein armer Präparator, der etwas Gutes getan hat –

Elisabeth Herr Präparator! Sie werden Ihr Geld schon wiedersehen.

Präparator Nein.

Elisabeth Doch, jeden Pfennig.

Präparator Wann?

Elisabeth Ich werd es schon abarbeiten.

Die Prantl Wieso? *Sie liest aus Elisabeths Bestellbuch.* Zwei Paar Straps, ein Hüfthalter und ein Korsett. Und höhere Gewalt.

Präparator *fährt hoch:* ›Höhere Gewalt‹! Betrug! Gebens mir auf der Stell mein Geld zurück, Sie!

Elisabeth Ich habe es jetzt nicht.

Die Prantl Aber Ihren Wandergewerbeschein haben Sie doch von mir!

Elisabeth Das schon.

Präparator Na also!

Elisabeth Aber das Geld von dem Herrn habe ich zu etwas Dringenderem gebraucht.

Die Prantl Das wird ja immer interessanter!

Elisabeth Meinetwegen. Ich habe es zu einer Geldstrafe gebraucht.

Präparator *wieder außer sich:* Was?! Sie haben mit der Justiz schon etwas gehabt?! Eine Vorbestrafte sind Sie also?! Aber Ihnen bring ich noch in das Zuchthaus, das garantier ich Ihnen! Ich war Ihr letztes Opfer. *Er rast ab.*

Szene Nummer 4

Die Prantl	Gediegen! Sehr gediegen!
Frau Amtsgerichtsrat	Wenn der Herr da jetzt das beschwört, das mit dem Zollinspektor und Versicherungsinspektor, dann werden Sie verurteilt.
Die Prantl	Zuchthaus.
Frau Amtsgerichtsrat	Aber was! Nur Gefängnis und sonst nichts! Zirka vierzehn Tag.
Elisabeth	Jetzt werden alle denken, daß ich die größte Verbrecherin bin.
Die Prantl	Gedanken sind zollfrei und besonders, wenn man es einem verschweigt, daß man schon vorbestraft ist.
Elisabeth	Ich bin doch nicht verpflichtet, Ihnen das zu sagen.
Die Prantl	Also nur nicht so von oben herab! Dieser Skandal ist eine Affenschand. Sie gehen natürlich fristlos – jetzt bleibens aber nur da, bis daß die Polizei kommt! *Ab.*

Szene Nummer 5

Frau Amtsgerichtsrat	Mich geht es ja nichts an, aber vorbestraft ist immer schon arg.
Elisabeth	*sagt es auf wie ein Schulmädchen:* Ich bin vorbestraft, weil ich ohne Wandergewerbeschein gearbeitet habe – und da hat man mir eine Geldstrafe von einhundertundfünfzig Mark hinaufgehaut, bezahlbar in Raten. Aber dann ist alles fällig geworden, und ich hätt dafür in das Gefängnis müssen, und meine Zukunft wäre wieder in das Wasser gefallen – und so habe ich dafür dem Herrn Präparator sein Geld aufgebraucht.
Frau Amtsgerichtsrat	Also tuns nur nicht viel leugnen und zeigens Ihnen nicht gescheiter als wie der Richter ist. Mein Mann ist ja ein braver Mensch, aber tuns die Verhandlung nur ja nicht in die Länge ziehn durch unnötige Verteidigung! Wenn ich zuhaus beim Mittagessen sitz und vergeblich auf ihn wart, und er kann nicht weg, weil die Sitzung so lang dauert, dann hört auch bei ihm das Verständnis auf – Wissens, die Angeklagten müssen halt auch ein Einsehen haben, daß schließlich der Richter auch ein Mensch ist.

Drittes Bild

Szene Nummer 1

Schauplatz: Vor dem Wohlfahrtsamt mit minimalem Vorgarten.
Gruppe debattierender Kunden des Wohlfahrtsamtes, und zwar eine Arbeiterfrau, ein älterer Buchhalter und ein Fräulein namens Maria. Auch Elisabeth ist dabei. Sie lehnt an dem Vorgartengitter und sonnt sich in der schwachen Spätnachmittagssonne.
Jetzt humpelt ein Invalider aus dem Wohlfahrtsamt.

Szene Nummer 2

Invalider **Bravo, bravo! Jetzt wollen die da drin im Wohlfahrtsamte auch nicht zuständig sein, jetzt soll ich wieder woanders hin – Kreuzkruzefix!**

Arbeiterfrau Sie müßten halt zur Invalidenversicherung.

Invalider **Invalidenversicherung sagt, das geht ihnen nichts an, das geht die Berufsgenossenschaft was an. Berufsgenossenschaft sagt, meine Füße wären vor dem Unfall auch schon schlecht gewesen, weil ich vorher schon Krampfadern und Plattfüße gehabt hätte – und der Herr Sachverständige hat es mir ins Gesicht hinein gesagt, ich könnt schon längst ohne Stock promenieren, wenn ich nur möchten tät!**

Buchhalter Warens denn schon beim Spruchausschuß?

Invalider **Die haben es ja bestätigt, daß mich die Berufsgenossenschaft von sechzig auf vierzig Prozent heruntergesetzt hat – das haben mir die ja direkt in das Urteil hineingeschrieben, daß bei dem Beschwerdeführer der Anreiz fehlen täte, weil er vorher beim Arbeiten auch nicht recht viel mehr verdient hätt, als wie jetzt mit der Rente!**

Szene Nummer 3

Nun verstummt alles und rührt sich nicht, denn ein Schupo (Alfons Klostermeyer) geht langsam vorbei und beobachtet scheinbar keine Seele. Langsam fängt es bereits an zu dämmern.

Szene Nummer 4

Arbeiterfrau *sieht dem Schupo nach:* Der Herr General –
Buchhalter Unser täglich Brot gib uns heute.
Maria Bei mir ist das noch schlimmer.
Invalider Wie das?
Maria Weil wir eine Familie von sieben Köpfen sind und das achte ist unterwegs – aber weil mein Vater in der Woche vierzig Mark heimtragt, ziehens mir sogar noch etwas ab.
Invalider Alles Schwindel!
Elisabeth Mir wollen die auch nichts geben, weil mein Vater noch etwas verdient.
Buchhalter Was ist er denn, Ihr Vater?
Elisabeth Versicherungsinspektor. Entschuldigens, aber jetzt muß ich lachen – *Sie lacht.*
Arbeiterfrau Warum lachst denn da, damische Gretl?
Elisabeth hört plötzlich auf.
So geh halt heim!
Elisabeth Nein!
Arbeiterfrau Nachher bist selber schuld! Hat einen Inspektor zum Vater –
Elisabeth *unterbricht sie:* Versicherungsinspektor!
Arbeiterfrau Ist ja wurscht!
Elisabeth *grinst:* Oho!
Buchhalter Dummheit und Stolz wachsen auf einem Holz.
Arbeiterfrau Hat ein Zuhause und nützt es nicht aus!
Elisabeth Bei mir hat das einen bestimmten Grund.
Arbeiterfrau Hast denn gar etwas angestellt?
Elisabeth *lächelt unsicher:* Sieht man es mir denn an?
Stille.
Buchhalter *grinst:* Nicht alles ist Gold, was glänzt – *Ab.*

Szene Nummer 5

Maria *zu Elisabeth:* Man muß sich halt alles gefallen lassen.
Elisabeth Ich will nicht mehr erinnert werden.

Szene Nummer 6

Invalider *zählt für sich:* Wohlfahrtsamt. Arbeitsamt. Berufsgenossenschaft. Invalidenversicherung. Spruchausschuß – Auf Wiedersehen im Massengrab! *Ab.*

Szene Nummer 7

Arbeiterfrau *für sich:* **Massengrab – Wie lang das dauert, bis daß einer für dich zuständig ist –** *Ab.*

Szene Nummer 8

Maria Was habens denn angestellt?
Elisabeth Nichts.
Maria Aber eingesperrt hat man Sie doch?
Elisabeth schweigt.
Mir könnens das ruhig sagen – ich weiß, wie das kommt. Das sind lauter kleine Paragraphen, aber du bleibst hängen – Du weißt eigentlich gar nicht, was los war und schon ist es aus. Schauns, meinem Vater habens gleich zehn Tag hinaufgehaut, weil er da paar Bretter vom Bauplatz gestohlen hat – die sind halt so dagelegen und in unserer Holzhütten, da hat es in die Betten hineingeregnet. Wenn man schon etwas anstellt, dann müßt es sich aber auch rentieren tun.
Elisabeth schweigt noch immer, es ist inzwischen Nacht geworden, und die beiden Fräulein sitzen nun allein auf dem Sockel des Vorgartengitters in dem Lichte, das aus den Fenstern des Wohlfahrtsamtes herausstrahlt.
Warens schon einmal verheiratet?
Elisabeth Nein.
Stille.
Wissens, mein Vater und ich, wir sind zwei verschiedene Personen. Zum Beispiel, wie ich das Licht der Welt erblickt habe, da war er ganz außer sich, daß ich nur ein Mädel bin. Und das hat er mir dann fortgesetzt nachgetragen. Dabei hat er aber Allüren wie ein Weltmann. Wenn meine Mutter nicht schon tot wär, die könnt darüber so manches trübe Lied zum besten geben. Alle Männer sind krasse Egoisten.
Maria Bei Ihnen ist halt der Richtige noch nicht gekommen.
Elisabeth Möglich.
Maria Der kommt ganz überraschend. Wenn man gar nicht denkt.
Stille.
Elisabeth Mir ist von zehntausend Männern höchstens einer sympathisch.
Maria Das schon.

Elisabeth	**Ich hab immer selbständig sein wollen – so mein eigener Herr.**
Maria	**Das geht nicht.**
	Stille.
	Ich hätte ja nichts dagegen, wenn mich einer heiraten tät. Nur schlagen dürft er mich nicht – Was machens denn jetzt?
Elisabeth	**Nichts.**
	Stille.
Maria	**Wir könnten eigentlich per du sein.**
Elisabeth	**Gewiß.**
	Stille.
Maria	*erhebt sich plötzlich:* **Geh, komm mit! Schaun wir mal da vor – da sitzt schon einer drin, der uns ein Schinkenbrot kauft!**
Elisabeth	**Also nur das nicht!**
	Stille.
Maria	**Warum?**
Elisabeth	**Nein. Aus Selbsterhaltungsprinzip nicht.**
	Stille.
Maria	**Da staunt der Fachmann, und der Laie wundert sich –**

Szene Nummer 9

Jetzt erscheint der Baron mit dem Trauerflor – er sieht etwas ramponiert aus, müde und verbittert. Maria erblickt ihn und starrt ihn fasziniert an.

Szene Nummer 10

Baron	*grüßt chevaleresk:* **Kompliment, Madonna! Ich habe es schon befürchtet, daß du vielleicht nicht erscheinst.**
Maria	*tonlos:* **Ehrensache.**
	Stille.
Baron	*erkennt Elisabeth:* **Ach!** *Er lüftet den Hut und lächelt maliziös.*
Maria	**Wieso? Du kennst meine fremde Freundin da?**
Baron	**Fremd?** *Zu Elisabeth.* **Ursprünglich wollten Sie doch Ihre werte Leiche verkaufen?**
Maria	**Leiche?**
Baron	*glättet seinen etwas zerknüllten Trauerflor:* **Ja, das waren bessere Zeiten. Damals hatte ich noch meine Generalvertretung –**

Elisabeth	*grinst:* **Korsette vielleicht?**
Baron	**Nein, Likör. Jetzt bin ich parterre.**
Maria	*betrachtet sich in ihrem Taschenspiegel im Lichte, das aus dem Wohlfahrtsamt herausfällt:* **Hugo! Fällt dir denn nichts auf an mir?**
Baron	**Ich wüßt es nicht momentan –**
Maria	**Da –** *Sie fletscht die Zähne.* **Ich hab seit vorgestern zwei Stiftzähne da vorn – Weißt, meine beiden Zähne waren doch ganz Bruch und schwarz, weil halt der Nerv schon abgestorben war.**
Baron	*lächelt hinterlistig:* **Du hast dich zu deinem Vorteil verändert.**
Maria	**Ich gefall mir.**

Szene Nummer 11

Jetzt erscheint ein Kriminaler, und zwar hinter Maria, die noch ihre Stiftzähne in ihrem Taschenspiegel betrachtet. Der Baron zieht sich etwas zurück und der Kriminaler wartet, bis sich Maria umdreht. Nun erblickt sie ihn und zuckt etwas zusammen.

Szene Nummer 12

Kriminaler	**Sie kommen mit. Sie wissen genau warum.**
Maria	*kleinlaut:* **Ich weiß gar nichts.**
Kriminaler	**So, Sie wissen gar nichts –**
Baron	**Und meine Manschettenknöpfe?**
	Stille.
Maria	*leise:* **Jesus, Maria.**
Baron	**Wer hat sie mir denn gestohlen?**
Kriminaler	**Kriminalpolizei. Sie kommen mit.**
Maria	*fixiert den Baron:* **Du hast mich verschuftet?**
Kriminaler	**Sind Sie augenblicklich ruhig!**
Maria	**Du? Dem ich drei Mark geliehen hab? Drei Mark?**
Kriminaler	**Halten Sie Ihren Mund.**
Baron	*grüßt wieder chevaleresk:* **Kompliment, Madonna!** *Ab.*
Maria	**Du Sau, du dreckige!**
Kriminaler	*legt ihr rasch die Schließzange an:* **Maul halten. Vorwärts!**
	Er zerrt sie mit sich ab.
Maria	**Au!!**

Szene Nummer 13

Der Schupo (Alfons Klostermeyer) kommt rasch auf das Geschrei hin herbei, hält und erblickt Elisabeth. Und sie erblickt ihn.

Szene Nummer 14

Schupo **Was hat sich denn da abgespielt?**

Elisabeth *lächelt böse:* **Nichts. Es ist bloß ein Fräulein verhaftet worden. Wegen nichts.**

Schupo **Geh, das gibt es doch gar nicht!**

Elisabeth **Trotzdem.**

Stille.

Was starrens mich denn so an?

Schupo *lächelt:* **Ist denn das verboten?**

Stille.

Sie erinnern mich nämlich. Besonders in Ihrer Gesamthaltung. An eine liebe Tote von mir.

Elisabeth **Sie reden so mystisch daher.**

Stille.

Schupo **Welche Richtung gehens denn jetzt?**

Elisabeth **Wollens mich gar begleiten?**

Schupo **Ich hab heut keinen Dienst mehr.**

Elisabeth **Ich geh lieber allein.**

Schupo *ohne Hintergedanken:* **Habens die Polizei nicht gern?**

Elisabeth *zuckt etwas zusammen:* **Wieso?**

Schupo **Weil Sie nicht wollen, daß ich Sie begleite. Es muß doch auch Polizisten geben, Fräulein! In jedem von uns schlummert zum Beispiel ein Eisenbahnattentäter.**

Elisabeth **In mir nicht.**

Schupo **Geh, das gibt es doch gar nicht!**

Elisabeth *ahmt ihn nach:* **Das gibt es doch gar nicht!**

Schupo *lächelt:* **Sie tun ja direkt, als wärens schon einmal hingerichtet worden.**

Elisabeth **Es kümmert sich keiner darum.**

Schupo **Man darf die Hoffnung nicht sinken lassen.**

Elisabeth **Das sind Sprüch.**

Stille.

Schupo **Ohne Glaube, Liebe, Hoffnung gibt es logischerweise kein Leben. Das resultiert alles voneinander.**

Elisabeth Sie haben leicht reden als Staatsbeamter in gesicherter Position.

Schupo Wir müssen doch alle mal sterben.

Elisabeth Hörens mir auf mit der Liebe!

Stille.

Schupo Fräulein. Jetzt hörens mich aber genau an – nämlich ich beobachte Sie hier vor dem Wohlfahrtsamt bereits schon seit Tagen. Weil Sie mich halt auch erinnern tun – an eine liebe Tote, wie gesagt.

Elisabeth Wer war denn diese Tote?

Schupo Meine Braut.

Stille.

Wir waren nämlich ein Herz und eine Seele. Aber sie hatte es mit der Leber zu tun, und jetzt geht mir direkt etwas ab. Warum lächeln Sie da?

Elisabeth Nur so.

Stille.

Schupo Sie sind anscheinend sehr verbittert.

Elisabeth Ich geh schnell.

Schupo Sie können schnell gehen, aber ich kann auch schnell gehen.

In der Ferne fällt ein Schuß – dann noch einer und noch einer; jemand brüllt.

Stille.

Schupo *lauscht:* Was war denn jetzt das? Mir scheint, die schießen wieder aufeinander. Also das ist ja schon schier zum Verrücktwerden, dieser latente Bürgerkrieg – ich schau nur mal nach und bin gleich wieder da, wartens bitte auf mich!

Elisabeth Gut.

Schupo ab nach rechts.

Szene Nummer 15

Jetzt kommen Frau Amtsgerichtsrat und er selbst, der Amtsgerichtsrat, von links.

Frau Amtsgerichtsrat So folge mir doch, August! Geh jetzt da schön hinein in das Wohlfahrtsamt und sag es dem Herrn Regierungsrat, daß du ihm heute abend leider nicht zur Verfügung stehen kannst, denn du mußt dich auch mal deiner Ehehälfte widmen.

Amtsgerichtsrat **Ich geh aber nur ungern ins Kino. Zwei Stunden ohne Zigarre.**

Frau Amtsgerichtsrat **Oh, das tut dir gut! So denk doch an deinen Darm!**

Amtsgerichtsrat **Ich denke. Der Sanitätsrat hat mich erst gestern wieder gewarnt.**

Frau Amtsgerichtsrat **Mich hat er auch gewarnt, daß ich wegen meiner Drüsen nicht soviel Treppen steigen soll –**

Amtsgerichtsrat *unterbricht sie:* **Mußt du denn Korsette verkaufen?! Kompletter Irrsinn!**

Frau Amtsgerichtsrat **Ich will aber nicht um jeden Pfennig bei dir betteln!**

Amtsgerichtsrat **Versündige dich nicht! Was weißt denn du schon von der großen Not? Wo man doch tagaus, tagein die armen Leut verurteilen muß, zu guter Letzt bloß weil sie kein Dach über dem Kopf haben!**

Frau Amtsgerichtsrat **Dann würd ich sie halt nicht verurteilen.**

Amtsgerichtsrat **Hermine!**

Stille.

So. Und jetzt sag ich es dem Herrn Regierungsrat, daß es heute nichts wird mit unserm Tarock, weil ich mich meiner Ehehälfte widmen möchte – aber freu dich, wenn das Kino wieder ein Kitsch ist, du Mickymaus – *Ab in das Wohlfahrtsamt.*

Szene Nummer 16

Frau Amtsgerichtsrat erblicken nun Elisabeth. Sie fixieren sich, aber Elisabeth will niemand mehr kennen aus ihrer Vergangenheit – doch Frau Amtsgerichtsrat lassen nicht locker.

Szene Nummer 17

Frau Amtsgerichtsrat **Komisch. Wir kennen uns doch –**

Elisabeth *sieht sich ängstlich um:* **Bitte kennen Sie mich nicht, Frau Amtsgerichtsrat –**

Frau Amtsgerichtsrat **Also nur keine Angst, Fräulein! Mich geht es ja nichts an, aber wieviel habens denn bekommen?**

Elisabeth **Vierzehn Tage.**

Frau Amtsgerichtsrat **Sehens, das hab ich Ihnen gleich gesagt!**

Elisabeth **Aber ohne Bewährungsfrist.**

Frau Amtsgerichtsrat **Ohne?**

Elisabeth: Weil ich halt vorher schon die Geldstrafe gehabt habe – *Sie grinst.* Wenn ich nur wüßt, was ich verbrochen hab –

Frau Amtsgerichtsrat: Oh ich weiß, wie das zugeht! Mir müssen Sie das nicht erzählen! Lauter Ungerechtigkeiten – und eine neue Stellung habens natürlich auch keine?

Elisabeth: Nein. Aber zuvor habe ich einen Herrn kennengelernt und dieser Herr hat mir von seiner toten Braut erzählt – *Sie grinst wieder.*

Frau Amtsgerichtsrat: Das Beste für Sie wär allerdings: Heiraten.

Elisabeth: *tonlos:* Ich sage nicht nein.

Frau Amtsgerichtsrat: Man könnt Ihnen gratulieren.

Elisabeth: Wir haben uns durch einen Zufall kennengelernt.

Frau Amtsgerichtsrat: So fängts an. Kenn ich, Fräulein. Kenn ich!

Elisabeth: Vielleicht ist das der große Zufall in meinem Leben.

Frau Amtsgerichtsrat: Was ist er denn, der Herr Bräutigam in spe?

Elisabeth: Staatsbeamter.

Frau Amtsgerichtsrat: Staatsbeamter? Weiß er denn etwas von Ihren vierzehn Tagen?

Elisabeth: Nein.

Frau Amtsgerichtsrat: Hm. Das müßtens ihm aber schon sagen, sonst könnt er eventuell Unannehmlichkeiten kriegen mit seiner Karriere –

Elisabeth: Ist denn das möglich?

Frau Amtsgerichtsrat: Absolut.

Elisabeth: Dort kommt er jetzt wieder zurück.

Frau Amtsgerichtsrat: Wo? – Was? Ein Polizist? – Na mich geht es ja nichts an. Alles Gute, Fräulein! *Sie zieht sich von ihr zurück.*

Szene Nummer 18

Schupo: *erscheint wieder; zu Elisabeth:* So, jetzt bin ich frei. Sie haben einen Unbeteiligten erschossen. Daß wir gerade in einer solchen Zeit leben müssen, das denk ich mir oft, Fräulein – *Er deutet plötzlich auf die Frau Amtsgerichtsrat.* Was will denn diese Frau dort von Ihnen?

Elisabeth: *lügt:* Ich kenne sie nicht.

Schupo: Weil sie uns so anstarrt.

Elisabeth: Vielleicht verwechselt sie uns. Man verwechselt doch leicht einen Menschen.

Schupo: Das schon. Zwar wenn ich als Staatsgewaltsorgan zwei Menschen miteinander verwechseln tät – das wär nicht gut für meine Karriere.

Elisabeth	**Ist das bei Ihnen wirklich so streng?**
Schupo	**Sehr. Und oft schon direkt ungerecht. Ist Ihnen denn kalt, weil Sie mit die Zähn so klappern?**
Elisabeth	**Ja.**
Schupo	**Sehr?**
Elisabeth	**Ziemlich.**
Schupo	**Ich tät Ihnen schon gern meinen Mantel umhängen, ich brauch ihn nämlich nicht, aber das ist mir verboten.**
Elisabeth	*lächelt:* **Der Mantel ist halt immer im Dienst.**
Schupo	**Pflicht ist Pflicht.**
Elisabeth	**Kommens, hier zieht es so grausam –** *Langsam ab mit dem Schupo.*

Szene Nummer 19

Jetzt verlassen der Herr Amtsgerichtsrat wieder das Wohlfahrtsamt.

Frau Amtsgerichtsrat	*plötzlich klatschsüchtig:* **Du, August – dort drüben geht das Fräulein von der Prantl, das war doch der Betrugsfall mit dem Versicherungsinspektor und Zollinspektor –**
Amtsgerichtsrat	**Keine Ahnung!**
Frau Amtsgerichtsrat	**Aber du hast sie doch verurteilt –**
Amtsgerichtsrat	**Möglich!** *Stille.*
Frau Amtsgerichtsrat	**Daß du ihr aber keine Bewährungsfrist gegeben hast, das war ungerecht von dir –**
Amtsgerichtsrat	*wütend:* **Kümmere dich um deine eigenen Ungerechtigkeiten, Hermine!**

Viertes Bild

Szene Nummer 1

Schauplatz: Elisabeths möbliertes Zimmer.
Der Schupo (Alfons Klostermeyer) liegt in Unterhosen im Bett und döst vor sich hin. Elisabeth kocht Kaffee und betrachtet ab und zu die weißen Herbstastern, die in einer Vase neben dem Spirituskocher stehen. Draußen scheint die Oktobersonne, aber die Gardinen sind halb heruntergelassen und das Ganze ist ein Bild des glücklichen Friedens zweier liebender Herzen.

Szene Nummer 2

Elisabeth *riecht an den weißen Herbstastern:* **Wie lang, daß die sich halten. Schon fünf Tage. Das hätt ich jetzt aber ursprünglich nicht gedacht, daß du mir weiße Herbstastern kaufen wirst.**

Schupo **Mir hat das sofort eine innere Stimme gesagt.**

Elisabeth **Trotzdem.**

Schupo **Hast gedacht, so ein schneidiger Schupo, das ist ein leichtlebiger Falter? Der möchte nur eine mit viel Geld? Weit gefehlt! Ich schätze eine Frau höher ein, die von mir abhängt, als wie umgekehrt. Krieg ich noch ein Küßchen?**

Elisabeth **Ja.**

Schupo **Ist der Kaffee bald fertig?**

Elisabeth **Sofort.**

Schupo *nimmt die Kopfhörer vom Nachtkastl und legt sie sich an:* **Stramm! Schneidig –** *Er summt den Radetzkymarsch mit, den die Militärmusik im Radio gerade spielt.*

Elisabeth **Du, Alfons – gestern abend war das eine wunderbare Opernübertragung. Aida.**

Schupo *legt die Kopfhörer wieder auf das Nachtkastl:* **Hast mich also gar nicht vermißt?**

Elisabeth **Aber Alfons!**

Schupo **Krieg ich noch ein Küßchen?**

Elisabeth **Hier hast den Kaffee –** *Sie bringt ihm eine Tasse. –* **und hier hast du das Küßchen –** *Sie gibt es ihm und setzt sich auf den Bettrand.*

Schupo *genießt den Kaffee:* **Ich bin ja nur froh, daß es schon heute ist. Ständig erhöhte Alarmbereitschaft – gut, daß die blöden Wahlen vorbei sind! Erst vorgestern nacht habens wieder einen Kameraden von mir erschossen.**

Elisabeth Es müssen halt immer viele Unschuldige dran glauben.

Schupo Das läßt sich nicht umgehen in einem geordneten Staatswesen.

Elisabeth Das seh ich schon ein, daß es ungerecht zugehen muß, weil halt die Menschen keine Menschen sind – aber es könnt doch auch ein bißchen weniger ungerecht zugehen.

Schupo Also das ist Philosophie. Was gefällt dir eigentlich an mir?

Elisabeth Alles.

Schupo Aber welches Wort würde denn am besten zu mir passen?

Elisabeth Ich weiß es nicht.

Schupo Geh, das wirst du doch wissen!

Elisabeth Du hast dich etwas verändert, Alfons. Früher warst du trauriger.

Schupo Wie das?

Elisabeth Halt melancholischer.

Schupo Oh das bin ich auch jetzt noch! Das wäre ja gelacht!

Elisabeth Entschuldige – *Sie erhebt sich.*

Schupo Wohin? Ach so. Tu deinen Gefühlen nur kein Korsett an.

Elisabeth *schrickt etwas zusammen, scharf:* Wieso Korsett?

Schupo *überrascht:* Warum?

Stille.

Elisabeth *lächelt:* Entschuldige bitte, aber ich bin heut halt etwas nervös – *Sie verschwindet.*

Szene Nummer 3

Schupo *allein:* – melancholisch? Noch melancholischer? – Wieso noch melancholischer?

Szene Nummer 4

Elisabeth erscheint wieder.

Schupo Das hat aber lang gedauert.

Elisabeth Lang?

Schupo Doch nichts besonderes?

Elisabeth Bitte werde deutlicher.

Schupo Ich hab nämlich immer achtgegeben.

Elisabeth Ach so.

Szene Nummer 5

Jetzt klopft es an der Türe. Die zwei liebenden Herzen lauschen – abermals klopft es, und zwar entschiedener.

Schupo **Pst! Niemand zu Hause.**
Elisabeth **Wer kann das sein?**

Szene Nummer 6

Stimme **Kriminalpolizei!**
Elisabeth **Jesus, Maria!**
Schupo **Polizei? Und ich lieg da. Ausgrechnet Bananen!** *Er packt rasch seine Kleidungsstücke und versteckt sich im Schrank.*

Szene Nummer 7

Es klopft nun noch entschiedener an die Türe. Elisabeth öffnet und ein Herr betritt ihr möbliertes Zimmer. Es ist ein Oberinspektor der Sittenpolizei.

Szene Nummer 8

Oberinspektor **Geduld bringt Rosen.** *Er sieht sich um und deutet auf das unordentliche Bett.* **Ich habe Sie wohl im Schlaf gestört?**
Elisabeth **Warum?**
Oberinspektor **Sie wissen genau warum.**
Elisabeth **Ich bin nicht ganz auf dem Damm.**
Oberinspektor **Es gibt allerdings Leute, die haben Nachtdienst und sind deshalb untertags ruhebedürftig.**
Elisabeth **Wie meinen Sie das?**
Oberinspektor *hält einen Sockenhalter hoch, den er auf dem Stuhle gefunden hat:* **Fräulein pflegen wohl Sockenhalter zu tragen?** *Stille.*
Elisabeth **Was will man denn von mir?**
Oberinspektor **Sie haben von der Polizei einen Unterkommensauftrag gekriegt, darauf steht, daß Sie sich innerhalb dreier Wochen um ein einwandfreies Unterkommen umsehen sollen. Aber Sie haben weder Arbeit noch haben Sie nachgewiesen, daß Sie sich um eine solche bemüht haben.**

Elisabeth Kümmern Sie sich doch um die Leut, die kein Unterkommen haben!

Oberinspektor Keine Hetzreden bitte! Polizeiwidrig ist nicht, wer kein Unterkommen hat, polizeiwidrig ist nur, wer dadurch die öffentliche Ordnung gefährdet.

Elisabeth Aber ich gefährde doch nicht die öffentliche Ordnung!

Oberinspektor Solange Sie sich nicht über Ihre Einkünfte ausweisen können, ist dies fraglich.

Elisabeth Für mich wird schon gesorgt.

Oberinspektor Eben diese freundliche Fürsorge interessiert uns.

Elisabeth Das habe ich doch schon früher angegeben. Ich erhalte von meinem Bräutigam zwanzig Mark in der Woche. Davon lebe ich.

Oberinspektor Wer ist denn dieser Bräutigam?

Stille.

Sie nennen also den Namen nicht?

Elisabeth Nein.

Oberinspektor Und warum nicht?

Elisabeth Weil ich meinem Bräutigam kraft seiner Position eventuell schaden täte.

Oberinspektor *grinst:* Hübsch! Sehr hübsch – Eventuell sind bei diesen zwanzig Mark mehrere Bräutigams beteiligt.

Elisabeth Das ist eine Unverschämtheit –

Oberinspektor *unterbricht sie:* Immer nur schön ruhig, Fräulein! Sie entschuldigen, wenn ich indiskret werde – *Er öffnet plötzlich den Kleiderschrank und ist nicht überrascht, einen Mann darin zu finden, aber daß dieser Mann ein Schupo in Unterhosen ist, der von seiner Uniform nur den Rock und die Mütze anhat, scheint ihn etwas peinlich zu berühren.*

Szene Nummer 9

Schupo steht stramm im Kleiderschrank.

Oberinspektor Sie hier?

Schupo Es ist alles wahr, was das Fräulein gesagt hat, Herr Oberinspektor.

Stille.

Oberinspektor *zu Elisabeth:* Bitte, lassen Sie uns mal etwas allein –

Elisabeth zögert.

Schupo *zu Elisabeth:* Sei so gut.

Elisabeth Bitte – *Ab.*

Oberinspektor	Hier verbringen Sie also Ihre freien Stunden.
Schupo	*ist aus dem Kleiderschrank heraus und zieht sich nun hastig an:* Wenn ich eine Aufklärung geben darf, Herr Oberinspektor – hier liegt bestimmt ein Irrtum vor.
Oberinspektor	Irrtum?! Mensch, wie kommen Sie zu dieser Frau?! Wir haben sie doch im Auge, daß sie zu einer bestimmten Damenkategorie gehört!
Schupo	Damenkategorie?
Oberinspektor	Wahrscheinlich!
	Stille.
Schupo	*lächelt:* Aber nein, Herr Oberinspektor –
Oberinspektor	Kennen Sie sie denn überhaupt?
Schupo	Kennen jawohl.
Oberinspektor	Und wollen sie heiraten.
Schupo	Ich habe es vor, Herr Oberinspektor.
Oberinspektor	Wie alt sind Sie denn?
Schupo	Vierundzwanzig! Herr Oberinspektor.
Oberinspektor	Das alte Lied!
Schupo	*ist nun wieder angezogen:* Aber das mit den zwanzig Mark stimmt genau, Herr Oberinspektor.
Oberinspektor	Monatlich achtzig Mark! Sie sind doch auch nicht fürstlich bezahlt!
Schupo	Meine Eltern unterstützen mich.
Oberinspektor	Was ist denn Ihr Vater?
Schupo	Schreinermeister.
Oberinspektor	Dann hätten Sie lieber Schreiner werden sollen.
Schupo	Wie verstehen das Herr Oberinspektor?
	Stille.
Oberinspektor	Bedaure, aber Sie scheinen es nicht zu ahnen, wen Sie da an den Traualtar führen wollen – Ihre Braut hat doch wegen Betrugs bereits vierzehn Tage Gefängnis hinter sich.
Schupo	Gefängnis?
Oberinspektor	Betrug. Abgesehen von einer Geldstrafe, die sie sich auch schon mal geholt hat. Daß diesen Damen derlei Verbindungen mit der Polizei ganz erwünscht sind, ist ja menschlich verständlich. Aber ob das Ihrer Karriere sehr förderlich ist –
Schupo	Keine Ahnung –
Oberinspektor	Na also! *Er öffnet die Türe und ruft hinaus.* Kommen Sie herein!

Szene Nummer 11

Elisabeth kommt wieder herein. Sie denkt es sich schon, daß jetzt alles aus ist.
Stille.

Schupo Betrug? Stimmts?
Elisabeth Ich weiß, es ist aus.
Schupo Gefängnis?
Elisabeth Ja.
Stille.
Schupo Du, Elisabeth. Warum hast du mir das alles verschwiegen?
Elisabeth So frag mich doch nicht so saudumm.
Stille.
Schupo *steht stramm:* Besten Dank, Herr Oberinspektor!
Oberinspektor Bitte bitte!
Schupo schlägt die Hacken zusammen und will ab.
Elisabeth Halt!
Stille.
Schupo Du hast mich belogen und das ist für mich der entscheidende Punkt.
Elisabeth Nein, deine Karriere, das ist er, dein entscheidender Punkt.
Schupo Nein! Aber zuerst kommt die Pflicht und dann kommt noch Ewigkeiten nichts! Radikal nichts!
Stille.
Elisabeth Du, Alfons. Zuvor – wie du da drinnen im Schrank warst, da habe ich dich beschützen wollen.
Schupo Mich?
Elisabeth Uns.
Schupo Dich! Dich gegen mich! Ich kenn mich schon aus, Fräulein!
Stille.
Elisabeth *grinst:* Ich hab dich halt nicht verlieren wollen, lieber Alfons –
Schupo *schlägt wieder die Hacken zusammen:* Herr Oberinspektor!
Rasch ab.

Szene Nummer 12

Oberinspektor Also das war wirklich nicht notwendig von Ihnen, dem Mann seine Karriere so leichtfertig zu gefährden –
Elisabeth Notwendig? Und meine Karriere?
Oberinspektor Sie wollen doch nicht behaupten, daß Sie unschuldig sind?

Elisabeth **Oh nein, das habe ich mir schon längst abgewöhnt. Entschuldigens, aber jetzt muß ich lachen –** *Sie setzt sich auf den Bettrand und lacht lautlos.*
Oberinspektor **Lachens Ihnen nur ruhig aus.** *Ab.*

Fünftes Bild

Szene Nummer 1

Polizeirevier. Nach Mitternacht.
Der Schupo (Alfons Klostermeyer) spielt mit einem Kameraden eine Partie Schach. Es regnet draußen, und in weiter Ferne spielt ein Orchester den beliebten Trauermarsch von Chopin – bis Szene 3.

Szene Nummer 2

Schupo *horcht:* **Wer spielt denn da?**
Kamerad **Radio.**
Schupo **Nach Mitternacht?**
Kamerad **Vielleicht Amerika. Dort ist es jetzt Tag. Du bist dran.**
Schupo **Sofort.**
Pause.
Schupo zieht mit dem Turm.
Kamerad *überlegt:* **Geh ich daher, geht er dahin. Geh ich dahin, geht er daher. Dunkel wars, der Mond schien helle, als ein Wagen blitzeschnelle – g sieben, c drei. Schach!**
Schupo **Du auch noch.**
Pause.
Wer ist denn dran?
Kamerad **Immer der, der fragt.**
Pause.
Schupo *erhebt sich:* **Aufgegeben. Matt.**
Kamerad **Matt? In dieser Position?**
Schupo **Es steckt nichts mehr drinnen.**
Kamerad **Nichts? D fünf, d sieben! H zwei, g vier!**
Schupo **Möglich.**

Szene Nummer 3

Kamerad *betrachtet noch immer das Brett:* **Daß du da die Waffen streckst, wo du doch sonst jede Partie zu Ende spielst, auch wenn es für dich hoffnungslos herschaut.**

Schupo **Mir scheint, ich bin krank. Schon seit einer ganzen Zeit. Wenn ich mich niederleg, werd ich wach, und wenn ich aufsteh, schlaf ich ein.**

Kamerad **Das sind die Nerven.**

Schupo *lächelt geschmerzt:* **Weißt, ich hab halt eine kleine Aufregung hinter mir.**

Kamerad **Dienstlich?**

Schupo **Nein. Privat. Betreffs eines Weibes. Da stellst dich hin und machst alles für so ein Menschenkind, zahlst ihr das Leben, schenkst ihr deine intimsten Gefühle, deine freie Zeit, dein gutes Geld – und das Resultat? Du bist der Lackierte.**

Kamerad **Undank ist der Welt Lohn.**

Schupo **Manchmal fang ich schon zum Grübeln an.**

Kamerad **Also nur das nicht! Grübeln ist Gift!**

Schupo **Von mir aus. Schau – zum Beispiel meine erste Braut, mit der ich sehr harmonisiert habe, die ist mir weggestorben. So bin ich beinander. Die eine stirbt, die andere lügt. Lauter blutige Enttäuschungen. Ich find keinen Menschen, dessen Liebe mir etwas gibt.**

Szene Nummer 4

Jetzt betritt ein dritter Schupo das Revier, und zwar bringt er den Präparator mit sich, der total betrunken ist – der Vizepräparator ist auch dabei, und ebenfalls nicht mehr ganz auf der Höhe infolge Alkoholgenusses.

Dritter Schupo **So! Da wären wir!**

Vizepäparator **Aber lieber Herr Wachtmeister –**

Dritter Schupo *unterbricht ihn:* **Ruhe!** *Zu seinen Kameraden.* **Nächtliche Ruhestörung und Beamtenbeleidigung!**

Vizepäparator **Wieso hernach Beamtenbeleidigung?**

Dritter Schupo **Wieso hernach? Hat er denn nicht gebrüllt und getobt und mit diesem seinem Spazierstock gegen die Rolläden getrommelt, daß die ganze Straß aufgewacht ist? Hat er mir nicht gesagt, Sie Rindvieh, Sie krummgebohrtes?! Oder vielleicht?!**
Stille.

Vizepäparator Entschuldigens bitte, aber ursprünglich wollten wir heute abend in aller bescheidenen Zurückgezogenheit den zweiundsechzigsten Geburtstag dieses Herrn dort feiern, aber der Mensch denkt –

Kamerad *grinst:* – und Gott lenkt.

Präparator *scharf:* Und wer ist schuld? Der Oberpräparator.

Dritter Schupo Ruhe! *Er deutet auf das Schachbrett.* Wer hat denn da gewonnen?

Kamerad Ich.

Dritter Schupo Du? Gegen den? Nicht möglich.

Schupo Ich hab heut keinen Kopf.

Präparator Meine Herren! Wer ist mein Feind? Der Oberpräparator und nur der Oberpräparator.

Dritter Schupo Schluß mit der Debatte!

Kamerad Was schwätzt denn der da immer von einem Oberpräparator?

Vizepäparator Aber das ist es ja eben – ich bin nämlich der Vizepräparator, und der Oberpräparator das ist dieser Herr da persönlich. Vorigen Monat ist er avanciert, aber wenn er sich betrunken hat, vergißt er es immer wieder, daß er befördert worden ist. Jener bewußte Oberpräparator, den dieser Oberpräparator da meint, den hat ja Gott sei Dank schon längst der Teufel geholt – der hat sich nämlich infiziert, an einem Leichnam. Aus Brünn.

Dritter Schupo Jetzt aber Schluß! Setzen! Das Protokoll!

Szene Nummer 5

Buchhalter *stürzt herein:* Hilfe, Herr Wachtmeister! Da draußen liegt ein Fräulein drüben beim Kanal!

Kamerad Beim Kanal?

Dritter Schupo Was für ein Fräulein?

Buchhalter Selbstmord! Wir haben sie aus dem Wasser heraus – das heißt, nicht ich, sondern ein tollkühner Lebensretter. Mir scheint, sie lebt noch! Da!

Szene Nummer 6

Zwei Männer, einer im Smoking, erscheinen nun und auch der tollkühne Lebensretter. Sie tragen die aus dem Kanal herausgerettete Elisabeth und legen sie auf eine Bank. Der tollkühne Lebensretter heißt Joachim und ist total durchnäßt und friert ziemlich – der eine Schupo reicht ihm eine Decke, die er sich umhängt. Alle, außer dem Präparator, beschäftigen sich nun mit Elisabeth. Auch der Schupo Alfons Klostermeyer tritt an sie heran, erkennt sie und starrt sie an.

Buchhalter **Es ist noch ein Funke Leben in ihr –**

Dritter Schupo **Sofort künstliche Atmung!**

Vizepäparator **Kenn ich genau. Darf ich helfen? Hab zwei Semester Medizin, aber dann ist mir das Geld ausgegangen –**

Kamerad **Los, los!**

Präparator **Und etwas Schnaps!**

Joachim **Auch für mich bitte.**

Präparator *zu Joachim:* **Allerhand Schneid. In stockdunkler Nacht im November ins Wasser springen – tollkühn! Sehr tollkühn!**

Joachim **Aber ich erfüllte doch nur meine normale menschliche Pflicht.** *Er trinkt aus der Schnapsflasche.*

Präparator **Zu bescheiden, zu bescheiden.** *Er nimmt ihm die Schnapsflasche weg und wendet sich an den Schupo.* **Hab ich nicht recht, Herr General?**

Schupo **Ich bin kein General.**

Präparator **Also auf das Wohl des tollkühnen Lebensretters! Prost!** *Er trinkt.*

Joachim *zum Schupo:* **Ich ging vorbei und hörte etwas in das Wasser plumpsen und sah einen silbrigen Schein – das war ihr Gesicht. Ich sprang sofort hinein und griff zu. Ehrensache. Hätte doch jeder getan. Sie auch.**

Schupo **Natürlich.**

Präparator **Das kommt groß in die Zeitung. Mit Photographie. Der tollkühne Lebensretter soll leben! Hoch!** *Er trinkt wieder.*

Dritter Schupo *bei Elisabeth:* **Wo bleibt denn der Schnaps?**

Präparator **Da!**

Joachim *zum Schupo:* **Könnt ich mal telephonieren?**

Schupo **Dort bitte.**

Kamerad *tritt zum Schupo:* **Sie hat nichts bei sich. Nur einen ungültigen Wandergewerbeschein –**

Präparator **Wandergewerbeschein?**

Kamerad **Jawohl.** – *Präparator wendet sich Elisabeth zu und betrachtet sie aufmerksam.*

Szene Nummer 7

Während sich nun alles, außer dem Schupo und den beiden Männern, die das Polizeirevier bereits wieder verließen, sowie dem Präparator, um Elisabeth bemüht (künstliche Atmung und dergleichen), telephoniert Joachim mit seiner Mama.

Joachim **Hallo! Mama! Bist du es, Mama? – Oh nein, fürchte dich nicht, daß ich dich so aus dem Schlaf heraushol, aber ich habe soeben einer Selbstmörderin das Leben gerettet. – Tollkühn, was? Ehrensache! Komm auch in die Zeitung, mit Photographie, ist doch eine unbezahlbare Reklame für die Firma, so umsonst in der ganzen Presse – Hallo! Aber jetzt krieg ich doch dann mein Motorrad, was? – Wie? Du hast es mir doch versprochen! Werden sehen? Adieu!** *Er hängt wütend ein. Für sich:* **Altes Dromedar.**

Szene Nummer 8

Schupo **Ist sie tot?**

Kamerad **Mir scheint, sie atmet.**

Vizepäparator **Werden sehen, werden sehen!**

Szene Nummer 9

Präparator *hat Elisabeth erkannt:* **Sie ist es. Pfeilgerade. Diejenige, welche** – *Er wendet sich zerknirscht an den Schupo.* **Herr Staatsanwalt –**

Schupo *unterbricht ihn:* **So lassens mir doch meine Ruh!**

Präparator **Aber haben Sie doch Zeit für mich, bitte – ich muß Ihnen ja ein Geständnis ablegen. Jenes Fräulein dort ist ermordet worden.**

Schupo *stutzt:* **Ermordet?**

Präparator **Ich kenne den Mörder.**

Schupo **Was reden Sie da?!**

Stille.

Präparator **Nämlich das mit dem Zollinspektor und Versicherungsinspektor – ich hab mich geirrt, Herr Generalstaatsanwalt! Auge um Auge, Zahn um Zahn! So verhaftens mich doch und machens kurzen Prozeß! Seiens fesch, hängens mich auf!**

Vizepäparator *zum Schupo:* **Jetzt hat er seinen Moralischen.**

Schupo *zum Präparator:* **Sie Sau, Sie!**

Präparator **Oh Gott!** *Er setzt sich in eine Ecke.* **Gefaßt betret ich das Schafott – Walte deines Amtes, Henker! Und betet für mich, liebe Leutl, damit ihr nicht in Versuchung kommet, und wenn ihr mal recht blöd seid, dann denkts an mich –** *Er vergräbt sein Gesicht in die Hände und verharrt so erschüttert.*

Szene Nummer 10

Dritter Schupo **Da ist sie!**

Szene Nummer 11

Elisabeth erwacht aus ihrer Ohnmacht, ist aber noch immer abwesend – nun sitzt sie auf der Bank und sieht sich um. Noch faßt sie nichts, und nur allmählich kommt ihr wieder die Erinnerung.

Szene Nummer 12

Elisabeth *zum Buchhalter:* **Wer bist du?**

Buchhalter **Wer? Meine Wenigkeit?**

Stille.

Dritter Schupo *hält ihr die Schnapsflasche hin:* **Da, Fräulein –**

Elisabeth *starrt den Buchhalter noch immer an:* **Wer bist du?**

Vizepäparator *zum Buchhalter:* **So redens doch!**

Buchhalter **Ich? Nichts.**

Elisabeth *lächelt:* **Nichts –** *Sie sieht sich plötzlich ängstlich um?* **Bin ich denn noch?**

Kamerad *lächelt:* **Gewiß.**

Dritter Schupo *hält ihr noch immer die Schnapsflasche hin:* **Da, Fräulein –**

Elisabeth *mustert plötzlich entsetzt den Kameraden:* **Was hast du denn da an?**

Kamerad *etwas verwirrt:* Wieso?

Elisabeth Grün, grau, silber – Habt ihr mich denn schon wieder? Was hab ich denn schon wieder verbrochen?

Dritter Schupo Nur immer mit der Ruhe – Wir sind doch zu Ihrem Schutze da. Aber sicher.

Elisabeth *abwesend:* Wer hat mich denn da angehaucht?

Kamerad So kommens doch wieder zu sich, Fräulein – schauns, man lebt nur einmal, wer wird da denn gleich ins Wasser!

Elisabeth Habt ihr mich wieder heraus –

Joachim Ich.

Stille.

Elisabeth So kümmert euch doch nicht um mich!

Joachim Das ist der Dank.

Elisabeth Jetzt war ich schon fort und jetzt gehts wieder los und niemand ist zuständig für dich und du hast so gar keinen Sinn –

Vizepäparator *berührt ihre Schulter:* Nur nicht die Hoffnung sinken lassen – jeder Mensch hat seinen Sinn im Leben, und wenn nicht für sich selbst, dann für einen anderen.

Elisabeth Ich nicht.

Vizepäparator Doch!

Elisabeth Nein!

Vizepäparator *zum Kameraden:* Also da kann ich schon direkt wild werden, wenn mir da jemand widerspricht! Ich hab doch tagtäglich mit die Toten zu tun und dann denkt man doch schon ganz automatisch über den Sinn des Lebens nach. Wenn ich als Vizepräparator –

Elisabeth *unterbricht ihn:* Vizepräparator? – *Schrill.* Wie gehts denn dem lieben Herrn Präparator? Füttert er noch immer die Tauben?

Szene Nummer 13

Präparator Jawohl! *Er erhebt sich voll Würde, aber noch immer etwas schwankend.* Die Tauben sitzen auf meinen Schultern und fressen mir aus der Hand, der Kanari singt und meine Schlange hab ich dressiert. Ich hab einen Stall voll weißer Mäus und meine drei Goldfische heißen Anton, Josef und Herbert. Ich muß um mehr Autorität bitten, und zwar energisch. Man weiß es anscheinend noch nicht, wer ich bin?! Ich bin der Oberpräparator, bitt ich mir aus. Und wenn ich jemand umbring, dann mach ich das schon mit mir selber aus. Allein mit meinem Gott! Wachtmeister! Guten Morgen, Leute! *Ab.*

Alle *außer Elisabeth reißen unwillkürlich die Hacken zusammen:* Guten Morgen, Herr Oberpräparator!

Szene Nummer 14

Elisabeth erblickt nun ihren Schupo, schnellt empor und beißt in ihre Hand.

Vizepäparator Nanana!
Stille.

Buchhalter Mir scheint, sie halluziniert.

Joachim Ist doch auch schließlich keine Kleinigkeit, das kalte Wasser in dieser Jahreszeit, bei stockdunkler Nacht.

Elisabeth *hebt langsam die Hand über die Augen, als würde sie von der Sonne geblendet:* Bist du das, Alfons?
Stille.

Kamerad Was ist denn los, Klostermeyer? Kennt ihr euch?

Elisabeth Kennen wir uns?
Stille.
So sag es ihnen doch, ob du mich kennst –

Schupo Wir kennen uns.

Elisabeth *grinst:* Brav, sehr brav –
Stille.
Was macht denn die Karriere?

Dritter Schupo *zu Alfons Klostermeyer:* Was soll denn das?

Schupo Später.

Elisabeth Warum später?
Stille.

Schupo *zieht sich seine weißen Handschuhe an:* Ich habe Dienst. Ich muß zur Parade.

Elisabeth Parade?

Schupo Vor der Residenz. Es wird bald Tag.

Elisabeth Es ist noch dunkel, Alfons.

Schupo Zwischen uns ist alles klar.

Elisabeth Meinst du?

Schupo Es ist aus.
Stille.

Elisabeth Wie einfach du fort bist –

Schupo Red nicht weiter, bitte.

Elisabeth *lächelt böse:* Warum nicht?

Stille.

Schupo Provozier hier nicht aus der Erde heraus! Was kann denn ich dafür, wenn du ins Wasser gehst?! Ich habe dir meinen Arm gereicht –

Elisabeth *unterbricht ihn:* Laß ihn dir abhacken, deinen Arm!

Stille.

Jetzt geh ich. – Hörst du mich, Alfons?

Dritter Schupo *steht vor ihr in der Türe:* Halt!

Elisabeth *sieht ihn groß an:* Gute Nacht.

Dritter Schupo Nein.

Stille.

Elisabeth So lassens mich doch fort –

Dritter Schupo Wohin?

Elisabeth Das geht dich nichts an.

Dritter Schupo In diesem Zustand bleiben Sie da. Das ist unsere Pflicht.

Stille.

Elisabeth *lächelt wieder böse:* Habt ihr mich wieder?

Kamerad Nicht in Haft. Nur in Schutzhaft.

Elisabeth Schutzhaft?

Dritter Schupo In Ihrem Interesse.

Elisabeth Komisch. Jetzt steht ihr da um mich herum und bringt es nicht fertig, daß man seinen Wandergewerbeschein bekommt –

Sie grinst.

Vizepäparator Sie Kind –

Elisabeth Ich rede jetzt nicht direkt persönlich, denn ich bin darüber momentan hinaus – *Sie brüllt ihren Alfons plötzlich an:* Glotz mich nicht so an! Geh mir aus den Augen, sonst reiß ich mir die Augen aus! Bild dir doch nicht ein, daß ich wegen dir ins Wasser bin, du mit deiner großen Zukunft! Ich bin doch nur ins Wasser, weil ich nichts mehr zum Fressen hab – wenn ich was zum Fressen gehabt hätt, meinst, ich hätt dich auch nur angespuckt?! Schau mich nicht so an!!

Sie wirft mit der Schnapsflasche nach seinen Augen, verfehlt aber ihr Ziel. Da!

Kamerad *erfaßt ihren Arm:* Halt!

Elisabeth Auslassen!

Joachim Im Gegenteil!

Elisabeth *brüllt:* Auslassen! Auslassen!

Dritter Schupo Ruhe!

Joachim Au! Die beißt!

Vizepäparator **Was? Beißen wirst du – beißen?!**
Elisabeth zieht sich verschüchtert zurück.

Buchhalter **Jetzt beißt sie ihren eigenen Lebensretter –**
Elisabeth fletscht die Zähne.

Szene Nummer 15

In der Ferne marschiert nun eine Formation mit Musik vorbei – und zwar auf den Marsch ›Alte Kameraden‹. Dann verhallt die Musik und Elisabeth sitzt in sich zusammengesunken auf einem Stuhl.

Szene Nummer 16

Schupo **Die Parade –** *Er setzt sich seinen Helm auf.* **Höchste Eisenbahn.**

Kamerad **Ist noch Zeit, Klostermeyer. Wart auf uns –** *Er zieht sich seine weißen Handschuhe an.*

Dritter Schupo **Wir müssen doch auch.**

Vizepäparator **Was knurrt denn da?**

Buchhalter **Dem Fräulein ihr Magen.**

Dritter Schupo *zum Kameraden:* **Hast nichts dabei?**

Kamerad **Doch –** *Er gibt aus seiner Manteltasche Elisabeth ein Brötchen. Elisabeth nimmt es apathisch und knabbert daran.*

Dritter Schupo *zieht sich ebenfalls seine weißen Handschuhe an:* **Schmeckts?**
Elisabeth lächelt apathisch – plötzlich läßt sie das Brötchen fallen und sinkt über den Tisch.

Vizepäparator **Hoppla!**

Dritter Schupo **Halt!** *Auch er bemüht sich, genau wie der Vizepräparator, um Elisabeth.*

Kamerad **Das ist nur so ein Schwächegefühl.**

Buchhalter **Wahrscheinlich vom Magen heraus empor –**

Vizepäparator **Ein schwaches Herz.**

Buchhalter **Magen oder Herz – gehüpft wie gesprungen!**

Joachim **Es ist doch auch keine Kleinigkeit bei stockdunkler Nacht im November ins eiskalte Wasser –**

Vizepäparator *zu Elisabeth:* **Dageblieben, dageblieben –**

Elisabeth *erwacht wieder; lächelt schwach:* **Könnt ich hier jemand Zuständigen sprechen?**

Dritter Schupo **Zuständig?**

Elisabeth *nickt ja:* – in einer dringenden Angelegenheit – es soll ja noch schlechter werden, aber ich lasse den Kopf nicht hängen – *Sie schlägt mit der Hand in die Luft, als würde sie Fliegen abwehren.* Na! Da fliegen lauter so schwarze Würmer herum – *Sie stirbt sanft.*

Szene Nummer 17

Buchhalter *nähert sich leise der toten Elisabeth und klopft auf die Tischplatte; behutsam:* Herein, Fräulein. Herein!

Dritter Schupo Ich befürchte das Schlimmste.

Schupo nimmt seinen Helm ab.

Vizepäparator *beugt sich über Elisabeth:* Sie hat es überstanden. Wahrscheinlich das Herz. Na, wir werden es ja morgen sehen –

Joachim Es war umsonst — *Ab.*

Szene Nummer 18

Schupo Umsonst – *Er tritt an seine tote Elisabeth heran und streicht ihr über das Haar.* Du armes Menschenkind. Ich hab kein Glück. Ich hab kein Glück.

Buchhalter Ich lebe, ich weiß nicht wie lang,
Ich sterbe, ich weiß nicht wann,
Ich fahre, ich weiß nicht wohin,
Mich wundert, daß ich so fröhlich bin – *Ab.*

Szene Nummer 19

Vizepäparator Ein Dichter.

Dritter Schupo Es regnet noch immer.

Kamerad Das wird eine verregnete Parade.

Schupo Wahrscheinlich.

Vizepäparator Darf ich mich jetzt empfehlen – *Ab.*

Szene Nummer 20

Und nun marschiert draußen eine Formation mit Musik vorbei – und zwar abermals auf den Marsch ›Alte Kameraden‹.
Die drei Schupos setzen sich die Helme auf und verlassen das Polizeirevier, denn sie müssen bekanntlich zur Parade.
Nur Alfons Klostermeyer wirft noch einen letzten Blick auf seine tote Braut Elisabeth.

Anhang

Volker Klotz

Horváths absonderliche Volksstücke

Reagenz-Dramatik

Die Uraufführung von *Geschichten aus dem Wiener Wald* fand unter der Regie Heinz Hilperts im Deutschen Theater Berlin am 2. November 1931 statt. Stück und Inszenierung wurden von der Kritik (außer der rechtsradikalen Presse) großenteils gerühmt. Auch wo Einschränkungen gemacht wurden, stand die szenische Schlagkraft von Stück und Autor außer Frage. Einen Monat später erhielt Horváth aus der Hand des vorjährigen Preisträgers Zuckmayer die bedeutendste Auszeichnung: den Kleistpreis.
Wie sah man das Stück? Wie charakterisierte man seine Eigenart, seinen kulturellen Ort, seine Wirkrichtung?

Horváth schrieb hier ein Wiener Volksstück gegen das Wiener Volksstück. [. . .] er übernahm den Plüsch, aber er klopfte ihn aus, daß die Motten aufflogen und die zerfressenen Stellen sichtbar wurden. (Erich Kästner, Neue Leipziger Nachrichten)
Dieser Theaterabend ist einer der bisher wichtigsten. Dies bitterböse Volks-Stück trifft den Teil des Theaterpublikums, der, satt und amüsementsbereit, nur leichte Emotionen wünscht, gedankenfaul an ›liebgewordenen‹ Klischees hängt – mitten auf den Kopf, ins Herz und in den Bauch. (Hans Siemsen, Welt am Montag)
Ödön Horváth hat offenbar der Wunsch geleitet, dem sentimentalen, verkitschten Wiener Volksstück die ›Wahrheit‹ entgegenzustellen. (Ernst Heilborn, Die Literatur)
Ein Volksstück und die Parodie dazu. (Alfred Polgar, Die Weltbühne)
Er lüpft als Ironiker eine Legende: Kitschlügen um Österreich. (Alfred Kerr, Berliner Tageblatt)
Ödön Horváths Volksstück ›Geschichten aus dem Wiener Wald‹ ist nur zu verstehen, wenn man das kennt, was über Wien geschrieben und gesungen und gefilmt wird. Sie sind die literarische Reaktion auf die Legende Wien. [. . .] Eine Satire kann man als literarische Reaktion schreiben, aber nicht ein Volksstück, nicht das Bild einer Stadt . . . (Herbert Ihering, Börsen-Courier)

Egal, wie sie es jeweils bewerten, diese Kritiker der Uraufführung heben allesamt ein entscheidendes Moment hervor. Das Stück, so fanden sie, besteht nicht für sich und aus sich heraus. Es stößt sich von etwas ab, liefert eine parodistische Entgegnung auf etwas, das im Bewußtsein des Publikums vorhanden ist. Und dieses Etwas ist einerseits die verbreitete Legende vom goldenen Wiener Herzen und andererseits das ebenso weithin gepflegte Genre des biederen Volksstücks.

Diese auffällige, prompt vermerkte reaktive Haltung kennzeichnet nicht nur die *Geschichten aus dem Wiener Wald,* sondern Horváths Dramatik überhaupt. Sie erschöpft sich nicht, wie Ihering abwertend feststellte, in ›literarischer Reaktion‹ auf literarische Gegebenheiten. Sie kommt viel umfassender zum Zug: in den Stücken selber und über die Bühnenrampe hinweg. Auch wer nach fünfzig Jahren einen Hauptnenner sucht für diese buntscheckigen Theatertexte, kann sich verallgemeinernd auf jene Befunde der Uraufführungskritiker berufen. Der Hauptnenner lautet: Reagenzdramatik. Sie reagiert auf vielerlei Weise und auf vielerlei Dinge. Indem Horváths Dramatik hochempfindlich auf das anspricht, was sie akut umgibt, macht sie wie ein chemisches Reagenz diese Umgebung erst richtig wahrnehmbar und womöglich bestimmbar. So treibt sie deren scheinbar beliebigen, nichtssagenden Eigenschaften derart scharf hervor, daß sie sich den Beobachtern als symptomatischer Zusammenhang zu erkennen geben.

Das gilt vor allem für die zeitgenössischen Verhältnisse um 1930 und darin insbesondere für die weitgehende Verkleinbürgerlichung von Mittelständlern und Arbeitern. Mitsamt den Sprachrissen, die von entsprechenden Bewußtseinsrissen melden, wann immer die Betroffenen ihren proletarisierten Zustand stotternd umlügen wollen in einen korrekt bürgerlichen. Solche zeitgenössischen Verhältnisse äußern sich bei der kleinbürgerlichen Mehrheit im Verhalten eines richtungslosen Stimmviehs, das unversehens gewaltsam aus seinem trägen, abgestumpften Lebenstrott ausbricht. Sie äußern sich in politischen Auseinandersetzungen, die weniger in Parteikämpfen als im gefährlichen Widerspiel von blindem Engagement und ebenso blinder politischer Enthaltung ausgetragen werden. Und sie äußern sich vollends im mangelnden Wirklichkeitsverständnis von Horváths Personen und in ihrem mangelnden Verständigungsvermögen, woraus beharrlicher Selbst- und Fremdbetrug hervorgeht. Solches Gebaren sprang den Zeitgenossen aus Horváths Bühnenereignissen widerlich vertraut entgegen. Vertraut war es aus den Erfahrungen der labilen, vielseitig gefährdeten ersten deutschen Republik, die Hals über Kopf dem Untergang entgegenstolperte. Unentschieden in ihren gesellschaftlichen Zielen, vollgepackt mit schweren innen- und außenpolitischen Hypotheken, konnte sie kaum eine Bevölkerungsgruppe rückhaltlos für sich einnehmen.

Von vornherein und auch fernerhin war sie eine halbe Sache: halbherzige Revolution und halbherzige Fortsetzung der alten Verhältnisse, halbherziger Parlamentarismus und halbherziges Notverordnungsregieren, halbherzige Sozialgesetzgebung und halbherzige Förderung des Großgrundbesitzes. Wo sich die herrschenden Klassen 1918 mit dem katastrophalen Ende von Krieg und Monarchie um die Macht gebracht sahen, vermißten die beherrschten Klassen den spürbaren alternativen Neubeginn. Letztere mit ungleich gewichtigeren Gründen als erstere. Zur anstehenden gesellschaftlichen Umwälzung war es nicht gekommen. Nach wie vor blieben die alten Kräfte relativ unbehelligt am Werk: das Heer, der Grundbesitz, die Bürokratie. Und die Großindustrie mußte lediglich außenpolitische und außenwirtschaftliche Einschränkungen hinnehmen, nicht aber Eingriffe des Staats. Sie konnte sogar ihren Machtanteil im Staat und ihre ökonomisch-technische Konzentration ausbauen wie nie zuvor. Während also die Republik und ihre politischen Führer den besitzenden Klassen fast nur Anlaß zu ideologischen Vorbehalten lieferten, brachten sie nolens volens den breiten Kreisen des Volks materielle Not. Abgesehen von der stabilisierenden Zwischenphase 1924 bis 1927, die den Arbeitern Vollbeschäftigung und der gesamten Volkswirtschaft kurzfristigen, aber gewaltigen Aufschwung verschaffte (zahlreiche kommunale Aufträge, Siedlungen, Ausbau sozialer Einrichtungen), hatte die Mehrheit weder vorher noch nachher ein sicheres Auskommen. Durch Reparationsauflagen, dann durch straffe Rationalisierung in den Betrieben und schließlich durch die Auswirkungen der Weltwirtschaftskrise waren Arbeiter und Angestellte von Lohnabbau und Massenarbeitslosigkeit heimgesucht. Aber auch der Mittelstand war großenteils schon bei der Inflation auf der Strekke geblieben. Wer sich davon noch hochraffen konnte, wurde in der zunehmenden Konzentrationsbewegung der Großindustrie und in der Weltwirtschaftskrise aufgerieben.

Resultat: Radikalisierung bei einer Minderheit, die ihre Notsituation politisch zu verstehen vermochte. Andererseits klein-

bürgerliche Fehleinschätzungen und Ersatzhandlungen bei einer Mehrheit, die unter der eigenen Lage zwar heftig litt, aber nicht fähig oder bereit war, ihr auf den Grund zu gehen. Wobei große Teile der bürgerlichen Presse und die Propaganda der Rechtsparteien entscheidend mitwirkten. Aus dieser Mehrheit rekrutiert sich das reagierende Personal von Horváths reagierenden Stücken. Desgleichen ein allerdings kaum abschätzbarer Teil seines Publikums, wie wir später sehen werden.
So empfindlich wie auf den gesellschaftlichen Umkreis von Autor und Publikum reagiert Horváths Dramatik auf die literarische und theatralische Überlieferung, der sie angehört. Was denn, so läßt sich einwenden, ist daran eigenartig? Gehen nicht auch andere Autoren entschieden auf ihre Umweltverhältnisse ein und bedienen sich dabei der überkommenen Kunstmittel ihres Metiers? Gewiß. Nur, bei Horváth sind Art und Ausmaß des Reagierens ungewöhnlich. Seine Stücke binden sich nicht bloß deutlicher und anders an Vorhandenes und Vorformuliertes. Sie beziehen auch gerade aus dieser bewußten Abhängigkeit ihren eigenen Stil, ihre unverwechselbare Technik.
Es wäre freilich verfehlt, Horváths Stücke, namentlich die Volksstücke, weil sie von Gnaden vorfertiger Schemata leben, als parasitär, als epigonale Second-Hand-Produkte abzustempeln. Solche Wertungen, die unbedenklich auf Originalität schwören, gingen an der produktiven Notwendigkeit von Horváths Verfahren vorbei. Seine Dialogsprache muß parasitär sein. Denn die Wirkung ihres verkleidenden und entkleidenden Bildungsjargons beruht darauf, daß dem Publikum vertraut ist, woran sich der Jargon großspurig vergreift. Sie verlangt, daß das Publikum die gesellschaftliche Sprachklasse kennt, die diese armseligen, geschundenen Sprachsnobs anstreben. Horváths Dramaturgie muß second-hand verfahren. Denn sie beansprucht Gemütsschablonen des herkömmlichen Volksstücks, um sie, zerstoßen, für die eigenen ungemütlichen Zwecke zu nutzen. Und Horváths Publikum verhält sich notwendig als epigonaler Nachkomme. Denn sie benötigt unabdingbar die Vorläufer, um sie überholen zu können auf der Bahn zu einem polemischen Ziel. Sie benötigt die verschiedenen Situationen, die runtergekommenen Konflikte; sie benötigt die gängigen Geschehnisabläufe, die ausgelatschten Gedanken und Gefühle, die zersungenen Lieder, die durchgekauten Redensarten: um mit ihrer Hilfe gegen die Mentalität loszugehen, für die sie einstehen.
Insofern arbeitet Horváths Dramatik nicht eigenständig, son-

dern setzt voraus, daß das agiert wurde, worauf sie reagiert; daß das gesprochen wurde, worauf sie anspricht. Zugleich setzt sie beim Publikum voraus, daß das, was da agiert und gesprochen wurde, weithin vernommen wurde. Daß es also der Gesellschaft vertraut ist, die Horváths Publikum stellt. Es reicht nicht aus, daß die Stücke vorgeprägte Modelle hernehmen, um deren Charakter verzerrend zu entblößen. Das Publikum muß diese Modelle im intakten Zustand kennen und womöglich lieben. Nur dann wird es die Verletzungen mitkriegen, die Horváths Dramaturgie den vertrauten Modellen antut. Sie führt dabei einen Vielfrontenkampf, der sowohl den Modellen wie ihren Pflegern, Verehrern und Genießern gilt. Diese Strategie macht Horváths Stücke zugleich simpel und verzwickt, zugleich robust und anfällig. Auf Gedeih und Verderb hängen sie davon ab, daß dem Publikum die angespielten, umgemodelten Modelle weder zu nah noch zu fern stehen. Weder darf es die Modelle für bare Gemütsmünze nehmen, um sie wohlgefällig zur inneren Bereicherung einzustreichen. Noch darf es sie achselzuckend als gleichsam exotische Numismatik abtun, die allenfalls geschmäcklerisches Sammlerinteresse wecken kann. Hier liegen die Probleme, mit denen sich bis heute die Horváth-Regie herumschlägt.

Steckbrief des alten Volksstücks – vor Horváth

Seine Reagenz-Dramatik, wie gesagt, reagiert vor allem und am wirksamsten aufs allgemein beliebte Volksstück. Was im deutschen Sprachbereich als Volksstück gilt, ist weniger als zweihundert Jahre alt. Enorm jung also, verglichen mit der zweieinhalbtausendjährigen Geschichte des europäischen Theaters. Volksstück zu definieren fällt vor allem deshalb schwer, weil es mehr als andere dramatische Gattungen ideologisch überfrachtet ist. Da es vom Namen her höchst ungefähr das Volk beruft, haben es früh schon diejenigen gehätschelt und gepriesen, die gerade nicht zum Volk gehören. Genauer: diejenigen, die nicht zu den unteren Gesellschaftsklassen zählen und deswegen darauf erpicht sind, die Klassengesellschaft in einer pauschalen Naturalie namens ›Volk‹ aufgehen zu lassen. Mit Wortködern wie ›herzhaft‹, ›echt‹, ›unverdorben‹, ›ursprünglich‹ angelten solche Propagandisten nach verbreiteten antizivilisatorischen Vorurteilen. Nach den Vorurteilen besonders der kleinbürgerlichen Mittelständler, die sich von der kapitalistischen Industrialisierung überrundet sahen; und die sich deshalb aus der Gegenwart der Städte zurück und hinaus ins scheinbar einfache Leben des Landvolks sehnten. Zumal in diesen Kreisen besorgten die Propagandisten dem Volksstück als saftigem Folklorehappen ein beträchtliches Ansehen. Dieser öffentliche Kredit hält bis heute vor. Man denke nur an die fortdauernden Tendenzen der siebziger Jahre: Stadtflucht und Bauernhausideologie, biodynamische Ernährung und neuer Mundartkult.

Solcher Handel mit dem Volksstück hat dem Volksstück selber so viel geschadet, wie er seinen Händlern einbrachte. Durch inflationären Gebrauch des Begriffs verschwammen der Sache die Konturen. Wenn hier dennoch ein Steckbrief aufgestellt wird, so geschieht es mit mehr als einem Gran Salz. Dabei gehe ich von Beispielen aus, wie sie Raimund, Anzengruber, Schönherr, Thoma lieferten. Von jenen Beispielen also, auf die Horváth Zug um Zug oppositionell reagierte, um dadurch seinerseits beim volksstückversessenen Publikum wiederum oppositionelle Reaktion auszulösen.

Volksstücke sind Bühnenstücke einfacher, übersichtlicher Machart, die zweifach mit den unteren Gesellschaftsklassen ihrer Zeit rechnen: als Personal und als Adressaten. Damit ist auch das Interesse an und das Verständnis für diejenigen Gegenstände festgelegt, die das Volksstück auf die Bühne bringt: Alltagsprobleme, aus der Sicht und in den Proportionen, wie sie, nach Meinung der Autoren, eben diesen unteren Klassen begegnen. Deshalb nimmt das Volksstück die Probleme, die es szenisch austrägt, allemal ernst; egal, ob es ihnen traurige oder heitere Seiten abgewinnt, egal auch, ob diese Probleme sich lösen lassen oder nicht. Ebenso ernst nimmt es seine Helden, indem es sie mit individuellem Schicksal begabt.

So beschaffen, bricht das Volksstück, das seine Anfänge im Jahrhundert der bürgerlichen Revolution hat, mit der althergebrachten Tradition europäischer Dramatik. Jahrhundertelang nämlich standen die Stückeschreiber unterm Einfluß der Standesregel, die mit wechselnd triftiger Berufung auf Aristoteles' antike Dichtungslehre befolgt wurde. Demnach waren der hohen Tragödie als Personal nur Fürsten, der niederen Komödie nur Handwerker, Kaufleute, Bauern zugeordnet. Erfahrungen von tragischer Reichweite und Intensität blieben denen vorbehalten, deren soziale Erhabenheit eine ausreichende Fallhöhe verbürgte. Wogegen, was die niederen Klassen des Volks bewegt und rührt, allenfalls zur Komik taugte. Gerade die also, die im Alltag

wenig zu lachen hatten, wurden ans Lachtheater abgeschoben. Entsprechend wurden der Tragödie ernste, gewichtige, folgenreiche Begebenheiten zugewiesen: staatspolitische Machtkonflikte, dynastische Auseinandersetzungen und überdimensionale Verbrechen wie Inzest und Verwandtenmord. Der Komödie hingegen verblieben Handlungen, die nach Ansicht der tonangebenden Privilegierten als leicht und harmlos empfunden wurden: Kampf ums Brot, Liebe, Eifersucht und Betrunkenheit, berufliche Zwiste, Gerichtsstreitigkeiten, handgreifliche Hiebe und solche übers Ohr; schließlich nicht nur die Handlungen selber, sondern auch alle Normen, die den privaten wie den Arbeitsverkehr der unter-aristokratischen Stände regeln sollen.
Mit dieser althergebrachten Zwei-Klassen-Dramaturgie mußte das Volksstück brechen. Denn es wäre widersinnig vorgegangen, hätte es die unteren Klassen, zu deren Erbauung, Belehrung und Unterhaltung es doch eigens antrat, nochmals deklassiert, indem es ihre Lebensverhältnisse weiterhin dem Gelächter aussetzte. Statt dessen widmete es sich ihren Vergnügungen mit dem gleichen fürsorglichen Ernst wie ihren Nöten. Es befreite die vormals achtlos behandelten beliebigen Vielzuvielen aus ihrer Anonymität und belachten Passivität zu individuellen, selber handelnden dramatischen Helden.
Weniger scharf hingegen zog das Volksstück den Trennungsstrich zur überlieferten Dramaturgie, zur Machart traditioneller Bühnenstücke. Zwar bezieht es wesentliche Elemente aus unterliterarischen Zonen: Mundartsprache, Sprichwörter, Gassenhauer, Schnadahüpferl, Tänze, moritatenhafte Moralwinke; doch es fügt sie dem unerschütterlich anerkannten Rahmen des althergebrachten Dramas ein: lückenlos durchmotiviertes Geschehen, von gediegener Exposition über Konfliktgipfel bis zur fröhlichen oder katastrophalen Endbereinigung; scharf profiliertes Thema, das Handlung und Rede regiert; säuberliche Scheidung in individuelle Spieler und individuelle Gegenspieler, die eindeutig auf der Strecke bleiben; streitbare Dialoge und besinnliche Monologe; pünktlich aufs Stichwort erfolgende Auftritte und Abtritte. Mit all dem, ordentlich abgewogen in Akte und Szenen, wartet das Volksstück auf. Dabei erscheint es insgesamt etwas ungelenk in seinem Übereifer, den klassischen Bühnenmanieren zu genügen, die ihm selbst in den geschicktesten Stücken Anzengrubers äußerlich bleiben. Betont proper, wie ein gesellschaftlicher Neuling, der in feinere Kreise gerät, dabei klobig und schwielig unterm Frack. So ist und bleibt jedes Volks-

stück von Raimund bis Thoma ein dramaturgischer Bauer als Millionär.

Mehrere Gründe führten gemeinsam zu dieser Emanzipationsschwäche einer dramatischen Gattung, die ansonsten im 19. Jahrhundert durchaus fortschrittlich war: Erstens waren die Volksstücke unfähig, aus eigenem Stand eine Gegendramaturgie zur überkommenen zu entwickeln. Zweitens hielten sie die überkommene Dramaturgie für die einzig mögliche, deren man sich bedienen mußte, um überhaupt ernstzunehmendes, allgemein akzeptiertes Theater zu machen. Drittens erwiesen die Volksstückschreiber den gesellschaftlich unterprivilegierten Schichten als Ersatz für sozialen Mangel eine ästhetische Ehre. Und zwar dadurch, daß sie aus ihren Reihen nicht nur ihre seriösen dramatischen Helden erwählten, sondern sie auch noch im traditionsgeheiligten dramaturgischen Rahmen agieren ließen. In idealer, wenn schon nicht in realer Konkurrenz zu den klassischen Fürsten. Somit gehen auferlegte Schwäche und Selbstbewußtsein im alten Volksstück Hand in Hand. Hier noch einmal tabellarisch seine Hauptmerkmale, auf die Horváth dann polemisch reagierte:

Vom überlieferten Drama	
abhängige Momente	*emanzipative Momente*
Handlung: lückenloses Geschehen, eindeutige (heitere oder katastrophale) Endbereinigung, dabei individuell, an Einzelschicksalen sich veranschaulichend. *Konfiguration:* klare Gegenspielerpositionen mit eindeutigen Zielen. *Themenführung:* scharf profiliert. *Gliederung:* ausgewogen in Streitdialoge und besinnliche Monologe. Akte und Szenen mit ausgeprägten Zielpointen.	*Thematik:* ernstgenommene Alltagsprobleme. *Personal:* untere beziehungsweise vermischte Gesellschaftsklassen. *Adressat:* untere beziehungsweise vermischte Gesellschaftsklassen. *Stil:* vermischt, tragisch und komisch. *Material und Sprache:* enthält subliterarische Elemente: Mundart, Umgangssprache, Gassenhauer und Volkslieder, Tänze und sonstige Folkloristik. *Ideologische Botschaft:* wird explizit greifbar gemacht.

Daß Horváth, wenn er seine wichtigsten Stücke so bezeichnete, sich sehr bewußt mit dieser überkommenen Gattung auseinandersetzte, beweist das Rundfunkgespräch, das er im April 1932 mit Willi Cronauer führte. (Es ist vollständig in unserer Ausgabe abgedruckt, siehe Seite 311.)

Horváth: *Ich gebrauchte diese Bezeichnung ›Volksstück‹ nicht willkürlich, d. h. nicht einfach deshalb, weil meine Stücke mehr oder minder bayerisch oder österreichisch betonte Dialektstücke sind, sondern weil mir so etwas Ähnliches wie die Fortsetzung des alten Volksstückes vorschwebte. – Des alten Volksstückes, das für uns junge Menschen mehr oder minder natürlich auch nur noch einen historischen Wert bedeutet, denn die Gestalten dieser Volksstücke, also die Träger der Handlung haben sich doch in den letzten zwei Jahrzehnten ganz unglaublich verändert. – Sie werden mir nun vielleicht entgegenhalten, daß die sogenannten ewig-menschlichen Problemen des guten alten Volksstückes auch heute noch die Menschen bewegen. – Gewiß bewegen sie sie – aber anders. Es gibt eine ganze Anzahl ewig-menschlicher Probleme, über die unsere Großeltern geweint haben und über die wir heute lachen – oder umgekehrt. Will man also das alte Volksstück heute fortsetzen, so wird man natürlich heutige Menschen aus dem Volke – und zwar aus den maßgebenden, für unsere Zeit bezeichnenden Schichten des Volkes auf die Bühne bringen. Also: zu einem heutigen Volksstück gehören heutige Menschen, und mit dieser Feststellung gelangt man zu einem interessanten Resultat: nämlich, will man als Autor wahrhaft gestalten, so muß man der völligen Zersetzung der Dialekte durch den Bildungsjargon Rechnung tragen [. . .] Und um einen heutigen Menschen realistisch schildern zu können, muß ich ihn also dementsprechend reden lassen. Nun hab ich zu meinen Gestalten, wie aber natürlich auch zu jeder Handlung, in puncto ihrer Möglichkeit, sich zu 100% als soziale Wesen zu entwickeln und nicht nur zu etablieren, keine positive, eher eine skeptische Einstellung, und dies glaube ich damit am besten zu treffen, indem ich eine Synthese von Ernst und Ironie gebe. Aus dieser Erkenntnis zog ich die Konsequenz. Mit vollen Bewußtsein zerstörte ich das alte Volksstück, formal und ethisch – und versuchte als dramatischer Chronist die neue Form des Volksstückes zu finden. –*

Cronauer: *Ist diese ›neue Form‹ des Volksstückes in dem bei Ihren Dichtungen doch besonders hervortretenden epischen Charakter zu suchen?*
Horváth: *Ja. Diese neue Form ist mehr eine schildernde als eine dramatische.*

Hier äußert sich, wenn auch noch nicht an den Stücken, so doch im einläßlichen Kommentar des Autors –, was ich als produktives Epigonentum Horváths bezeichnet habe. Beides beabsichtige er: das alte Volksstück ›fortzusetzen‹ und es zu ›zerstören‹. Das kann nur geschehen, wenn das alte Volksstück als Kunstgebilde und als Bild im Bewußtsein des Publikums vorhanden ist. Da es aber anno 1932 nur noch verschwommen als geschöntes Wunschbild existiert, ist es zunächst einmal aufzurufen, herbeizuzitieren.
Fortsetzen und Zerstören verlangt daher, daß Horváth bei der Herstellung seiner Stücke hauptsächlich zwei Arbeitsgänge vollführt: daß er die alten Fertigteile zuerst montiert, um sie dann zu demontieren. Und zwar, wie er sagt, ›formal‹ und ›ethisch‹. Das betrifft, wenn ichs recht verstehe, einerseits die formale Demontage des alten Volksstückschemas, andererseits die ethische Demontage der Ideologie, die das alte Volksstück scheinbar oder tatsächlich beförderte. Die ethische Zerstörung gilt daher insbesondere auch dem propagandistisch verklärten Bild von der echten, ursprünglichen und kraftstrotzenden Gemütsfülle des Volksstücks, das dem Publikum vorschwebt. Daß zumal dieses Idealbild von Horváth berannt wird, beweist sein süffisanter Hinweis auf das, was konservative Volksstückideologen gern ins Feld führen: ›die ewig-menschlichen Probleme‹. Nicht ewig seien sie, sondern relativ, gestern zum Weinen, heut zum Lachen und umgekehrt. Historisch ändern sie sich mit denen, die auf der Bühne und vor der Bühne sich damit herumschlagen. Wer ist das? ›Die maßgebenden Schichten des Volkes.‹
Damit sind die dramatischen Personen und die Adressaten angesprochen. Volksstücke lassen sich, laut Horváth, nicht länger mit Gestalten bevölkern, die vom Alltag des 20. Jahrhunderts weithin überholt sind. Mit Leuten wie Raimunds Tischler Valentin, der in der Furcht des Herrn und der eigenen Frau fröhlich singend seinen Hobel schwingt; wie Anzengrubers aufrecht antidogmatischer Landpfarrer, seine erbschleichenden Bauern und seine armen, aber selbstbewußten Mägde; wie Schönherrs matriarchalische Haushälterinnen und brünstige Pascherswei-

ber. Wer aber sind die ›heutigen Menschen‹, die dem ›heutigen Volksstück‹ anstehen? Auffälligerweise vermeidet Horváth eine nähere soziologische und psychologische Bestimmung. Statt dessen gibt er einen mittelbaren, zudem negativ abgrenzenden Wink. Als ›maßgebende Schichten des Volkes‹ erscheinen ihm die Leute, deren Dialekt vom Bildungsjargon zersetzt ist. Diejenigen, die er hier wie auch in seinen Stücken unter dieser sprachlichen Kennmarke zusammenfaßt – Angestellte, Arbeiter, Kleinstgewerbetreibende, mittlere Beamte –, sind durch die wirtschaftlichen und politischen Verhältnisse der späten zwanziger und frühen dreißiger Jahre in den gemeinsamen Status richtungsloser Kleinbürger genötigt. Und der äußert sich unter anderm, für einen Stückeschreiber aber ganz besonders, in besagtem sprachlichen Sachverhalt. Indem Horváth diesen symptomatischen Befund mit denen, die davon gezeichnet sind, aus der gesellschaftlichen Wirklichkeit seiner Tage in die Kunst-Wirklichkeit seiner Bühnenwerke übersetzt, macht er zeitgenössisches Volksstück möglich. Er verhilft ihm zum Sprechen. Wie es spricht, ist, bei aller Gegenstandsverfehlung der einzelnen sprechenden Personen, insofern realistisch, als es der realen Umgangspraxis realer Menschen in Horváths Zeit entspricht. Zersetzung des Dialekts durch den Bildungsjargon: das ist kein fertiger Zustand, sondern ein unablässiger Vorgang. Die Zuschauer sind davon zweifach betroffen. Im gesellschaftlichen Alltag als redende Zeitgenossen sowie im Theater als stutzige, irritiert aufmerkende Zeugen der dissonanten Redeverläufe auf der Bühne. Denn dieser Vorgang vollzieht sich in der kollektiven geschichtlichen Sprachpraxis wie im jeweiligen Sprechverhalten der einzelnen, im Alltagsgerede wie in dramatischer Wechselrede. Zumal in diesem Vorgang offenbart Horváth dem Publikum seine aktive Auseinandersetzung zwischen neuem und altem Volksstück. Nämlich: das zweiaktige Widerspiel von Fortsetzung und Zerstörung, von Montage und Demontage. Um zersetzen zu können, erfordert der Bildungsjargon des neuen Volksstücks als Aktionsfeld und Angriffsobjekt die Mundartsprache des alten Volksstücks. Horváth muß also den Dialogen ein Dialektfundament herrichten, das er dann vom Bildungsjargon abbauen läßt. Selbstverständlich geht auch hier die formale Zerstörung mit der ideologischen einher. Was sich wiederum verheerender aufs verklärte Bild vom alten Volksstück als auf dieses selber auswirkt; denn unverfälschter Dialekt wurde dort faktisch nie gesprochen. Weder bei Raimund noch bei Nestroy, weder bei Anzengruber noch bei Thoma. Aber desto mehr in der idealisierenden Vorstellung seiner gegenwartsflüchtigen Propagandisten. Ihnen gilt Mundart als Zeichen vorindustrieller Unschuld; als Ausdruck von Heimat, Wärme und Sicherheit; als eine Sprache, die, unbeirrt die einfachen Dinge des nächsten Umkreises benennend, den dunklen Gefühlen zugänglicher ist als dem hellen Intellekt; als ein Verkehrsmittel, das dem einzelnen Identität verbürgt und Einhelligkeit der Gemeinschaft. Einem so beschaffenen Idyll läßt sich ein ärgerer Widersacher kaum ermessen als der Bildungsjargon.

Denn: Was da als Bildungsjargon von namenlosen Massenmedien verbreitet und teilweise auch verfertigt wird, ist eine Konfektionssprache, die jeder trägt und die keinem paßt. Überall zu haben und darum keinem bestimmten Ort, keiner Klasse, keiner Haltung zu eigen, ist sie weder zu individuellem noch zu kollektivem Ausdruck begabt. Den angesprochenen Gegenständen ebenso fremd wie ihren Sprechern, die sich in verkrampfter Lässigkeit an dieses Un-Idiom klammern: weil sie kein anderes wissen, in dem sie äußern könnten, was sie nicht verstehen. Auf Horváths Bühne nimmt sich das so aus:

KARL: *Mein lieber Martin, das verstehst du nicht. Wir zwei beide sind aufrechte Republikaner, aber wir haben dabei einen Unterschied. Du bist nämlich Arbeiter und ich Musiker. Du stehst gewissermaßen am laufenden Band und ich spiel in einem Konzertcafé meinen Mozart und meinen Kálmán – daher bin ich natürlich der größere Individualist, schon weil ich halt eine Künstlernatur bin. Ich hab die stärkeren privaten Interessen, aber nur scheinbar, weil sich bei mir alles gleich ins Künstlerische umsetzt.* (Italienische Nacht)

Oder so:

ALFRED: *Ich bitte dich um Verzeihung [...] Daß ich dich nämlich nicht hab haben wollen – dafür trägt aber nur mein Verantwortungsgefühl die Verantwortung. Ich bin deiner Liebe nicht wert, ich kann dir keine Existenz bieten, ich bin überhaupt kein Mensch –*

MARIANNE: *Mich kann nichts erschüttern. Laß mich aus dir einen guten Menschen machen – du machst mich so groß und so weit –*

ALFRED: *Und du erhöhst mich. Ich werd ganz klein vor dir in seelischer Hinsicht.* (Geschichten aus dem Wiener Wald)

Oder so:

KASIMIR: (hält eine Rede an die ferne Karoline): *Fräulein Karoline. Du mußt keineswegs hergehen, weil es halt jetzt ganz aus ist mit unseren Beziehungen, auch mit den menschlichen. Du kannst ja auch nichts dafür, dafür kann ja nur meine Arbeitslosigkeit etwas und das ist nur logisch, du Schlampen, du elendiger! Aber wenn ich jetzt dem Merkl Franz folgen täte* (auf kriminelle Wege, V. K.), *dann wärest aber nur du daran schuld - weil ich jetzt innerlich leer bin.* (Kasimir und Karoline)

Oder so:

SCHUPO: *Weißt, ich hab halt eine kleine Aufregung hinter mir.*
KAMERAD: *Dienstlich?*
SCHUPO: *Nein. Privat. Betreffs eines Weibes. Da stellst dich hin und machst alles für so ein Menschenkind, zahlst ihr das Leben, schenkst ihr deine intimstem Gefühle, deine freie Zeit, dein gutes Geld - und das Resultat? Du bist der Lackierte.*
KAMERAD: *Undank ist der Welt Lohn.*
SCHUPO: *Manchmal fang ich schon zum Grübeln an.*
KAMERAD: *Also nur das nicht! Grübeln ist Gift!*
SCHUPO: *Von mir aus. Schau - zum Beispiel meine erste Braut, mit der ich sehr harmoniert habe, die ist mir weggestorben. So bin ich beinander. Die eine stirbt, die andere lügt. Lauter blutige Enttäuschungen. Ich find keinen Menschen, dessen Liebe mir etwas gibt.* (Glaube Liebe Hoffnung)

Diese Dialogstellen veranschaulichen, woraufhin Horváth, nicht bloß in theoretischen Absichtserklärungen, die Sprachkollisionen zusteuert. Was die dramatischen Personen bedenkenlos daherreden, gibt er dem Publikum zu bedenken. Was sie damit anstreben und was sie bewirken; wie sie dabei zu sich, zu einander, zur verhandelten Sache stehen: diese Verhältnisse verlauten einzig innerhalb ihres eingeengten Ausdrucksraums. Hierin liegt ein entscheidender Zug von Horváths Dramaturgie. Sie eröffnet dem Publikum von der Bühne her keine zusätzliche Sprach- und Sprecherperspektive, die den engen Raum der dramatischen Personen irgend sprengte, korrigierte, widerlegte oder auch nur erläuterte. Somit ist es genötigt, ohne Urteilshilfen zunächst nichts als deren bedrückende Kommunikationsbeschränkung aufzunehmen und hinzunehmen. Desto empfindlicher kann es auf die geredeten Dissonanzen achten. Auf span-

nungsvolle sozialpathologische Dissonanzen, die keine harmonischen Auflösungen finden, weil sie selber schon falschen Harmonievorstellungen entspringen. Hinhörend vernimmt unser Publikum: Die süddeutsche Lokalsprache – erscheinend in gewissen Wendungen des Satzverlaufs, der Intonation, der Gestik – zieht ihr Versprechen auf Heimeligkeit zurück. Und die hingewuchteten exotischen Lesefrüchte – weiche und harte Einschüchterungsbrocken aus Liebesroman, Amtsverordnung und Seelenberatungsecke der Dutzendpresse – kommen für den Verlust nicht auf. Denn was stammelnde Eloquenz da als selbstsichere Weltläufigkeit über die vermißte provinzielle Wärme stülpt, hat und kennt keine Welt. Dieses Fremdgerede – fremd der Person, der Situation und der Sache – ist weder fern noch nah, weder kleinlich noch großzügig. Es ist nichts als charakterlos. Denn es ist ebenso wenig imstand, das zu charakterisieren, was gemeint ist, noch den, der es meint. Scheinbar der Verständigung dienend, erschöpft es sich in Winken mit einem Zaunpfahl, der nirgends einen betretbaren Raum eingrenzt.
Der abgebaute Chauffeur Kasimir und die liebesbedürftige, partnerblinde Marianne, der Schupo und der Caféhausgeiger Karl: ihnen allen ist es ernst. Doch je gewichtiger sie ihn anstimmen, desto jämmerlicher nimmt sich der objektive Ernst ihrer Lage aus. Denn wo Mundart und Bildungsjargon derart aneinander geraten, kommt fast nur lächerlich Trauriges heraus: das humpelnde Mißverhältnis unvereinbarer Größen. Bevor es aber Komik oder Tragik erzeugt, vollbringt es einen scharfen Durchleuchtungseffekt. Selbst bei den unscheinbarsten Regungen der Sprecher offenbart sich dem Publikum in übergrellem Licht: wie Leute sich verhalten, deren immer schon gedrosselte Bildung sie niederhält im engen Spielraum des Dialekts. Wie sie sprachlich herumfuchteln, wenn sie dumpf gewahr werden, daß die Entwicklung alles dessen, wovon sie abhängen, diesen Spielraum längst gesprengt hat. Wie sie, um mithalten zu können, der Umwelt nichts anderes zu entgegnen haben als den großmannssüchtigen, pseudo-metropolitischen Bildungsjargon; eben den Jargon, der an Weltläufigkeit flott die Mundart überflügelt, an sinnlicher Genauigkeit aber weit unter ihr bleibt, so daß er nur verdeckt, was er benennen soll. Schließlich noch zeigt Mißverhältnis zwischen Jargon und Mundart, daß diese materiell bedingte sprachliche Hochstapelei auch materielle Folgen haben kann. Handfeste Schäden, angerichtet vom Falschspiel des Dialogs, das bereits die primären Schäden übertrumpfen soll.

Um zu beobachten, wie sich Horváths theoretische Überlegungen in seinen Volksstücken auswirken, müssen wir noch näher eingehen auf die dramatische Handlung, auf die Personen, auf die Thematik und auf die Gesamtanlage dieser Stücke.
Sollte wer versuchen, knapp und faßlich wiederzugeben, was in der *Italienischen Nacht*, was in *Kasimir und Karoline*, was in den *Geschichten aus dem Wiener Wald* passiert; wie denn da die Handlung und woraufhin sie ablaufe: er käme in Verlegenheit. Entweder verlöre er sich in ein Gewirr aus lauter vereinzelten Ereignissen. Oder er zöge sich zurück auf eine allzu abstrakte Formel, die dem jeweiligen Bühnengeschehen kaum gerecht würde: ›Kommunikationsschwäche‹, ›tragikomisches, perspektiveloses Kleinbürgergebaren‹, ›metaphysische Vereinsamung‹ und dergleichen. Das macht, es geschieht in diesen Stücken viel und vielerlei; egal, ob es wie in den beiden erstgenannten sich an einem Tag nur bzw. an einem Abend zusammenballt, oder ob es sich wie in den *Geschichten* über mehr als ein Jahr hinzieht. Doch was geschieht, folgt keinem roten Faden. Es kennt keinen Anfang, von wo es ausgehen könnte, um zu einem Ende zu streben, das ohnehin nirgends sich abzeichnet. Denn ziellos verläuft, was alles hier vorgeht. Es hat kein Ziel, weder in sich noch außerhalb. Man würde also vergeblich fahnden nach einer durchkonstruierten Handlung – und sei sie noch so mühsam verschraubt wie im alten Volksstück –, die schlüssig eine Phase aus der andern entwickelt. Konsequenz: Wenn der Vorhang fällt, haben die dramatischen Personen keinen wesentlich andern Stand erreicht als am Anfang, weder in ihren Lebensverhältnissen noch in ihrem Bewußtsein. Die Strecke, die sie zwischen erster und letzter Szene zurücklegten, hat sie nicht vorwärts gebracht. Es war Bewegung ohne Fortbewegung. Dem Zuschauer dagegen ermöglicht gerade die Progreßlosigkeit einen Progreß. Wofern er sie wach aufnimmt, gewinnt er ein Bild von denen auf der Bühne und von sich selbst, das er vorher nicht oder so nicht hatte.
Italienische Nacht: Das sind die todkranken Zuckungen des republikanischen Schutzverbandes in den schalen Lustbarkeiten eines Spießerfests; das sind die fruchtlosen politischen Reibungen zwischen den Fraktionen dieses Schutzverbands und, nach außen, mit den militärisch gerüsteten Faschisten. Diese Zuckungen fügen sich keiner schlüssigen Handlung, noch bilden sie eine. Sie sind eine komplexe Begebenheit. Und die verlöre ihre Ei-

genart, wollte man ihr irgendeinen Teil herauspräparieren als beherrschende, wenn auch latente Handlung, welcher dann der überwiegende Rest als schieres Drum und Dran unterzuordnen wäre. Ein solcher interpretatorischer Gewaltakt würde auch *Kasimir und Karoline* verfehlen. Trotz der persönlichen Namensgebung im Titel, der eine faßlich schlanke Privatgeschichte verheißt. Daß der abgebaute Chauffeur Kasimir und das Bürofräulein Karoline auseinandergeraten – unterm Einfluß von Wirtschaftskrise sowie von geschlechtlichen und sozialen Vorurteilen; unterm Einfluß von dauernder und momentaner Verständigungsarmut; und, nicht zuletzt, unterm sinnenbetäubenden Einfluß des lauten, bunten, duftenden, wirbelnden Rummelplatzes –: auch dies ergibt keine fortschreitende Handlung, sondern eine komplexe Begebenheit. In der neutralisierenden Gesamtoptik, die das Stück dem Publikum anbietet, rutscht das private Schicksal ins Episodische ab. Dieser ergreifend-läppische Liebestod muß den Zuschauern episodisch und darum um so quälender vorkommen, weil ihm weder einmaliges Profil noch einhelliger Schmerz vergönnt ist; weil er, scheinbar, als Randprodukt der Wiesn-Gaudi wie nebenbei abfällt; weil er aufgeht im Erlebnisfeld all der näheren und ferneren Oktoberfestbesucher, die kaum weniger Gewicht beanspruchen als die beiden Titelträger.
Selbst die *Geschichten aus dem Wiener Wald*, die schon dank ihres umfangreichen Zeitraums sich eine schlüssige Handlung leisten könnten, bieten sie nur scheinbar. Was mit und zwischen dem Mädchen Marianne, dem Strizzi Alfred und dem bigotten Metzger Oskar geschieht, macht, oberflächlich besehen, einen zusammenhängenden Ablauf aus. Es beschreibt einen Vorgang psychischer, geistiger und körperlicher Unterjochung des weiblichen Opfers, das sich mehrmals vergeblich aufbäumt. Man könnte dieser Marianne sogar eine gewisse Entwicklung nachsagen: von echter falscher Gefühlsseligkeit zu zaghaft selbstbewußter Nüchternheit. Hätte somit das Publikum, wonach es – auf der Fährte des alten Volksstückschemas – lechzt? Einen persönlichen Schicksalsweg, vielleicht gar in aufsteigender Linie? Keinesfalls. Horváth schneidet diesen Weg brutal ab. Er läßt ihn zu nichts führen. Die Wunschphantasie des Publikums, theatralisch einschlägig bewandert, hat befriedigende Wegziele vorrätig. Es mag sie sichten und sortieren; es mag süchtig am Handlungsverlauf hoffnungsvolle Anzeichen wittern fürs günstige Ende. Nur: das Bühnengeschehen bereitet diesen Neigungen

brüske Abfuhr. Denn Marianne gewinnt nichts durch den besagten Entwicklungsprozeß. Er wird zur internen Farce, weil seinem Fortschreiten der insgesamt stationäre Charakter dieser Pseudo-Dreiecksgeschichte hohnspricht, die nur im Kreis rum auf der Stelle tritt. Dem Metzger Oskar, dem Marianne anfangs entfloh, fällt sie schließlich anheim. Und Alfred landet wieder bei der Tabaktrafikantin, die ihn aushalten wird wie ehedem. Damit auch kein kleinster Rest verbleibt, der irgendwohin, womöglich in die Zukunft weisen könnte, dafür sorgt die zitherspielende Großmutter, wenn sie Alfreds und Mariannes Kind im Zugwind verrecken läßt.

Schon für sich genommen wäre das bestenfalls als Persiflage einer dramatischen Handlung zu verkraften. Aber es ist ja ohnehin nur eine, wenngleich hervorragende, der diversen *Geschichten aus dem Wiener Wald.* Herausgegriffen, hat diese eine Geschichte wenig eignen Sinn und wenig eigne Energie. Erst zusammen mit den anderen – mit den Geschichten vom grausam selbstmitleidigen Spielladenbesitzer; vom völkischen Studenten, der die ältliche liebeslustige Tabaktrafikantin ausnimmt; vom historisch überlebten Gentleman-Rittmeister; vom rauschhaften, katzenjämmerlichen Heurigenbummel; von der Dauertyrannei der Großmutter über die verhuschte Mutter draußen in der Wachau – erst in dieser Umgebung wird die Mariannen-Geschichte bedeutsam und dramatisch schlagkräftig. In und mit dieser Umgebung ergibt sie, wie auch die beiden andern Bühnenstücke, eine komplexe Begebenheit.

Kurzum, Horváths Volksstücke sind ereignisreich, aber ohne Aktion. Und was sie bevölkert, ist personenreich, aber ohne Akteure. Beide Momente bedingen einander. In einem Geschehen, das ohne Fluchtlinien sich ins Irgendwo verliert, kann es keinen profilierten Akteur geben. Keinen dramatischen Helden, der entschieden vertritt, was er will; der impulsiv oder mit Bedacht bestimmte Ziele verfolgt; der mit ebenso übersichtlichen Gegenspielern seine Interessenkonflikte ausficht. Nicht einmal so etwas wie ein passiv getriebener Mittelpunktsheld rührt sich hier – nach Art von Büchners Woyzeck oder, im Falle Volksstück, nach Art von Ludwig Thomas Maria Magdalena.

Horváths Personal, wie vermerkt, kommt aus Unterklassen und kleinem Mittelstand, die sich in den endzwanziger wirtschaftskritischen Jahren unterm gemeinsamen Schicksal der Verkleinbürgerlichung treffen. Schlecht pluralistisch vermischt, gedankenblind herumstolzierend im Niemandsland ihrer jargonzer-

setzten Mundart, erleben sie ein unfreie, unbrüderliche Egalité. Auch innerpoetisch, dramaturgisch, da sie einmal als Underdogs unter sich sind, sind Hierarchien abgebaut: die zwischen Hauptfiguren und Nebenfiguren. Sie unterscheiden sich nicht länger qualitativ, sondern nur noch quantitativ. Das heißt, die relativen Hauptfiguren geben den Zuschauern ausführlichere Einblicke in ihre Person, weil sie häufiger und länger auftreten.
Auch sonst haben Horváths relative Hauptfiguren ihre dramaturgischen Privilegien eingebüßt. Zumal das Vorrecht, das zu tun, zu leiden und zu sagen, worauf es einzig ankommt. Den traditionellen Alleinanspruch auf Tragik, Komik und auf das Amt, die Moral des Stücks explizierend auszutragen. Statt dessen teilen sie sich mit den relativen Nebenfiguren in die vielköpfige Rolle des Symptomträgers für umfassende überpersönliche Verhältnisse. Dergestalt ist Marianne nur gradweis bedeutsamer als der Rittmeister, Kasimir nur gradweis fündiger als die beiden Oktoberwiesn-Flittchen Elli und Maria.
Indem Horváths Volksstücke ereignisreich aber aktionsarm, personenreich aber ohne Akteure ablaufen, liefern sie den Zuschauern – zunächst einmal pauschal – treffende Antworten auf die gesellschaftliche Gegenwart; indem sie als Personal vertreten, was der Autor die ›maßgebenden, für unsre Zeit bezeichnenden Schichten des Volkes‹ genannt hat. Maßgebend aber sind aus der Sicht des neuen Volksstücks nicht die droben, die Aktiven, die über Produktionsmittel gebieten und indirekt auch über Rechtsprechung, Ordnungsmächte und ein Gutteil veröffentlichter Meinung in der späten Weimarer Republik. Maßgebend sind die Vielen, die mit betäubtem Klassenbewußtsein eben dies hinnehmen. Ihre soziale und ihre psychische Verfassung; ihr jeweiliges und ihr übliches Verhalten, einzeln und gruppenweise, aber auch ihre verwackelte und schlingernde Position in der Gesamtgesellschaft. Diese Bewandtnisse werden den Zuschauern szenisch einsichtig, mithin erörterbar.
Und zwar: Wenn Horváth durchs Geschehen das Personal und durchs Personal das Geschehen zerstreut. Wenn er allemal den Personen das spezifische Gewicht möglicher Hauptrollen verweigert. Wenn er ihrer Kunstfasersprache zu sagen gibt, wie fremd sie sich und einander sind. Wenn er Szene um Szene unterstreicht, daß die aufgegriffene Gegenwart dem neuen Volksstück ein fortschreitendes Spiel und Gegenspiel verwehrt, weil in der vorgeführten Kleinbürgerwelt von 1930 individuelle, aber auch kollektive Standpunkte zerfallen sind. Unter solchen Um-

ständen kann, was passiert, sich ebensowenig entwickeln wie diejenigen, denen es passiert.
Diesen grundsätzlichen Defekt mit allen dramaturgischen Mitteln versinnlichend, antworten die neuen Volksstücke aufs Schema des alten. Triftig und verletzend. Wie schon angedeutet, setzen sie es voraus und setzen sie es fort, um es zu zerstören. Zerstörerisch setzen sie es fort, mit gesteigertem Realismus, wenn sie seine Errungenschaften bis zum Umschlag weitertreiben. Konkret: wenn sie den Vertretern der Unterklasse die vormals vom alten Volksstück mühsam eroberte Stellung der individuellen Hauptperson wieder nehmen, weil sie unter den gegebenen sozialgeschichtlichen Umständen überhaupt niemandem zukommt.
Ein Vorgang, der andererseits Gewinn bedeutet in der Gesamtgeschichte des alt/neuen Volksstücks. Denn Horváth vollstreckt, womit seine Vorgänger auf halbem Weg stecken blieben: die Emanzipation von der klassischen Zwei-Klassen-Dramaturgie. Er macht Schluß mit der ungelenken Nachahmung des hohen Dramenstils. Er stoppt (von beflissener Handlungsknotenschürzung und -lösung, über gespreizte Monologe bis zum auffällig unauffälligen Beiseitesprechen) das Übersoll technischer Pflichtleistungen, die dem alten Volksstück häufig das Gebaren ehrgeiziger Nachwuchsjongleure gaben. Allerdings, diesen sozialgeschichtlichen und dramengeschichtlichen Akt erfüllt ähnliche bittere Ironie wie die Dramen, die ihn verüben. Denn Horváth befreit die Gattung Volksstück zu sich selbst ausgerechnet durch ein Stückvolk, das selber weder gesellschaftlich noch dramatisch etwas zu bewirken hat.
Daß die technische und die ideologische Demontage des alten Schemas einander bedingen, daß sie zwei Seiten des gleichen Unternehmens sind, bekräftigt ein weiteres, besonders wichtiges Moment. Das alte Volksstück-Schema hatte sowohl seine nachgeahmte ›hohe‹ Dramaturgie wie seine ›niederen‹ Folkloreelemente gemeinsam darauf verpflichtet, ein griffiges Thema auf die Bühne zu bringen. Besonders das kantige Konstruktionsgerüst, das nicht selten wie spitze Knochen nach außen sich durchdrückt, fördert ein entsprechend überdeutlich schraffiertes Thema. Die alten Volksstücke und ihre konventionellen Nachfolger im 20. Jahrhundert traten dazu an, einen scharf umrissenen Sachverhalt so zu theatralisieren, daß er sich dem einfachen Publikum auf Anhieb einprägt: selbstquälerischen Menschenhaß in Raimunds *Alpenkönig und Menschenfeind*; falsche, ver-

heerende Gehorsamsforderungen in Anzengrubers *Das vierte Gebot*; mörderische Folgen heuchlerischer Moral in Thomas *Maria Magdalena*; Sieg des deftigen Instinkts über berechnende Unnatur in Zuckmayers *Fröhlichem Weinberg*; Vernichtung ländlicher Unschuld durch Großstadtzivilisation in Billingers *Der Gigant*.

Indem Horváth das Schema demontiert – die zielgerichtete, sinnträchtige Handlung; die Hauptpersonen als mögliche Ideenverkörperer; das Konstruktionsgerüst als Plattform der Verkündigung –, begibt er sich der Möglichkeit, Thematik in der alten Weise zu plakatieren. Er kann darauf verzichten, weil er solche Thematik gar nicht gebrauchen kann. Weil seine Stücke, an den alten gemessen, gar kein Thema haben. Jedenfalls keins, das sich prompt ablesen und auf einen knappen Nenner bringen ließe. Wer sie indes nach einer unausgesprochenen Thematik durchmustert, wird schon auf so etwas stoßen, doch er wird feststellen, daß es ebenwenig individuell ist wie die dramatischen Personen, ihre Klasse, ihre Sprache, ihr Schicksal. Denn keins von Horváths Volksstücken schickt ein eigenes, diesem Stück allein gehöriges, unverwechselbares Thema ins Treffen. *Italienische Nacht, Geschichten aus dem Wiener Wald, Kasimir und Karoline:* hier wie da wie dort erscheinen zwar jeweils andere Begebenheiten, Personengruppierungen, Milieus, Lokalitäten, Probleme; doch diese drei Stücke formulieren nur drei Spielarten eines durchgängigen prägnanten Sachverhalts. Dreimal Variationen eines insgesamten Themas, das selber, in seiner schieren unversehrten Originalgestalt, weder in der *Italienischen Nacht* noch in den *Geschichten aus dem Wiener Wald* noch in *Kasimir und Karoline* klar umrissen sich dem Publikum zu erkennen gibt.

Horváths Volksstücke bieten dem Publikum also keine bestimmten Einzelthemen, sondern nur ein bestimmtes allgemeines Thema.

Wie aber kann man es fassen, wenn es sich nicht heraussondern läßt? Man kann es, bestärkt durch die auffällige Interessenkonzentration der zeitgenössischen Theaterkritiken, folgendermaßen: Das Thema, das die verborgenen Einzelthemen der jeweiligen Stücke aufhebt, dies allgemeine Thema ist nicht mehr und nicht weniger als die Verfassung ihres Personals. Gemeint ist damit selbstverständlich etwas anderes, als wenn bei Raimund oder Anzengruber die vorherrschende Charaktereigenschaft des Haupthelden thematisiert wird – etwa die zügellose, letzten Endes eben doch gutartige Leichtfertigkeit des *Verschwenders*

oder die frömmlerisch verkleidete Besitzgier des *Meineidbauern.* Gemeint ist vielmehr die Verfassung all derer, die sich in den Stücken rühren. Konträr zum alten Schema steht das Volk dieser neuen Volksstücke nicht länger im Dienst eines programmierten Themas: um als instrumentales Vollzugsorgan in vorweg entworfenen Handlungsbahnen die Spannungen des Themas einer Lösung entgegenzutreiben. Das Volk wird nicht länger dafür eingesetzt, sich an einem solchen Einzelthema - Bigotterie, Geiz, private Ausbeutung - dramatisch abzuarbeiten; mit dem Ziel, dies Thema, als persönliche Geschichte durchgeführt, einem Publikum entgegenzubringen, das sich in Einzelpersonen einzufühlen trachtet.
Was nicht besagt, Horváths zeitgenössisches Publikum habe die psycho-ästhetischen Bedürfnisse des alten Volksstückpublikums im 19. Jahrhundert grundsätzlich hinter sich gelassen; es sei hinaus über den Drang, sich mit denen zu identifizieren, die leibhaftig auf der Bühne handeln und leiden. Dies ist keineswegs der Fall. Denn wäre dem so, dann hätte nicht Bertolt Brecht, dessen Stücke in den gleichen staatlichen und privaten Theatern der Weimarer Republik gespielt wurden, fast zur selben Zeit systematische Anstrengungen unternommen, die dem einfühlenden Verhalten des Publikums gegensteuern sollten. Man sieht daraus, daß Horváths Publikumsprobleme keine Ausnahme waren. Daß vielmehr spätestens um 1930 den fortschrittlichen Dramatikern der Weimarer Republik die oft besinnungslose Identifikationssucht der Zuschauer bedenklich und zum Anlaß praktischer Gegenmaßnahmen wurde. Die Gründe liegen nah. Ob diese Stückeschreiber nun vom marxistischen Standpunkt ausgingen oder nicht, es spitzte sich ihnen, namentlich unter dem Eindruck der Weltwirtschaftskrise, die Erfahrung der ökonomischen Gesetzmäßigkeiten in der spätkapitalistischen Gesellschaft zu. Vollends deren akute politische Folgen und Aussichten drängten sich ihnen auf: die Möglichkeit einer revolutionären Umwälzung der Mißstände ebenso wie die Möglichkeit ihrer faschistischen Befestigung. Wer da als Theatermacher den Blick nicht wegwandte in historische Fernen, mußte zu der Einsicht gelangen, daß der gegenwärtigen Wirklichkeit nicht mehr mit herkömmlicher Dramaturgie beizukommen sei. Daß man sie szenisch verfehlte, wenn man sie auf den schmalen Nenner dramatischer Einzelschicksale brachte. Hieraus zogen die Stückeschreiber die Konsequenz. Sie relativierten den unverwechselbaren Solohelden, sofern sie ihn nicht ganz von der Bühne verbannten.

Diese Konsequenz beschränkte sich selbstverständlich nicht auf die dramatische und szenische Herstellung. Galt es doch, die gegenwärtige Wirklichkeit auf der Bühne nicht nur angemessen zu fassen, sondern auch angemessen faßbar zu machen. Die Dramaturgie hatte sich demnach zweifach umzustellen: gegenüber dem darzustellenden Gegenstand und gegenüber den einzuweisenden Zuschauern. Letzteren bot sie, vergröbert betrachtet, zwei Möglichkeiten an. Die Zuschauer konnten sich entweder andere Einfühlungsobjekte auf der Bühne suchen als den nunmehr fragwürdigen, geschmälerten oder ganz vorenthaltenen Einzelhelden. Etwa Situationen, Gruppierungen, Sachverhalte, Konflikte. Was bedeutet, daß sie auch die Art ihrer Identifikationsregungen zu verändern hätten. Oder aber die Zuschauer gingen überhaupt von der Identifikation auf eine andere Haupttätigkeit ihrer schauenden, denkenden, fühlenden Mitarbeit über. Horváth jedenfalls hielt sich an die erstgenannte Möglichkeit. Und er hielt sein Publikum an, sich darauf einzustellen, indem er es mit entindividualisiertem Personal, entindividualisierter Thematik, entindividualisierter Sprache konfrontierte.

Nochmals: das allgemeine, eben nicht von Fall zu Fall besondere Thema seiner Volksstücke ist die Verfassung ihres Personals. Die Verfassung all derer, die in den Stücken auftreten. Und zwar gleichgültig, ob sie eines Sinnes sind oder verschiedenen Sinnes; gleichgültig, ob sie miteinander oder gegeneinander antreten. Insofern setzt Horváth den vergleichsweise mechanischen Verhältnissen im alten Volksstück, das am Einzelfall der Einzelperson ein Einzelthema szenisch abwickelte, planvoll sein neuartiges Verfahren entgegen. Es schafft, vergleichsweise, chemische Verhältnisse. Es ähnelt der Katalyse, die chemische Reaktionen einleitet, beschleunigt oder lenkt durch besondere Stoffe – die Katalysatoren –, die selber bei diesem Vorgang keine Veränderung erfahren. Horváths Katalysatoren sind aktuelle sozialgeschichtliche Anlässe. Diese wirklichkeitsträchtigen, zeitgenössisch gesättigten Anlässe, von Stück zu Stück verschieden, holt er auf die Bühne: Entlassung im Gefolge der Wirtschaftskrise *(Kasimir und Karoline)*, öffentliche Duldung faschistischen Paramilitärs *(Italienische Nacht)*, innerfamiliäre Ausbeutung im gefährdeten Einzelhandel, zwielichtige Vergnügungsgewerbe und Schiebergeschäfte, völkische Studentenbewegung *(Geschichten aus dem Wiener Wald)*. Solche konkreten Anlässe, die als Katalysatoren unverändert und unbehelligt den dramatischen Ablauf überstehen, haben keinen andern Zweck, als Reaktionen hervorzurufen. Genauer: sie sollen dem Stückvolk – sämtlichen Personen auf der Bühne – Gelegenheit geben, davon betroffen, die eigene Verfassung zu offenbaren. Seine psychische, seine soziale, seine politische Verfassung – sowie die Ideologien, die es sich zurecht macht, um in diesen Verfassungen notdürftig leben zu können. Diese thematisierte Verfassung aber läßt sich nicht aufs handliche Typenformat der alten Volksstück-Figuren verengen. Nach Art des habgierigen Bauern Gluthhahn (Raimund) oder des frömmlerischen Erbschleichers Dusterer (Anzengruber). Dafür ist sie zu inhaltsreich und zu verwickelt. Denn sie ist ein Syndrom. Ein Syndrom aus ganz bestimmten psychischen Verwachsungen, sozialen Mißproportionen, wirtschaftlichen Machtverhältnissen, politischen Verblendungen. Thematisieren also heißt bei Horváth: dieses Syndrom durch seine unmündigen Personen zum Sprechen zu bringen. In Worten und Taten.

Horváths Wirklichkeitskonstrukte: Bunter Abend – Nachbarschaftsverband – Rummelplatz

Ich habe wichtige Merkmale von Horváths Volksstücken beschrieben, je für sich und in ihrem Zusammenspiel. Um die Eigenart seiner Reagenzdramaturgie überhaupt greifbar zu machen, war es unerläßlich, immer wieder das alte Volksstückschema vergleichend dahinter zu halten, das Horváth zerstörerisch fortgesetzt hat. Denn nicht allein der Stückeschreiber, indem er den ›maßgebenden Schichten des Volkes‹ das Verhalten der ›maßgebenden Schichten des Volkes‹ kritisch versinnlicht, arbeitet mit diesem Schema. Erst recht seine Zuschauer arbeiten damit. Es dient ihnen zum hauptsächlichen Orientierungsmuster, mit dem sie sondieren, was alles da unterm eingeführten Gütezeichen ›Volksstück‹ auf der Bühne gehandelt und umgesetzt wird. Sie verspüren daran die Abweichungen und Umkehrungen, die Brüche und Risse, die Löcher und Ausbeulungen. Vergleichend messen sie, was szenisch geschieht, an beiden gleicherweise bekannten, aber ungleicherweise geschätzten Polen: am guten, alten Kunstmodell und an ihrer eigenen Alltagswirklichkeit; an dem, was sie im Volksstück suchen, und dem, wovor sie sich zurückziehen möchten. Nun liegt es in der Natur einer solchen polemischen Anhänglichkeit an altvertraute Schemata, so wie sie Horváth praktizierte, daß, was dabei herausschaut, zunächst sich wie ein Negativkatalog ausnimmt. Dem mußte auch meine Beschreibung entsprechen. Sie geriet weithin zu einer Folge von Nachweisen, welche Eigenschaften Horváths Volksstücke gerade nicht haben, welche Eigenschaften sie tilgen, demolieren oder umstülpen. So mag am Ende der Eindruck aufgekommen sein: diese Stücke, die den individuellen Personen, Ausdrucksweisen, Themen und Problemen den Garaus machen; die den übersichtlichen dramatischen Antagonismus, das enggefügte Konstruktionsgerüst und die zügige Fabel schassen – diese Stücke möchten es zu wenig mehr gebracht haben als zu wirrem, konturlosem Gemenge von Leuten, Ereignissen, Sprachschablonen. Wer indes die Stücke liest oder sie in zureichenden Inszenierungen sieht, gewinnt ein anderes Bild. Tatsächlich sind sie weder Bündel aus lauter Negationen, noch sind sie ein gestaltloses Durcheinander.

Fragt sich bloß, was denn nun ihren Halt ausmache, ihren Zusammenhang als szenisches Gebilde. Gewiß ist nicht zu unterschätzen, daß bei allen Gewichtsverlagerungen, Umkehrungen und Umwertungen nach wie vor bestimmte Bauelemente des alten Volksstückgerüsts auch bei Horváth noch konstruktiv und festigend wirken. Etwa: der folgenreiche Wechsel von Alltagsbetrieb und Festbetrieb (in allen drei Stücken); das Zueinander und Auseinander mehr oder minder passender Liebespaare (in allen drei Stücken); Konflikte zwischen eingespielter, geschlossener Gruppe und störendem Eindringling (die Nachbarn im 8. Bezirk versus Alfred, der Republikanische Schutzverband versus dem jungen Genossen aus Magdeburg). Solche Elemente tragen bei zum Zusammenhalt des Stücks, doch sie reichen nicht aus für einen durchgängigen Rahmen des szenischen Gesamtgeschehens. Und weil sie beliebig in allen drei Stücken vorkommen, lassen sie sich noch weniger anführen, wenn man die Frage nach dem Zusammenhalt der einzelnen Stücke verbindet mit der Frage nach ihrer Individualität. Nach der jeweiligen Eigenart, die *Kasimir und Karoline* von der *Italienischen Nacht* oder von den *Geschichten aus dem Wiener Wald* unverkennbar abhebt – trotz der oben vermerkten gleichartigen Thematik, die aus der thematisierten gleichartigen Personalverfassung hervorgeht.

Die Antwort liegt nah. Wir müssen nur bereit sein, das Offensichtliche in seinem konstruktiven und publikumsteuernden Leistungsvermögen zu erfassen. Die Anlage der drei Stücke macht nämlich schlagend klar, daß Horváths Reagenzdramaturgie noch weiter ausgreift, als wir bisher festgestellt haben. Daß sie sich nicht allein aufs eigene Gattungsschema beschränkt, also aufs alte Volksstück. Und ebenso wenig auf allgemeine und besondere Sachverhalte des gesellschaftlichen Alltags wie Wirtschaftskrise, bewußtlose Proletarisierung, des Mittelstands, aufkommender Faschismus. Mit dem vorgeprägten Muster des alten Volksstücks, das er auf diese Sachverhalte hinmodelt, nimmt Horváth überdies ganz bestimmte vorgeprägte Wirklichkeitskonstrukte auf, um sie den jeweiligen Stücken als szenischen Grundriß vorzulegen.

Ich betone ausdrücklich: Wirklichkeits-Konstrukte. Es handelt sich nicht einfach um dieses oder jenes bezeichnende Detail aus dem verstreuten Realitätsangebot der späten Weimarer Republik wie: Schwarze Reichswehr, Sozialdemokratie, Wirtschaftsschieber, Pferderennen, Stenotypistin, Tourenwagen. Gewiß gehen derartige Details in diese Wirklichkeitskonstrukte ein, doch sie füllen sie nicht aus. Solche Konstrukte, die längst schon vorm Autor bereits die gesellschaftliche Wirklichkeit hervorgebracht und strukturiert hat, sind vieldimensionale, mehrschichtige Größen. Und jede dieser Größen, die dem zeitgenössischen Publikum alltäglich, sinnfällig und einsehbar vorkommen, funktioniert als scheinbar geschlossenes, eigengesteuertes System.

In der *Italienischen Nacht* ist es das kleinbürgerliche Sommernachtsfest, das der Titel ankündigt. In *Kasimir und Karoline* ist es der Rummelplatz auf der Münchner Oktoberwiese. In *Geschichten aus dem Wiener Wald* ist es die Nachbarschaftsgruppe eines ruhigen Straßenviertels im Wiener 8. Bezirk; und, als zweites, darübergelagertes System, jener Gefühlskomplex, den Johann Strauß' titelgebender Walzer signalisiert.

In allen drei Stücken also sind das zunächst Konstrukte der gesellschaftlichen Wirklichkeit. Es sind keine Konstrukte der Dramaturgie. Horváths dramatische Arbeit besteht erst darin, solche ergiebigen Konstrukte aufzutun und sie derart herzurichten, daß sie sich szenisch ganz und gar dem Bedeutungsbild ausliefern, das ans Publikum gelangen soll. Ganz und gar heißt nicht restlos vollständig, bis ins winzigste Detail, sondern als Ganzes, als tätiger Zusammenhang, hervorgebracht und in Gang gehalten durch die Wechselbeziehungen der beteiligten Menschen.

Sommernachtsfest wie Rummelplatz wie Nachbarschaftsgruppe: alle drei Konstrukte bringen also schon an und für sich, aus dem Leben mit, was ein Bühnenstück benötigt: bestimmte Raumverhältnisse – bestimmte Geschehensabläufe – bestimmte menschli-

che Interaktionen – bestimmte Spannungen und Lösungen – bestimmte Zwecke, aber auch ziellose Überschüsse – bestimmte vorhersehbare, aber auch überraschende Regungen – einen bestimmten Rhythmus von Auftritten und Abgängen.
Das Miteinander dieser Eigenschaften bildet einen unverwechselbaren Zusammenhang. Es aktiviert, obendrein, ein ebenso gängiges wie gehaltvolles Vorstellungsbild vom Gegenstand im Bewußtsein des Zuschauers. Einen Erwartungskomplex, der ganz bestimmte Gefühlswerte enthält. Derart: Italienische Nacht = romantisch stimmungsvolle Veranstaltung mit prikkelnden erotischen Einschüssen. Münchner Rummelplatz = unbeschwerte, herzhaft lärmende Gaudi. Wiener Nachbarschaftsgruppe = behagliche Unterkunft mit verläßlichen, familiären, hilfsbereiten Beziehungen. In den *Geschichten aus dem Wiener Wald* verbindet sich dem Vorstellungsbild, das das Publikum vom Wirklichkeitskonstrukt ›Wiener Nachbarschaftsgruppe‹ mitbringt, wie gesagt, als zweites der Gefühlsbereich, den der einschlägige Straußwalzer aufruft. Beide funktionieren als szenische und ideologische Orientierungsmuster. Das sind Vorstellungsbilder, die dann bei der szenischen Verwirklichung in der gleichen Weise zerstört oder doch relativiert werden, wie schon das ideologisch verklärte Wunschbild vom altvertrauten, gemütvollen Volksstück. Die Uraufführungskritik der *Geschichten* hat diesen Wirkvorgang folgendermaßen verzeichnet:

Zweifellos wienerisch an den Menschen dieses Spiels ist ihr so böse wie gut gesehenes Gegeneinander-Miteinander, ihre Eintracht auf Basis boshafter Geringschätzung, ihre enge, liebevolle Verbundenheit durch den Kitt wechselseitiger Mißachtung. (Alfred Polgar)
Diese banale Geschichte ist der Alltag. Aber der witzige Horváth souffliert dem Alltag die Sprache ohne Walzerrhythmus. (Bernhard Diebold)
Kurt Heuser macht zu alledem gute Musik – aus dem Wiener Wald. Es ist wie ein letzter (nicht der letzte) Versuch zur Beschmeichelung, auch sie, sie gehört zum Werk eines vollblütigen Enthüllers. (Alfred Kerr)

Stellvertretend läßt sich an *Italienische Nacht* zeigen, wie das Wirklichkeitskonstrukt zum theatralischen wird; wie seiner eigenen Anlage umweglos dramatische Konflikte abgewonnen werden; und wie hierbei Zug um Zug mit der Sache ihr einschlägig erfreuliches Vorstellungsbild in jämmerliche Scherben zerfällt. Jedes Element wird vom Wirklichkeitskonstrukt selber gestellt. Hierbei bedarf es seitens des Autors keiner wesentlichen Entstellungen, nur einiger Erweiterungen und Ergänzungen, um es dramatisch mobil zu machen.

Schon der Hauptschauplatz der *Italienischen Nacht* ist Bedeutungssignal und potentieller Krisenherd in einem: ein kleinstädtisches Restaurant, bestehend aus Gastzimmer und Gartenlokal, wo der republikanische Schutzverband sein Fest begeht. Drinnen (1. Bild) schirmt es die geschlossene Gesellschaft ab, befestigt ihren Klüngelcharakter. Draußen im Gartenlokal (5. bis 7. Bild) grenzt es sie zwar immer noch als Gruppe ein, zugleich aber entblößt es ihre äußere Angriffsfläche, die alsbald genutzt wird von den zur gleichen Zeit tagenden Faschisten. Erst recht entstehen Konflikte aus der Zwitterfunktion einer erwerbstüchtigen Schenke, die einerseits als Vereinslokal dient, andererseits als öffentliche Gaststätte jedermann, also auch den politischen Feinden zugänglich ist. Dieser Zwiespalt verkörpert sich im Wirt Josef Lehninger, der zwischen Solidarität mit den Genossen und geschäftlichem Interesse am Allround-Absatz hin und her pendelt.

Soweit der bedeutungs- und konfliktträchtige Schauplatz. Ohne irgendwelche Erläuterungen oder gar symbolische Aufstockungen anzustrengen, bringt ihn Horváth dem Publikum als ebenso griffigen wie begreiflichen Zusammenhang nah. Dramatisch genutzt, vereinigt sich diese Szenerie mit dem Zeitraum des Fests zu einem Stimmungsfeld, das die schwelenden Zwiste noch nährt. Eine befristete, gleichsam zeitlose Spanne von Feierabend, die aus der Arbeitswelt ausschert unterm verschwitzt aufgepflanzten Wimpel ›Dem Alltag abgetrotzt‹. Aufgeladen ist sie mit abgelenkten Trieben, die Entspannung suchen, und befeuert ist sie durch Musik, Lampions und Luftschlangen, Buchsbäume und Alkohol. Insgesamt eine verordnete und darum höchst brüchige Lustbarkeit, zu der die Beteiligten sich und einander abkommandieren. Eine gebastelte Idylle, die ständig bedroht ist durch Alltagsberührungen, bis sie dann auch zerplatzt wie der Luftballon an der Zigarette.

Damit hat das Wirklichkeitskonstrukt ›Italienische Nacht‹ das szenisch-sinnliche Terrain geliefert, wo Horváth dem Publikum seinen dramatischen Prozeß vorführt. Hierbei übernimmt die ›Italienische Nacht‹ eine weitere Aufgabe. Katalytisch hat sie Reaktionen auszulösen bei dem Stoff, auf den sie angesetzt ist.

Also beim repuplikanischen Schutzverband, der, sobald er sich mischt, mit den spezifischen Eigenschaften der ›Italienischen Nacht‹, seine zuvor verdeckten spezifischen Eigenschaften offenbart. Er muß ideologisch Farbe bekennen und zugleich die eigene innere Rissigkeit. Wie läuft das ab? Was kommt zum Vorschein? Unterm prozeßfördernden Außendruck der Faschisten zerfällt der republikanische Schutzverband in zwei Fraktionen. Einerseits in die der gesetzten, selbstgefälligen Altmitglieder. Sie sehen keinen Widerspruch zwischen dem spießigen Gehalt einer Italienischen Nacht und den eigenen marxistischen Lippenbekenntnissen. Treffend, weil längst im kleinbürgerlichen Milieu heimisch, identifizieren sie sich als Veranstalter mit diesem Fest. Andererseits in die Fraktion der kämpferischen Jungen. Auch sie verschmähen das Spießerfest nicht grundsätzlich, doch sie lehnen es ab im Augenblick der akuten faschistischen Gefahr. Wenn diese junge Fraktion ihrerseits nochmals sich spaltet in die bezeichnenden Unterfraktionen der Nur-Genußsüchtigen (der Caféhausmusiker Karl) und der Nur-Politischen (der Arbeiter Martin), beweist sich abermals die katalytische Macht des Wirklichkeitskonstrukts ›Italienische Nacht‹.
Es ermöglicht sogar noch einen zusätzlichen, höchst aufschlußreichen Reagenzprozeß. Und zwar in den armseligen Schaustellungen des Bunten Abends, vom Sopransolo bis zum Kinderballett, die droben auf die Bühne bei den alten und den jungen Genossen gegensätzliche und daher bei den Zuschauern im Theater besonders aufmerksame Reaktionen hervorrufen. Gerade die erleichterte Einfühlung muß zumindest die naive Mehrheit der Theatergänger in mißliche Mitleidenschaft ziehen. Macht ihr doch das läppisch streitbare Verhalten des textinternen Publikums, das teils verzückt, teils höhnisch den Darbietungen des linkischen Kinderballetts folgt, die mitgebrachte positive Einschätzung des Wirklichkeitskonstrukts ›Italienische Nacht‹ ihrerseits strittig. Und das geschieht nicht einmal aus einer immerhin ablehnbaren, bezweifelbaren höheren Intellektuellenwarte des Autors Horváth. Es geht vielmehr zwangsläufig aus der Sache selbst hervor. Leute nach Art der Publikumsmehrheit raufen sich da herum. Beides muß kleinbürgerliche Liebhaber eines bunten Abends peinigen: wie die jungen Schutzbündler sich höhnisch darüber hermachen, und wie die alten ihn stumpfsinnig verteidigen. Beide vorgeführte Einstellungen, so sieht es aus, mögen etwas für sich haben, doch keine kann einen, dem die Sache wie vage auch immer nahe geht, letztlich befriedigen. So daß

am Ende die erleichterte Einfühlung dem Publikum zur Beschwernis geworden ist.
Was sich in diesem ersten rundum gelungenen Volksstück des Autors abspielt – als konstruktionstechnische wie als publikumsdramaturgische Tätigkeit – gilt auch für *Geschichten aus dem Wiener Wald* und *Kasimir und Karoline*. Nicht anders als das Sommernachtsfest arbeiten auch die Wirklichkeitskonstrukte ›Nachbarschaftsviertel‹ und ›Rummelplatz‹ der Dramaturgie in die Hände, indem sie dem Stück mit dem Gegenstand zugleich den Rohbau seiner szenisch-dramaturgischen Fasson stellen. Und damit dem Publikum reichhaltige Orientierungsmuster. Das Nachbarschaftsviertel im Wiener 8. Bezirk als räumlich-sozialer Verband mit eingespielten Verkehrsregeln des privaten und geschäftlichen Umgangs, der Konversation, der gemeinsamen Erinnerungen, Zukunftspläne und moralischen Normen; dieses Nachbarschaftsviertel, das miteinander sein Erholungshinterland in den Donauauen und sein Abenteuerfeld beim Heurigen und in Nachtlokalen sucht; auch dieses Wirklichkeitskonstrukt, verschränkt mit dem Stimmungskonstrukt beschwingter Walzerseligkeit, erbringt einen umfassenden Grundriß szenischer und dramatischer, weltanschaulicher und sprachlicher Gelegenheiten. Horváth kann ihn wirksam für seine Zwecke ausführen, weil die Zuschauer genau entsprechende, ebenso vorurteils- wie erfahrungsfündige Vorstellungen mitbringen. Diese Vorstellungen sind Horváth demontierenden Eingriffen genauso verwundbar ausgesetzt wie die Vorstellungen, die sich ans Wirklichkeitskonstrukt ›Rummelplatz‹ heften. Rummelplatz: diesen Zusammenhang aus dosierten Sensationen, feilgebotenen Abnormitäten, gesteuerten und zufälligen Bewegungen, aus jederzeit kündbaren sozialen Klassenvermischungen, aus Bizepsstolz und Katzenjammer nimmt Horváth her, um die Verfassung seiner krisengeschüttelten Kleinbürger szenisch aufzubringen. Rummelplatz hat gleichfalls im Publikum einen hohen Glückskredit, den Horváth abermals in und mit diesem Wirklichkeitskonstrukt abbaut.
Seine entschiedene Fortsetzung der Alltagsrealität mit andern Mitteln, die schadlos der abgewirtschafteten Dramaturgie des alten Volksstücks spotten darf, verschaffte somit dem neuen Volksstück das konstruktive Gerüst und das jeweilige werkeigene Profil. Hiermit beantwortet sich die Frage nach innerem Zusammenhalt und Unverwechselbarkeit der Stücke, die auf individuelle Helden, individuelles Thema, individuell durchgeführte

Fabel verzichten. Dazu brauchts keine schlüssige Dramenhandlung. Dafür, für den tätigen Zusammenhang des Geschehens, kommt der vielstufige und vielfache Reagenzprozeß auf. Vielstufig setzt er ein beim Autor, läuft auf volle Touren im Werk und erreicht – sofern er erzielt, worauf er zielt – im Publikum unfertige, weil weiterwirkende Wirkungen. Und vielfach erfaßt er nicht nur den Gegenstand (Italienische Nacht) und die Methode (altes Volksstückschema). Er erfaßt vor allem das, was von diesem Gegenstand mittels dieser Methode gezwungen wird zu reagieren: das thematisierte kleinbürgerliche Syndrom. Es muß Laut geben. Es muß sich handelnd, leidend, schwatzend stellen. Es muß seine Verhaltensmaßregeln zu erkennen geben.

Brecht und Horváth

Die Analyse von Horváths Werk- und Wirkfaktoren sollte zeigen: Solche vielstufige und vielfache Reagenzprozedur ist nicht zu verwechseln mit unwillkürlichen Reflexen und bewußtlosen Resonanzen. Sie erfolgt weder einmalig noch als lose Folge zerstreuter Regungen. Sie vollzieht sich als fortschreitender Vorgang, der planvoll hervorgerufen und gesteuert ist. Auf der Bühne wie erst recht im Bewußtsein des Publikums baut sich auf, was zunächst als traut und wertvoll erachtet wird, um dann, durchleuchtet und erkannt, zu zerbrechen. Am Ende stolpern wir, das Publikum, unsanft geschubst von dieser Dramaturgie, über die Trümmer einmal geliebter oder arglos gutgeheißener Wirklichkeiten, Werte und Haltungen. Sie sind in unserem Bewußtsein zertrümmert worden, sofern uns schrittweise die eigene Verlogenheit, Dummheit, Blutrunst aufgestoßen sind. Beim anheimelnden Heurigen, zwischen Hau-den-Lukas und Achterbahn, im herzhaften nachbarlichen Verkehr.
Was klassische aristotelische Dramaturgie und deren etwas linkische Nachfolger im alten Volksstück auf offener Bühne vorführen, verlagert sich hier jetzt nach innen: die sogenannte tragische Fallhöhe. Hinein in den verklemmten Raum der Meinungen, Urteile und Vorurteile, der Wünsche und Ängste, vor allem aber der Wertschätzungen, die das Publikum der auslaufenden Weimarer Republik wie auch weithin das heutige noch mit sich herumschleppt. Derart betreibt Horváths neues Volksstück keinen persönlichen Absturz besonderer Einzelhelden auf öffentlichem Forum. So wie einst in der klassischen Tragödie der Absturz des

Königs Ödipus den ganzen Staat erschüttert. Oder im traditionellen Volksstück der Absturz des Meineidbauern, der die ganze Dorfgemeinde erschüttert. Sondern: drinnen, im Bewußtsein des Publikums, betreibt Horváth einen unaufhaltsamen Kurssturz bestimmter ideologischer Muster, Wirklichkeitsmuster, theatralischer Muster, mit denen die unbesonderen Vielen – die nicht mehr abzustürzen brauchen, weil sie längst unten sind – sich hinwegschwindeln aus ihrem alltäglichen Dauertief. Wodurch sie es, in verblendeter Kumpanei mit ihren Unterdrückern, besiegeln. Falls das Publikum wach aufnimmt, was auf der Bühne passiert, steht es unterm Druck, jenen Kurssturz im eigenen Bewußtsein auszuhalten und daraus Konsequenzen zu ziehen. Denn keiner auf der Bühne gewährt den Zuschauern eine bereinigende Befreiung, indem er tragisch oder komisch die Spannungen auflöst. Ein unreiner Tisch hinterbleibt.
Anders als in Bertolt Brechts sogenannter antiaristotelischer Dramaturgie werden hier auf vertrackten Bahnen aristotelische Wirkmechanismen angekurbelt. Horváth betreibt auf der Bühne durchaus anrührende, ergreifende Nachahmung der zeitgenössischen Wirklichkeit. Und zwar atmosphärisch gegenstandsgetreu. Demgemäß verzichtet er auf Verfremdung. Und damit auch aufs Ziel von Verfremdung, so wie es Brecht anstrebte: durch Alternativangebote zu den vorgeführten Verhältnissen und Verhaltensweisen den Zuschauer in eine kritisch abwägende, strikt rationale Haltung zu versetzen, die ihn hernach befähigen soll, sinnvoll einzugreifen in die gesellschaftliche Wirklichkeit. Nicht so Horváth. Bis zu einem gewissen Punkt schürt er Mitgefühl. Besonders durch die Inszenierung liebgewordener Gedanken und Gebaren lockt er die nämlichen, nur allzu willfährigen und leichtfertigen Regungen hervor. Jedoch, hier liegt der gewisse Punkt, er läßt im Lauf der szenischen Geschehnisse dem Publikum diese Regungen nicht ungeschoren. Er zersetzt sie ihm, ohne etwas an ihre Stelle zu setzen.
Insofern richten sich hier aristotelische *Teil*verfahren geradezu wider das *Gesamt*konzept der aristotelischen Bühnenwirkung. Und zwar dadurch, daß sie planvoll nur bis zur Hälfte angewandt werden. Nach überkommener Meinung des Aristoteles hätten die bedenklichen Gefühle ›Furcht und Mitleid‹ durch ihre plötzliche und heftige Übererregung im Publikum sich zu verbrauchen und damit zu entschärfen. Solche Wirkung war am nachhaltigsten herbeizuführen durch intensive Nachahmung des tragisch unabwendbaren Untergangs einer erhabenen,

schuldlos schuldig gewordenen Person: Ödipus und seine Nachfolger.
Horváth nun versagt seinen dramatischen Personen, da sie zeitweilig Furcht und Mitleid einflößen, all das. Er versagt ihnen den eindeutigen Untergang wie dessen Unabwendbarkeit. Und er versagt ihnen die persönliche schuldlose Schuld, die zu einem persönlichen tragischen Ziel führt. Mithin verweigert er all das auch dem Publikum, das, wie vorgesehen, mit den dramatischen Personen gelitten und um sie gefürchtet hat. Keinerlei Ziel also – und fiele es noch so katastrophal aus –, wo die Publikumsregungen von Furcht und Mitleid nach jäher Stichflamme erloschen und verzehrt wären. Keine Person auf der Bühne, kein einzelner und keine Gruppe aus Horváths Stückvolk, nimmt dem Publikum das Mißbehagen dadurch ab, daß ihre heillose Lage im Stück selber eine, wenn nicht sinnvolle, so doch restlose Lösung fände. Die Unlust am Ungelösten wuchert fort.
Bei Horváth wie bei Brecht soll, wenn der Schlußvorhang gefallen ist, die Beteiligung des Publikums noch nicht zu Ende sein. Die letzte Szene hat die gezeigten Ereignisse ebensowenig erledigt wie die aufgeworfenen Probleme. Folgerungen sind zu ziehen, die sich ins Alltagsleben des Publikums verlängern. Wo Brecht uns politisch stärker zusetzt, setzt Horváth uns psychisch stärker zu. Mit noch bescheideneren Erfolgsaussichten als jener. Denn er weist uns jenseits des Bühnengeschehens einen weiteren, quälenden Wirkungsweg. Einen zugleich ungewisseren, weil schwach nur markierten Weg des nunmehr tätigen Reagierens. Dort wäre die Unlust der unausgestandenen szenischen Ereignisse samt ihren ungelösten Konflikten umzuwandeln in unerbittliche Diagnose und Therapie. Letztlich: in die unbequeme Lust, nicht länger auszuhalten, was uns und die Leute auf der Bühne peinigt, sondern es zu entmachten. Solche lichteren Ausblicke werden freilich seit unseren mittleren siebziger Jahren bestenfalls ›blauäugig‹ geheißen. Von jenen, die mit Recht rot sehen, wann immer am allgemeinen, auch sie selber bedrückenden Zustand gerüttelt wird. Um ihre – also auch um deine und meine? – Haltung geht's in Horváths Stücken.

Erhard Göttlicher

Nachbemerkung des Zeichners

Stellen Sie sich einmal vor, Sie hätten gleich vor größerem Publikum eine Ihrer Meinung nach *sehr* wichtige Mitteilung zu machen. Ein Vorredner kündigt Sie an, verliest einen über fünfzig Jahre alten Text – und jetzt stellen Sie fest, daß genau *das* verlesen wird, was Sie selbst verkünden wollten – dazu noch wesentlich besser, als Sie es je gekonnt hätten!

So ähnlich erging es mir: Ich arbeitete lange an dem Zyklus ›Die Frau als Opfer der Gesellschaft‹. Zur Vernissage lasen zwei Schauspieler Texte von *Ödön von Horváth.* Sofort wurde mir klar, ich kann von Glück sagen, daß *dieser* Horváth nicht gemalt hat! Es war dies aber auch ein Beweis dafür, daß sich in fünfzig Jahren bezüglich ›Frau und Gesellschaft‹ wenig geändert hat! Also stürzte ich mich erst recht auf Horváths Texte. In seiner Biographie fand ich Parallelen, Verwandtschaften, verwandte Denkweisen. Ich bekam dann meinen ›Traumauftrag‹ (dieses Buch hier) – aber wie dies meist mit den erfüllten Träumen so ist, sie werden oft genug zu Alpträumen. Es sollte mein bisher langwierigster und schwierigster Auftrag werden!

Dabei hatte ich den großen Vorteil vor jedem Regisseur eines Horváth-Stückes, konnte ich doch alle Rollen mit den Darstellern besetzen, welche mein Bleistift erfand, brauchte mir jedenfalls keine Gedanken zu machen, ob diese Darsteller die gewünschten Rollen auch glaubwürdig beherrschen, verkörpern können! Hätte ich jedoch Horváths Figuren in ihren Bühnenrollen gezeichnet, noch dazu in einer bekannten Aufführung, ich hätte dem Betrachter gleich zweifach Phantasie (vor)weggenommen, hätte sein Vorstellungsvermögen doppelt beeinträchtigt. Mein Bleistift sträubte sich zwar unverzüglich und hartnäkkig gegen Bühnen und Szenen, aber die Erkenntnis kam mir leider spät. Schließlich fiel mir – eher beiläufig – ein alter Zeitungsartikel in die Hände. Der berichtete von einer Saalschlacht zwischen Faschisten und Sozialdemokraten in Murnau. Auch Horváths Gerichtsaussage in dieser Sache las ich – er hat das Erlebnis ja in der ›Italienischen Nacht‹ verarbeitet. *Und da war's* – in der ›Italienischen Nacht‹ kommt es gar nicht zur Saalschlacht! Ich mußte *weg* von der Bühne, mußte nachempfinden, was Horváth *gesehen, erlebt* haben mag, was ihn *inspiriert* hat. Ich mußte mit meinen Bildern raus, ins damalige Leben, mußte Horváths Mitmen-

schen wieder zum Leben erwecken, mußte recherchieren – neu anfangen!
Das nächste Problem: ein Autor schreibt ein Stück, schließt es ab, schreibt das nächste, später führt ein Regisseur Regie, selten auch im nächsten. Ich aber hatte in vier Stücken gleichzeitig ›Regie‹, was nicht das eigentliche Problem war, aber ich behaupte: daß zum Beispiel die weiblichen Hauptrollen in Horváths Volksstücken von ein und derselben Darstellerin gespielt werden können! Während Anna glimpflich davonkommt, das Stück endet noch rechtzeitig, hat für Karoline die Katastrophe schon begonnen, Marianne und Elisabeth durchleben sie bis zum bitteren Ende. Auch Adele, die Stadtratfrau, ist längst schon Opfer, nur als ihr Mann versagt, wird sie für einen Augenblick zur Heldin – für den Mann, der sie sofort wieder erniedrigen wird. Alle handeln sie gleich – vom Gefühl getragen, doch wider die gängige Gesellschaftsform – ›unvernünftig‹ jedenfalls. Die männlichen Hauptrollen ähneln sich gleichermaßen, sie handeln ›vernünftig‹ – entsprechend der gültigen Gesellschaftsnorm und wider jegliches Gefühl. Kasimir, Alfred und Alfons, keinem geht's gut, aber durch ihre ›Vernunft‹ führen sie jeweils die Katastrophe des Partners herbei. Vielleicht verstehen Sie jetzt mein Problem: gleiche Charaktere, gleiche Mentalitäten mit gleichen Physiognomien *unterschiedlich* darzustellen zu müssen!
Alfreds gibt es noch viele – besonders in Wien, zum Beispiel den (ziemlich unbedeutenden) Maler, der wohl noch nie ein Bild verkauft hat – natürlich kein Kriterium –, der aber möglicherweise auch noch gar keins gemalt hat! Alfred (er heißt natürlich anders) führt aber täglich, im perfekt gebügeltem, modisch weißen Anzug, sein Rassehündchen so nach der Mittagszeit ins Kaffeehaus. Der Vormittag wird zum Regenerieren benötigt. Alfreds Lebensgefährtin stand indes schon um 6 Uhr auf, arbeitet in einer Textilfabrik, um damit Alfreds Lebensstandard gerade eben zu finanzieren, daneben studiert sie noch. Alfreds Gefühle verbieten ihm allerdings, seine Lebensgefährtin von der Fabrik abzuholen. Er kann es nicht ertragen, mitanzusehen, wie sie sich für ihn schinden, in welcher Umgebung sie arbeiten muß! Dies alles hindert Alfred nicht daran, regelmäßig seine Eroberungen mit nach Hause zu bringen – man ist ja modern! Würde sich seine Lebensgefährtin aber ähnliches erlauben, Alfred sähe sich gezwungen, aus moralischen und gesellschaftlichen Gründen das Verhältnis sofort zu beenden, natürlich mit ›gebrochenem Herzen‹ für ihn und den finanziellen Folgen für sie – Wien 1982!

Zurück zu Horváths Alfred, der steht gleich zwischen vier (!) Frauen: der Großmutter – welche ihm Geld gibt, der Mutter, der Valerie – welche ihm noch mehr Geld gibt, gegen Abarbeitung durch vorgespiegelte Gefühle, und Marianne – die er kurzzeitig liebt, bis er wieder ›vernünftig‹ wird. Von zwei Frauen ist Alfred jedenfalls finanziell nicht abhängig, von der Mutter und von Marianne. Und hier beißt sich wohl die Horváthsche Katze in denselben Schwanz (Freud läßt grüßen!): die Mutter hat sich den Sohn wohl so erzogen, wie sie ihn sich als Lebensgefährten nicht träumen lassen würde! – Wie heißt es noch: Neigungen werden vererbt, Verhaltensweisen werden anerzogen!
Da fehlt aber doch noch eine Schlüsselfigur: der ›geile Alte‹. Jener ›Mister‹ z. B., welcher zu ›normalen Gefühlen‹ leider nicht mehr fähig ist, auch die Herren Speer und Rauch, jener Baron und ganz besonders der ›*Zauberkönig*‹ (in der Badeszene mit Valerie oder im Varieté)! Dieser ist – tragische Konstellation – noch dazu der Vater von Marianne. (Hier grüßt nochmals Freud, übrigens natürlich auch Wiener!) Was sich der Vater vom anderen Geschlecht insgeheim ersehnt, das darf die eigene Tochter dem männlichen Geschlecht natürlich um Gottes Willen nicht erfüllen. Sie wird als entartet verstoßen.
Horváths Leitsatz zu den ›Geschichten aus dem Wiener Wald‹ lautet: »Nichts vermittelt mehr das Gefühl von Unendlichkeit als Dummheit.« Der Student, Alfred, Oskar und Valerie sind sicherlich auch gemeint, doch am heftigsten trifft dies wohl den ›Zauberkönig‹. Selbst wenn ich mich bemühte, meine Illustrationen/Interpretationen von vorhergegangenen Aufführungen unbeeinflußt zu lassen, um Moser – den ›Starrköpfigen‹ – und um Qualtinger, den ›Schwerfälligen‹ als Zauberkönigsdarsteller kam ich nicht herum. Mir fehlte allerdings noch die wichtigste Besetzung: der ›dummdreiste‹ Zauberkönig! Könnte man Millowitsch ins Wienerische synchronisieren, er wäre *meine* Idealbesetzung! Ich zeichnete jedenfalls alle drei Physiognomien in meinen Zauberkönig hinein. Wenn ich mich, wie gesagt, von früher Aufgeführtem freizumachen versuchte, so bin ich doch in einem Fall rückfällig geworden: der Student in der ›Wiener Wald‹-Verfilmung von Maximilian Schell ist einfach nicht besser darzustellen, ich habe mich an ihm orientiert!
Zum Schluß: Wegen genannter Parallelitäten und Verwandtschaften werde ich jedenfalls den Rest meines siebenunddreißigsten Lebensjahres äußerst vorsichtig unter herbstlichen Alleebäumen einherschreiten!

Interview

Das Gespräch mit **Ödön von Horváth** führte **Willi Cronauer** am 6. April 1932 im Bayerischen Rundfunk.

Cronauer *Herr von Horváth, ich hab also das Vergnügen, Sie im Auftrage des Bayerischen Rundfunks 20 Minuten lang zu interviewen, und hoffe, daß ich in dieser kurzen Zeit sehr viel von Ihnen erfahren kann. Seit Sie durch die Verleihung des Kleistpreises geehrt wurden, sind die Tageszeitungen und literarischen Blätter voll von Meinungen über Sie, und ich glaube fast, daß kein moderner Dramatiker die Herzen und Hirne der Kritik für und wider mehr entflammte als Sie, Herr Horváth. Es wird also ganz interessant sein, von Ihnen selbst einmal wahre Daten und Meinungen zu hören.*

Horváth *Also meine Meinung können Sie schon hören. Und um Ihnen die erste Frage zu ersparen, erzähle ich Ihnen gleich, wann und wo ich geboren bin und ob ich ein reinrassiger deutscher Schriftsteller bin oder bloß so eine Mischung. Darum bin ich ja schon einmal gefragt worden, und da kommts mir jetzt auch nicht mehr drauf an. Also wenn man mich fragt, ob ich ein Deutscher bin, so kann ich darauf nur antworten: ich fühle mich als ein Mensch, der sich unter allen Umständen zum deutschen Kulturkreis zählt – und warum ich mich zum deutschen Kulturkreis gehörend betrachte, liegt wohl vor allem daran, daß meine Muttersprache die deutsche ist. Und dies dürfte meiner Meinung nach der ausschlaggebende Grund sein. Dann erst folgt die Tatsache, daß ich entscheidende Entwicklungsjahre in Deutschland, und zwar in Südbayern und in Österreich, verlebt habe. Mein Name ist zwar rein ungarisch – und ich habe auch ungarisches Blut in mir, auch tschechisches und kroatisches – ich bin also eine typische österreich-ungarische Angelegenheit. Aber ich glaube in meinem persönlichen Interesse, daß die Produkte derartiger Rassenmischungen nicht unbedingt die schlechtesten sein müssen. – Es gibt bekanntlich solche Rassengemischte, die spätere Zeiten dann, und mit Recht, als die echtesten und größten Repräsentanten deutschen Wesens bezeichnet haben.*

Cronauer *Zum Beispiel Nietzsche.*

Horváth *Ja, das war zum Beispiel ein halber Pole. Und der Kunstmaler und Dichter Albrecht Dürer ist ein halber Ungar gewesen. Bekanntlich hieß sein Vater Ajtosi, was zu Deutsch soviel heißt wie Türer. Ajto heißt Türe. –*

Aber lassen Sie mich von diesen historischen Höhen wieder zu mir heruntersteigen – ich möchte noch folgendes sagen: immer wieder lese ich in Artikeln, daß ich ein ungarischer Schriftsteller bin. Das ist natürlich grundfalsch. Ich habe noch nie in meinem Leben – außer in der Schule – irgend etwas ungarisch geschrieben, sondern immer nur deutsch. Ich bin also ein deutscher Schriftsteller.

Cronauer *Von Ihrer deutschen, ja absolut süddeutschen Art wird wohl jeder, der Ihre Arbeiten genauer kennt, überzeugt sein, auch wenn Sie nicht gerade deutscher Staatsbürger sind. Vielleicht darf ich Sie nun doch bitten – in Ergänzung des vorigen – uns zu sagen, wo Sie geboren sind?*

Horváth *Wenn Sie sich also mit einem Teil meines Privatlebens schon beschäftigen wollen, so gebe ich Ihnen gerne Auskunft. Also: geboren bin ich in Fiume am Adriatischen Meer, und zwar vor dreißig Jahren. Während ich mutierte, kam ich als Dreizehnjähriger, ich hab schon früh mutiert, nach München, wo ich am Wilhelmsgymnasium und am Realgymnasium tätig war.*

Cronauer *Erfolgreich?*

Horváth *Na – mehr oder minder. Mehr minder.*

Cronauer *Das war in den ersten Kriegsjahren.*

Horváth *Ja, während ich da tätig war, brach der Weltkrieg aus. Wenn ich daran zurückdenke, so muß ich sagen, daß ich heute das Gefühl habe, als könnte ich mich an die Zeit vor dem Weltkrieg nicht mehr erinnern. Ich muß mich schon ziemlich anstrengen, damit mir aus dieser Friedenszeit wieder etwas einfällt, und ich glaube, so ähnlich wird es Ihnen und wohl allen unseren Altersgenossen gehen.*

Cronauer *Ja – da muß ich Ihnen vollkommen beistimmen.*

Horváth *Der Weltkrieg verdunkelt unsere Jugend, und wir haben wohl kaum Kindheitserinnerungen. Aber ich denke, wir wollen über diese vergangenen Jahre nicht weiter reden.*

Cronauer *Ja – übergehen wir diese Zeit und kommen wir lieber auf die schönen Künste zu sprechen. Wollen Sie uns nicht sagen, Herr Horváth, wie Sie eigentlich Schriftsteller geworden sind?*

Horváth *Auf eine sehr komische Art und auf einen sogenannten inneren Drang hin.*

Cronauer *Sie hatten doch sicher schon sehr früh die Absicht, unter die ›Literaten‹ zu gehen?*

Horváth *Ja – und auch nein. – Das kam nämlich ungefähr so: Ich besuchte 1920 in München die Universität und hatte, wie man so zu sagen pflegt, Interesse an der Kunst, hatte mich selber aber in keiner Weise noch irgendwie künstlerisch betätigt – nach außen hin, innerlich, mit dem Gedanken schon, da sagte ich mir: Du könntest doch eigentlich Schriftsteller werden, du gehst doch z. B. gern ins Theater, hast bereits allerhand erlebt, du widersprichst gern, fast dauernd, und dieser eigentümliche Drang, das, was man so sieht und erlebt und vor allem: was man sich einbildet, daß es die Anderen erleben, niederzuschreiben, den hast du auch – und dann weißt du auch, daß man nie Konzessionen machen darf und daß es dir immer schon gleichgültig war, was die Leute über dich geredet haben –, und so hatte ich eigentlich schon auch das, was pathetische Naturen als die ›Erkenntnis einer dichterischen Mission‹ bezeichnen. Durch einen Zufall lernte ich hier in München eines Abends den Komponisten Siegfried Kallenberg kennen. 1920. Kallenberg wandte sich an jenem Abend plötzlich an mich mit der Frage, ob ich ihm nicht eine Pantomime schreiben wolle. – Ich war natürlich ziemlich verdutzt, weil ich es mir gar nicht vorstellen konnte, wieso er mit diesem Anliegen ausgerechnet an mich herantritt – ich war doch gar kein Schriftsteller und hatte noch nie in meinem Leben irgend etwas geschrieben. Er muß mich wohl verwechselt haben, dachte ich mir – und ursprünglich wollte ich ihn auch aufklären, dann aber überlegte ich es mir doch anders: warum sollte ich es nicht einmal probieren, eine Pantomime zu schreiben. Ich sagte zu, setzte mich hin und schrieb die Pantomime. Die wurde dann auch später aufgeführt. Die erste Kritik, die ich über mein dichterisches Schaffen erhalten habe – ich glaube, daß Sie die interessiert? –*

Cronauer *Gewiß.*

Horváth *Sie war nämlich vernichtend und begann mit folgenden Worten: ›Es ist eine Schmach‹ und dergleichen. Aber ich nahm mir das weiter nicht sehr zu Herzen.*

Cronauer *Und widmeten sich dann ganz der Dichtkunst?*

Horváth *Ah! – Ich versuchte es noch mit allerhand mehr oder minder bürgerlichen Berufen – aber es wurde nie etwas Richtiges daraus – anscheinend war ich doch zum Schriftsteller geboren. –*

Cronauer *Nun darf ich Sie wohl bitten, uns gleich etwas über Ihre weiteren Arbeiten zu sagen. Ihr erstes Stück: ›Die Bergbahn‹, das einen Vorfall beim Bau der Zugspitzbahn dramatisch behandelt, machte Sie zuerst als Dramatiker bekannt?*

Horváth *Ja – das Stück hat zum Inhalt den Kampf zwischen Kapital und Arbeitskraft. Zwischen den beiden Parteien steht ein Ingenieur, und durch ihn ist die Stellung der sogenannten Intelligenz im Produktionsprozeß charakterisiert.*

Cronauer *Sie bezeichneten ›Die Bergbahn‹ – wie ja später alle Ihre Dichtungen – als ein Volksstück. Fast ist ja uns heutigen Menschen der Charakter des ›Volksstückes‹ gänzlich verlorengegangen – es dürfte also von besonderem Interesse sein, von Ihnen, Herr Horváth – den namhafte Kritiker den Erneuerer des Volksstückes nannten –, Ihre Beweggründe, die Sie zu dieser Bezeichnung führten, kennenzulernen.*

Horváth *Ich gebrauchte diese Bezeichnung ›Volksstück‹ nicht willkürlich, d. h. nicht einfach deshalb, weil meine Stücke mehr oder minder bayerisch oder österreichisch betonte Dialektstücke sind, sondern weil mir so etwas Ähnliches wie die Fortsetzung des alten Volksstückes vorschwebte. – Des alten Volksstückes, das für uns junge Menschen mehr oder minder natürlich auch nur noch einen historischen Wert bedeutet, denn die Gestalten dieser Volksstücke, also die Träger der Handlung haben sich doch in den letzten zwei Jahrzehnten ganz unglaublich verändert. – Sie werden mir nun entgegenhalten, daß die sogenannten ewig-menschlichen Probleme des guten alten Volksstückes auch heute noch die Menschen bewegen. – Gewiß bewegen sie sie – aber anders. Es gibt eine ganze Anzahl ewig-menschlicher Probleme, über die unsere Großeltern geweint haben und über die wir heute lachen – oder umgekehrt. Will man also das alte Volksstück heute fortsetzen, so wird man natürlich heutige Menschen aus dem Volke – und zwar aus den maßgebenden, für unsere Zeit bezeichnenden Schichten des Volkes auf die Bühne bringen. Also: zu einem heutigen Volksstück gehören heutige Menschen, und mit dieser Feststellung gelangt man zu einem interessanten Resultat: nämlich, will man als Autor wahrhaft gestalten, so muß man der völligen Zersetzung der Dialekte durch den Bildungsjargon Rechnung tragen.*

Cronauer *Ja – der heutige Mensch ist natürlich ein anderer als der verflossener Jahrzehnte – seine Sprache, seine Leidenschaften und seine Weltanschauung haben sich geändert.*

Horváth *Natürlich. Und um einen heutigen Menschen realistisch schildern zu können, muß ich ihn also dementsprechend reden lassen. Nun hab ich zu meinen Gestalten, wie aber natürlich auch zu jeder Handlung, in puncto ihrer Möglichkeit, sich zu 100% als soziale Wesen zu entwickeln und nicht nur zu etablieren, keine positive, eher eine skeptische Einstellung, und dies glaube ich damit am besten zu treffen, indem ich eine Synthese von Ernst und Ironie gebe. Aus dieser Erkenntnis zog ich die Konsequenz. Mit vollem Bewußtsein zerstörte ich das alte Volks-*

stück, formal und ethisch – und versuchte als dramatischer Chronist die neue Form des Volksstückes zu finden. –

Cronauer *Ist diese ›neue Form‹ des Volksstückes in dem bei Ihren Dichtungen doch besonders hervortretenden epischen Charakter zu suchen?*

Horváth *Ja. Diese neue Form ist mehr eine schildernde als eine dramatische. Sie knüpft formal mehr an die Tradition der Volkssänger und Volkskomiker an als an die Autoren der früheren Volksstücke –*

Cronauer *Volksstücke. Und haben dabei einen starken satirischen Charakter.*

Horváth *Ja, ich stehe zur Satire absolut positiv. Ich kann gar nicht anders.*

Cronauer *Damit wären wir bei einem heiklen Thema angelangt – Sie wissen ja, daß man uns Jungen gerade unsere positive Stellung zu Satire und Ironie zum starken Vorwurf macht – als einen Mangel an Anteilnahme, an Bewunderung und an Ehrfurcht auslegt. Und es ist doch in Wirklichkeit gerade das Gegenteil. Es ist weiß Gott keine Überhebung, der wir uns schuldig machen – wir sehen darin eine Welt- und Lebensanschauung und letzten Endes eine uns führende und weisende Selbstkritik. – Aber das wird uns heute eben noch nicht zuerkannt, man mißversteht unsere kämpferischen Absichten, bestreitet unsere Ehrlichkeit und versagt uns die unserem Schaffen so notwendige Anteilnahme und Anerkennung. Man macht es uns doppelt schwer – man isoliert uns und wendet in der großen Öffentlichkeit den Blick fast ausschließlich auf vergangene Zeiten. Vor lauter Geburtstags-, Jahrestags- und Todestagsgedenkfeiern übersieht man, daß es eine nach neuen Formen und Idealen strebende Jugend gibt. – Aber daß wir von unserem Thema nicht abgehen, es würde auch zu weit führen –*

Horváth *Da habens schon sehr recht, Herr Cronauer, und ich erkläre es mir auch so, daß meine Stücke bei einem Teil der Presse oft eine ziemliche Erregung auslösten. – Persönlich ist mir das ziemlich schleierhaft. Man wirft mir vor, ich sei zu derb, zu ekelhaft, zu unheimlich, zu zynisch und was es dergleichen noch an soliden, gediegenen Eigenschaften gibt – und man übersieht dabei, daß ich doch kein anderes Bestreben habe, als die Welt so zu schildern, wie sie halt leider ist. – Und daß das gute Prinzip auf der Welt den Ton angibt, wird man wohl kaum beweisen können – behaupten schon. – Der Widerwille eines Teiles des Publikums beruht wohl darauf, daß dieser Teil sich in den Personen auf der*

Bühne selbst erkennt – und es gibt natürlich Menschen, die über sich selbst nicht lachen können, und besonders nicht über mehr oder weniger bewußtes, höchst privates Triebleben.

Cronauer *Ich glaube auch, daß es daran liegt, daß die meisten Menschen nicht aus der Erkentnis heraus lachen und damit verstehen können. – Sie lachen lieber über einen blöden Witz – bei dem man sich weiter nichts denken braucht und der sie auch ›persönlich‹ nichts angeht. –*

Horváth *Jawohl.*

Cronauer *Ihre Stellung zur Parodie würde mich noch interessieren, Herr Horváth.*

Horváth *Die Parodie lehne ich als dramatische Form ab. Parodie hat meines Erachtens mit Dichtung gar nichts zu tun und ist ganz billiges Unterhaltungsmittel.*

Cronauer *Nun, Herr Horváth, lassen Sie uns auf unser gemeinsames Steckenpferd, auf das Theater zu sprechen kommen. – Es ist uns ja leider nicht die Zeit gegeben, über die werdende neue Form des Theaters zu sprechen – aber vielleicht wird uns einmal hierzu Gelegenheit gegeben – denn ich bin überzeugt, daß Sie – und auch ich – gerne hierüber plaudern würden – und es gäb da ja unendlich viel zu sagen: über das neue Drama, über das chorische Drama – den neuen Schauspieler – und Sprecher, über Regie und auch über neue Theaterführung, über den Mut zum Kämpferischen und Neuen, zur Heranbildung eines Publikums und dessen kritischer Presse. – In unserer Begeisterung und in unserem bestimmten Wissen um die kulturelle Bedeutung und Aufgabe des Theaters treffen wir uns wohl im Glauben an dessen Fortbestand. Im Glauben an seine innere Entwicklung und der Überwindung aller äußeren Nöte?*

Horváth *Sicherlich. – Und wenn man auch heutzutage – und zwar sehr ernstlich – über den Untergang des Theaters spricht. Natürlich geht es den Theatern wirtschaftlich miserabel – aber wem geht es heut nicht so? – Es ist schon möglich oder es ist sogar sicher, daß viele Theater zugrunde gehen – aber dann werden eben dafür Liebhaberbühnen erstehen –*

Cronauer *– die – wenn ich Sie unterbrechen darf – sicher nicht unkünstlerischer, dabei aber großzügiger und weniger geschäftstüchtig arbeiten werden.*

Horváth *Das ist anzunehmen. Das Theater als Kunstform kann nicht untergehen, aus dem einfachen Grunde, weil die Menschen es brauchen. Für mich ist das eine selbstverständliche, bestehende Tatsache. Das Theater phantasiert für den Zuschauer, und gleichzeitig läßt es ihn auch die Produkte dieser Phantasie erleben.*

Es ist Ihnen vielleicht schon aufgefallen, daß fast alle Stücke irgendein kriminelles Moment aufweisen – ja: daß die weitaus überwiegende Zahl aller Dramenhelden bis zu den Statisten sich irgendeines Verbrechens schuldig machen, also eigentlich keine ausgesprochenen Ehrenmänner sind. Es ist doch eine sonderbare Tatsache, daß sich Leute einen Platz kaufen und ins Theater gehen und sich schön anziehen und parfümieren, um dann auf der Bühne mehr oder minder ehrenrührigen Dingen zu lauschen oder zuzuschauen, wie einer oder auch zwei umgebracht werden, und hernach das Theater verlassen, und zwar in einer weihevollen Stimmung, ethisch erregt. Was geht da in dem einzelnen Zuschauer vor? Folgendes: seine scheinbare Antipathie gegen die kriminellen Geschehnisse auf der Bühne ist keine wahre Empörung, sondern eigentlich ein Mitmachen, ein Miterleben und, durch dieses Miterleben ausgelöst, Befriedigung asozialer Triebe. Der Zuschauer ist also gewissermaßen über sich selbst empört. Man nennt diesen Zustand Erbauung.

Cronauer *Es wäre nur zu wünschen, daß diese Erbauung, die das Theater doch geben soll, auch den breiten Volksschichten, die ja heute kaum mehr ins Theater gehen, zuteil werden möge.*

Horváth *Daß das Interesse am Theater im breiten Volke nachgelassen hat, liegt wohl auch daran, daß wir kein richtiges, echtes Volkstheater mehr haben – aber auf dem Wege zu ihm sind wir. Meiner Meinung nach.*

Cronauer *Aus psychologischen Gründen spreche ich eigentlich grundsätzlich nie über die sozialen und wirtschaftlichen Nöte unserer Zeit – aber glauben Sie nicht auch, daß viele Theaterfreunde – gerade aus dem Volke – wegen Geldmangel einfach nicht ins Theater gehen können?*

Horváth *Natürlich leiden die Bühnen sehr unter der wirtschaftlichen Krise – obgleich es andererseits zu denken gibt, daß die Kinos teilweise sogar sehr gut besucht sind – es liegt aber auch woanders, und hier hätte ich einen kleinen praktischen Vorschlag: Abschaffung der Garderobe und des gesellschaftlichen Kleidungszwanges. Viele, viele Menschen gehen nicht ins Theater, weil sie keinen schönen Anzug haben – könnten sie ihren Mantel anbehalten oder in ihrem Werktagskleide bleiben, wären die Theater sicher besuchter. – Und es kommt ja nicht auf die vielen schönen Garderoben an, sondern auf die Menschen und die Köpfe, die im Zuschauerraum sitzen.*

Cronauer *Das ist ein sehr beachtenswerter Vorschlag, und ich bin überzeugt – auch aus persönlicher Erfahrung –, daß mit seiner Durchführung schon eine große Anzahl des verlorengegangenen Publikums zurückzugewinnen wäre. Nun sehe ich aber leider, daß die vorgeschrittene Zeit es mir nicht mehr erlaubt, Ihnen noch verschiedene Fragen vorzulegen. Ich muß unser Zwiegespräch beenden, und ich hoffe nur, daß die Zuhörer des Bayerischen Senders den gleichen Gewinn wie ich aus Ihren Äußerungen und Anregungen gezogen haben. Ich danke Ihnen.*

Horváth *Ganz meinerseits.*